高等学校数字经济与管理系列教材

组织行为学

刘　晖　刘丽君　曹依霏 ◎ 编著

电子工业出版社

Publishing House of Electronics Industry

北京·BEIJING

内 容 简 介

组织行为学是研究组织中个体、群体及组织自身的行为规律，帮助预测组织内人的心理和行为以及组织系统运行变革的交叉性新兴学科。本书不仅涵盖了组织行为学的经典核心理论，而且以专门章节纳入了员工主动行为等时代热点问题。同时，本书注重理论性与实践性的有机融合，创新性地把课程思政与章节知识点有机结合，以小贴士形式呈现出组织行为学对应的经典实验及案例，内容丰富，结构体系框架完整。因此，科学性和通俗性兼容是本书的一大特色。

本书包括四部分，共 10 章。第一部分是组织行为学综述；第二部分是组织中的个体；第三部分是群体与团队；第四部分是组织系统及变革。本书既可作为高校经管类本科和研究生学科基础课程的教材，也可作为高校校级选修课、企业管理人员培训及组织行为学理论爱好者了解和学习组织行为学的参考用书。

未经许可，不得以任何方式复制或抄袭本书部分或全部内容。
版权所有，侵权必究。

图书在版编目（CIP）数据

组织行为学 ／ 刘晖，刘丽君，曹依霏编著. —北京：电子工业出版社，2023.10
ISBN 978-7-121-46386-0

Ⅰ.①组⋯　Ⅱ.①刘⋯　②刘⋯　③曹⋯　Ⅲ.①组织行为学　Ⅳ.①C936

中国国家版本馆 CIP 数据核字（2023）第 182679 号

责任编辑：袁桂春
印　　刷：天津画中画印刷有限公司
装　　订：天津画中画印刷有限公司
出版发行：电子工业出版社
　　　　　北京市海淀区万寿路 173 信箱　邮编：100036
开　　本：787×1092　1/16　印张：12.5　字数：296 千字
版　　次：2023 年 10 月第 1 版
印　　次：2023 年 10 月第 1 次印刷
定　　价：59.80 元

凡所购买电子工业出版社图书有缺损问题，请向购买书店调换。若书店售缺，请与本社发行部联系，联系及邮购电话：(010) 88254888，88258888。
质量投诉请发邮件至 zlts@phei.com.cn，盗版侵权举报请发邮件至 dbqq@phei.com.cn。
本书咨询联系方式：(010) 88254199，sjb@phei.com.cn。

前言

笔者多年来先后讲授了组织行为学、公共关系、管理沟通、危机管理等课程，并陆续出版了数十本教材，但对组织行为学课程一直心存敬畏，从2019年至2022年，酝酿整整3年，迟迟不敢轻言开始。既因为这是一门综合了管理学、社会学、心理学、行为科学、生理学、人类学、政治学等学科的交叉性前沿学科，在我国兴起时间短，至今不过20多年，很多业界著名学者和同行都在默默耕耘；也因为这是一门国内外不同领域知名专家学者科研成果集聚的学科，跨界研究者众多，高山仰止。

最初接触组织行为学学科是在2002年，当时，笔者作为公共关系专业负责人跨界到人力资源管理专业，陆续经历了人力资源管理专业申报和学位评估、人力资源管理专业教学及管理、企业管理硕士点申报、一流学科申报等风风雨雨。作为新专业负责人，为制定最初的教学大纲而走访调研时，笔者发现国内开设人力资源专业的高校不过几十家，但是几乎所有高校的工商管理类专业都把组织行为学课程作为重要的学位课程列入培养计划，这使笔者对该课程产生了深深的好奇和浓厚的兴趣。笔者最开始接触的著作是美国管理学家罗宾斯的《组织行为学精要》，该著作通俗易懂，既激发了我们的兴趣，也坚定了我们探索该课程的决心。笔者及教学团队17年来给不同专业、不同层次的学生讲授该课程不下30个轮次，也更换了很多国内外不同版本的教材，这些教材对我们的教学、科研起到了极大的推动作用。

随着教学经验的增加和教学科研的深入，教学团队积累了很多教学案例，也对组织行为学研究热点和前沿有了更多的理解。在教学中，我们发现，目前国内组织行为学教材应用性特点和本土化案例体系相对不太突出，尤其与近两年课程思政教学改革实践的巨大推动力相比，组织行为学教材建设有一定的滞后性，教辅资料的丰富性也有待加强。感谢电子工业出版社姜淑晶编辑的不断鼓励和大力支持，3年间多次致电沟通，其认真、严谨的工作作风和敬业精神促使我们有勇气主持编撰本教材。

本教材具有如下四个特色。

特色一，结构新颖。每章开头给出思政案例和点评，以思政导入引入内容框架，知识点与课程思政紧密结合，充分体现高校教材立德树人的特色。这是本教材最大的亮点。

特色二，每章正文后附有二维码，以教辅资料的方式给出与正文相关的两个近期或本土化案例分析，增加教材的实践实训应用特性，使读者能深入地理解和掌握所学的概念和理论特色。

特色三，在体例上，每章的重点内容都贯穿着小贴士，这与同类教材相比是富有特色的，也是本教材的一个亮点。这种模块化的知识链接，让读者在轻松的阅读中了解理论的代表提出者、典型实验案例及相关知识，突出本教材的科学性和可读性。

特色四，增加了员工主动行为研究章节，解释组织行为学与"90后""00后"新生代相关的组织行为学热点研究。而且特意增设了翻转课堂环节，增加了教材的深度和厚度，为研究性教学奠定了一定学术基础，使本教材更具备与时俱进的特点。

综上所述，本教材系统全面，层次分明，兼具科学性、通俗性、趣味性和本土化特点，教辅资源丰富。本教材不仅可以作为本科生、研究生学习组织行为学的教材，而且可以作为相关学科教师、组织行为研究者的教学参考用书，还可以作为兼具科学性和应用性的各行业管理者的培训用书。

本教材从酝酿、资料收集到完成书稿历时 4 年，几易其稿。本教材共 10 章，其中刘晖编写了第 1、3、4、5、7、8、9、10 章，曹依霏编写了第 2 章，刘丽君编写了第 6 章，刘晖最后审核统稿。非常感谢伴我一路前行的研究生冯淑清、李秀颖、赵芷柔、李宝、李中秋、钟佳怡，他们参与了本教材的章节资料查阅和整理工作，为本教材的编写付出了辛勤的劳动。同样十分感谢本科生张敏、潘怡含、刘逸帆、安天骄、张俊博、韩昕树、武慧琛、崔鑫、刘坤、江欣然等对本教材资料收集、图表和文字校对做出的贡献。感谢隋东旭老师细致的审校工作。本教材样章撰写和书稿编著过程中得到了电子工业出版社的大力支持，姜淑晶编辑及评审专家先后多次评审，他们的修改建议对本教材的质量改进起到了非常重要的引导作用，在此表示诚挚的谢意。

在教材编写过程中，我们参阅了大量的国内外研究资料，参考文献未能全部列出。我们尽量注明了引用资料的作者和来源，如果有所遗漏，敬请作者指出。再次感谢各位同人的相助，期望读者点评教材，以便我们有机会不断改进，写出更有本土化特色，兼具理论性和实践性的教材，努力为我国组织行为学教学和应用推广、改革创新尽一名学者的绵薄之力，起到抛砖引玉的作用。

目录

第一部分　组织行为学综述

第1章　组织行为学概述 1

1.1　组织与组织行为学 3
1.1.1　组织的含义与基本特征 3
1.1.2　组织行为学的定义及研究内容 4
1.1.3　相关学科对组织行为学理论的贡献 5

1.2　组织行为学的产生及发展 7
1.2.1　组织行为学的产生 7
1.2.2　组织行为学的发展 9
1.2.3　组织行为学在中国的发展 10

1.3　研究方法及未来挑战 11
1.3.1　研究方法应遵循的原则 11
1.3.2　常用的研究方法 11
1.3.3　组织行为学面临的挑战 13

复习思考题 14
思考与讨论 14

第二部分　组织中的个体

第2章　个体行为基础 15

2.1　人格 16
2.1.1　人格的内涵及特征 16
2.1.2　人格的影响因素 17
2.1.3　人格理论 18
2.1.4　人格的心理特征 21
2.1.5　人格与职业 23

2.2　个体的主要特征 25
2.2.1　能力 25

2.2.2 兴趣···28
2.2.3 个体的其他特征···30
2.3 态度···32
2.3.1 态度的内涵及构成··32
2.3.2 态度的形成及转变··33
2.3.3 工作态度···34
2.4 价值观···36
2.4.1 价值观的内涵···36
2.4.2 价值观的分类···37
2.4.3 职业价值观···38
复习思考题···40
思考与讨论···40

第3章 激励及激励理论···41

3.1 激励概述···42
3.1.1 激励的含义···42
3.1.2 激励的作用···42
3.1.3 激励的心理机制···43
3.2 内容型激励理论···43
3.2.1 马斯洛的需要层次理论···43
3.2.2 奥尔德弗的 ERG 理论··45
3.2.3 赫茨伯格的双因素理论···46
3.2.4 麦克利兰的成就动机理论···48
3.3 过程型激励理论···49
3.3.1 弗鲁姆的期望理论···49
3.3.2 亚当斯的公平理论···50
3.3.3 洛克的目标设置理论···52
3.3.4 斯金纳的强化理论···53
3.4 综合激励理论···54
3.4.1 波特和劳勒的激励理论···54
3.4.2 罗宾斯的综合激励理论···55
3.5 激励措施的作用及应用原则···56
3.5.1 物质激励措施的作用···56
3.5.2 精神激励措施的作用···57
3.5.3 激励措施的应用原则···57
复习思考题···58
思考与讨论···58

第4章 知觉、归因理论、印象管理与个体决策 ··················· 59

4.1 知觉 ·· 60
4.1.1 知觉的内涵及特征 ·· 60
4.1.2 知觉的影响因素 ·· 61
4.1.3 知觉的应用 ·· 62
4.1.4 常见的知觉偏差 ·· 62

4.2 归因理论 ·· 64
4.2.1 归因理论的内涵 ·· 64
4.2.2 常见的归因理论 ·· 65

4.3 印象管理 ·· 66
4.3.1 印象管理的内涵 ·· 66
4.3.2 印象管理的策略 ·· 67
4.3.3 印象管理策略在管理中的应用 ····························· 68

4.4 个体决策 ·· 69
4.4.1 个体决策的内涵 ·· 69
4.4.2 个体决策模型 ··· 70
4.4.3 个体决策的偏差 ·· 71
4.4.4 个体决策的影响因素 ·· 73

复习思考题 ·· 75
思考与讨论 ·· 75

第5章 个体自主行为 ··· 76

5.1 工作重塑 ·· 77
5.1.1 工作重塑的含义 ·· 77
5.1.2 工作重塑的维度划分 ·· 78
5.1.3 工作重塑的影响因素 ·· 79
5.1.4 工作重塑对组织发展的影响 ································ 80

5.2 组织公民行为 ·· 82
5.2.1 组织公民行为的含义 ·· 82
5.2.2 与组织公民行为相关的概念 ································ 83
5.2.3 组织公民行为的影响因素 ···································· 83
5.2.4 组织公民行为与工作绩效的关系 ·························· 84

5.3 反生产行为 ··· 85
5.3.1 反生产行为的含义 ··· 85
5.3.2 与反生产行为相关的概念 ···································· 86
5.3.3 反生产行为的影响因素 ······································ 88
5.3.4 反生产行为对组织的影响 ···································· 89

5.4 越轨创新行为 ... 89
5.4.1 越轨创新行为的含义 ... 90
5.4.2 与越轨创新行为相关的概念 ... 90
5.4.3 越轨创新行为的影响因素 ... 90
5.4.4 越轨创新行为在组织中的作用 ... 91
复习思考题 ... 92
思考与讨论 ... 93

第三部分 群体与团队

第6章 群体与团队合作 ... 94
6.1 群体行为基础 ... 95
6.1.1 群体的含义 ... 95
6.1.2 群体的发展阶段 ... 97
6.1.3 群体的属性 ... 98
6.1.4 群体决策 ... 100
6.2 群体行为特征 ... 102
6.2.1 群体偏移 ... 102
6.2.2 角色期待 ... 102
6.2.3 心理契约 ... 104
6.2.4 群体冲突及管理 ... 105
6.3 团队管理与建设 ... 107
6.3.1 团队的含义和类型 ... 107
6.3.2 团队与群体的关系 ... 109
6.3.3 创建团队的过程 ... 110
6.3.4 高效团队的影响因素 ... 112
6.3.5 高效团队的建设 ... 113
复习思考题 ... 113
思考与讨论 ... 114

第7章 组织中的沟通 ... 115
7.1 沟通的基础 ... 116
7.1.1 沟通的含义 ... 116
7.1.2 沟通的过程 ... 117
7.1.3 口语沟通 ... 118
7.1.4 非语言沟通 ... 119
7.2 有效的人际沟通 ... 120
7.2.1 理解和运用平衡理论 ... 121
7.2.2 学会有效倾听 ... 122
7.2.3 人际沟通实训 ... 123

7.3 组织的有效沟通 125
    7.3.1 组织沟通概述 125
    7.3.2 组织内部沟通常见问题和应对措施 126
    7.3.3 组织中不同类型的沟通 128
复习思考题 132
思考与讨论 132

第8章 领导力 133

8.1 领导与领导者 134
    8.1.1 领导的含义 134
    8.1.2 领导者与管理者的区别 135
    8.1.3 领导者的权力与影响力 136

8.2 有代表性的领导理论 137
    8.2.1 特质理论 137
    8.2.2 行为理论 139
    8.2.3 权变理论 141
    8.2.4 新型领导理论 145

8.3 领导力与决策 148
    8.3.1 领导授权 148
    8.3.2 领导决策 150
    8.3.3 领导力研究面临的挑战 150

复习思考题 153
思考与讨论 153

第四部分 组织系统及变革

第9章 组织系统 154

9.1 组织系统概述 155
    9.1.1 组织系统的含义 155
    9.1.2 组织系统与管理 157

9.2 组织结构与设计 157
    9.2.1 组织结构的含义 157
    9.2.2 组织结构的设计步骤 158
    9.2.3 传统组织结构的形式 160

9.3 组织文化 162
    9.3.1 组织文化的含义 162
    9.3.2 组织文化建设 165
    9.3.3 民族文化及企业管理模式差异 166

9.4 组织氛围 169
    9.4.1 组织氛围的含义 169

  9.4.2 组织氛围的维度测量 ·········· 170
  9.4.3 组织氛围的营造 ············ 171
 复习思考题 ···················· 171
 思考与讨论 ···················· 172

第 10 章 组织变革与发展 ············ 173

 10.1 组织变革概述 ············· 174
  10.1.1 组织变革的含义 ············ 174
  10.1.2 组织变革的动力 ············ 174
  10.1.3 组织变革的阻力 ············ 175
 10.2 组织变革的过程模型 ·········· 176
  10.2.1 勒温变革模型 ············· 177
  10.2.2 系统变革模型 ············· 177
  10.2.3 科特组织变革模型 ··········· 178
  10.2.4 卡斯特组织变革过程模型 ······· 178
  10.2.5 施恩适应循环模型 ··········· 178
 10.3 组织结构变革的趋势 ·········· 179
  10.3.1 组织结构变革趋势概述 ········ 179
  10.3.2 新型组织结构 ············· 179
 10.4 学习型组织 ··············· 182
  10.4.1 学习型组织的特征 ··········· 182
  10.4.2 建设学习型组织的策略 ········ 184
 复习思考题 ···················· 185
 思考与讨论 ···················· 185

参考文献 ························ 186

第一部分 组织行为学综述

第1章 组织行为学概述

> 人们的行为是以他们对现实的认知,而不是现实本身为基础的。
>
> ——著名管理学家 斯蒂芬·罗宾斯

本章学习目标

- 深入理解组织的含义,掌握组织的基本特征;
- 了解组织行为学的定义,理解学科的产生、发展及与其他学科的关系;
- 掌握组织行为学的常见研究方法;
- 了解组织行为学在我国的发展及当前面临的机会与挑战。

雷锋精神

雷锋（1940—1962），原名雷正兴，出生于湖南省长沙市，中国人民解放军战士，共产主义战士。无私奉献是雷锋一生的写照。雷锋主动请缨，"对症下药"，把磨损严重、耗油量大的卡车改装成了全连的"节油标兵车"；带伤与战友们连续奋战七天七夜，完成抗洪抢险任务；日常训练期间刻苦练就各项战斗技能，挤时间学习理论文化知识；休息时间帮战友洗衣服、缝被子，给孩子当课外辅导员，为群众做好事，一心一意服务党和人民。雷锋先后立二等功1次、三等功2次，获得了"五好战士""节约标兵""少年先锋队优秀辅导员"等荣誉。1963年，《人民日报》发表毛泽东主席亲笔题词，号召全国人民"向雷锋同志学习"。

雷锋因公殉职后，中华人民共和国国防部命名他生前所在班为"雷锋班"。2003年3月3日，雷锋生前所在连被命名为"雷锋连"。"走进来学雷锋，走出去做雷锋"是雷锋连官兵一直坚守的优良传统。多年来，连队圆满完成多项重大演习运输保障任务，累计行车近60万千米，从未发生过一起安全责任事故，荣立集体一等功3次、二等功8次、三等功10次。传承和弘扬雷锋精神，战士们始终践行雷锋的做法："雷锋存折"累计捐款近140万元，覆盖全国21个省；开展多个公益项目，累计为边远山区孩子募集图书近万册、衣物40000余件；从连队走出去的近千名官兵自觉践行雷锋精神，已有几十人成为行业标兵，百余人成为当地学雷锋带头人。

郭明义（1958— ），辽宁省鞍山市人，鞍钢集团矿业公司齐大山铁矿生产技术室公路管理业务主管，中华全国总工会副主席（兼）。郭明义先后获得全国优秀共产党员、"改革先锋"、全国五一劳动奖章、全国道德模范等多项荣誉。

郭明义被称为当代雷锋、时代楷模。郭明义四十多年如一日，把践行雷锋精神作为自己的人生选择，敬业爱岗，不断创新工作方法；甘于奉献，热心公益，不求回报。2008年组织鞍山市第一支"无偿献血志愿者服务队"。他组织的爱心团队迅速发展壮大，从2010年8月的40个分队拓展到160多个分队、6万多人。2021年以来，郭明义爱心团队累计捐款200多万元，建设希望小学2所，资助贫困学生6000多人，救助困难群众4000多人；参加造血干细胞捐献的志愿者5000多人，参加遗体器官捐献的志愿者800多人，参加献爱心活动超过20万人次。

点评 几十年来，雷锋精神犹如一座巍然矗立的灯塔，作为一种可贵的精神财富影响着几代中国人。一位英雄就是一个榜样，一支队伍就是一种力量。雷锋、郭明义无私奉献、团结互助、自觉服务社会、服务人民的理念照亮人们的心灵。他们用实际行动传承雷锋精神，用热血鼓舞每个人，践行社会主义核心价值观，谱写社会主义现代化建设的物质文明和精神文明的新篇章。雷锋精神化为实质性的双手，托举起国家的现在与未来；雷锋精神的力量带领我们稳步走向富强、复兴。

1.1 组织与组织行为学

组织是由人组成的复杂的社会系统,是人们社会生活的重要组成部分。每个人的成长或多或少都与组织相关,如学校、公司、银行、社区、协会等。组织对人的行为有影响,人对组织也有影响,组织与环境之间也有影响。因此,组织、人与组织行为的研究在当今社会变得越来越重要。

1.1.1 组织的含义与基本特征

1. 组织的含义

随着社会活动日益频繁,人们发现,单独行动常受制于主客观条件,不易达成目标或达成既定目标的效率不高。为了更好地实现目标,增强人的能动性,人们进行了合作,由此产生了组织。那么,什么是组织呢?学者们进行了不同的界定。

切斯特·巴纳德(Chester Barnard)认为,组织是人们为了达到共同目标而有序形成的一个动态的、系统的社会共同体。

斯蒂芬·罗宾斯(Stephen Robbins)认为,组织是对完成特定使命的人们的系统性安排。

尽管定义不同,但关于组织的阐述包含一些共性内容:组织是由人组成的,组织具有目标,组织是分工合作的。综上所述,本书对组织的定义为:组织是在特定社会文化环境中,为了达到一定目标,由两个或两个以上的人组成,在一个相对连续的基础上运作的社会单元。

2. 组织的基本特征

组织在我们的生活中无处不在,只要是组织,都具有以下几个基本特征。

1)组织是由人组成的一个社会系统。组织中存在人所具有的价值观、意识形态、行为习惯等。

2)组织具有自己的目标。组织之所以存在,是因为它肩负着具体的职能目标,如学校培养人才,医院救死扶伤,超市满足人们日常生活所需等。这是组织存在的意义和功能,也是组织的重要特征。

3)组织具有相应的结构系统。结构使组织内部权责明确、不同部门分工合作、协调运作。例如,企业的计划部门、生产部门、销售部门、财务部门及综合部门等需要各司其职、协作分工,保证组织正常运转。

4)组织处于一定的社会环境中,组织要与外界环境匹配和交流。例如,学校与政府、银行、媒体等联系紧密。

5)组织具有生命周期。任何组织都有产生、发展、成熟及衰退(或衰亡)的生命发展阶段。

 **小贴士**

切斯特·巴纳德(1886—1961),系统组织理论创始人,现代管理理论之父。1938

> 年，巴纳德出版了著名的《经理人员的职能》一书，此书被誉为美国现代管理科学的经典之作。1948 年，巴纳德出版了管理学著作《组织与管理》。巴纳德的这些著作为建立和发展现代管理学做出了重要贡献，也使巴纳德成为社会系统学派的创始人。此外，巴纳德还撰写了很多著名的论文和报告，如《经理人员能力的培养》《人事关系中的某些原则和基本考察》《工业关系中高层经理人员的责任》《集体协作》《领导和法律》等。由于巴纳德在组织理论方面的杰出贡献，他被授予了七个荣誉博士学位。同时，巴纳德也是第一位主张将决策提升为管理核心的人，这一观点此后得到西蒙、马奇等人的发展，衍生出决策学派。

1.1.2　组织行为学的定义及研究内容

1. 组织行为学的定义

组织产生后，组织需要个人参与合作完成任务，个人需要组织这一平台更好地发展，二者互相成就。但由于组织与个人的诉求和目标往往不完全一致，故组织中常常产生隔阂、矛盾乃至冲突。因此，人们发现，用科学的理论和方法学习组织中人的心理与行为具有重要的理论价值和现实意义，即建立组织行为相关学科的必要性。

组织行为学是行为科学的一个重要分支，该名称最早出现在 20 世纪五六十年代。作为一门新兴学科，它的内涵与外延不断变化，有关它的定义目前尚没有形成一致的结论。

美国管理学家斯蒂芬·罗宾斯（2008）认为，组织行为学研究组织内部个人、群体及结构对组织行为的影响，从而提高组织有效性。

美国组织行为学家弗雷德·鲁森斯（Fred Luthans，2003）认为，组织行为学主要研究、预测、控制组织中人的行为。

我国学者龙立荣（2010）认为，组织行为学主要研究组织环境下人们的心理与行为活动规律，以预测和引导人们的行为，为实现组织目标服务。

综上所述，本书对组织行为学的定义为：组织行为学以组织中人及其行为作为研究对象，是一门系统研究组织中个体、群体及组织自身行为规律，以分析、预测、引导和控制组织成员行为，帮助管理者达成组织目标的交叉性学科。

2. 组织行为学的研究内容

组织行为学以人作为研究的中心，因此，我们也常常按照个人的心理与行为规律、群体行为、组织行为的顺序对其进行研究和介绍。本书将组织行为学的研究内容依次分为组织行为学综述、组织中的个体、群体与团队、组织系统及变革四部分（见图1-1）。

1）个体行为的研究。组织是由个体的人组成的，个体间存在差异，个体的个性、价值观、兴趣、能力、行为等都会在组织活动中表现出来。

研究组织中个体的心理与行为可以了解员工的差异，了解员工的想法，掌握员工心理及行为规律，便于管理者更好地预测、控制决策效果。例如，管理者依据员工行为规律，设计并实施激励政策，培养并强化员工表现所期望的行为，提高工作效率。

2）群体行为的研究。个体在群体中会受到群体的影响，群体也会被个体影响。群体行为的研究包括群体行为的特征、规律与作用，以及群体沟通、领导力、权力等问题。群体行为的研究可以促进群体中的人际沟通、团队发展，帮助管理者更好地发挥其在群体中的作用。

3) 组织系统与发展研究。组织的发展要与环境相适应。组织要与内部环境相适应，包括组织与个体、群体的心理与行为相互影响；组织要与外部环境相适应，包括组织系统和结构、管理制度、组织文化、组织氛围、组织变革与发展等。建构有效的组织结构与管理制度，可以营造良好的工作氛围与组织文化，根据组织发展的模式与阶段，促进组织进步。

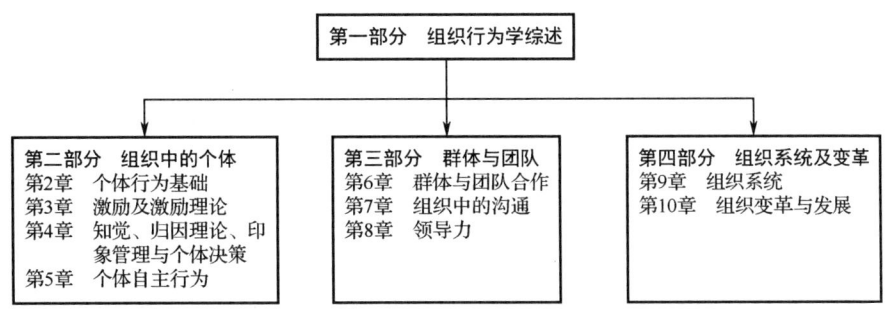

图 1-1 本书理论内容框架

1.1.3 相关学科对组织行为学理论的贡献

组织行为学最早来源于西方学者对组织的研究，反映了西方管理学界对组织管理的思考，吸收借鉴了心理学、社会学、社会心理学、人类学、政治学等多门学科的概念、理论、知识与方法，形成了一个涵盖个体、群体及组织三个层面的综合知识体系（见图 1-2）。

1. 心理学的贡献

组织行为学中学习、激励、人格、知觉、培训、领导力、工作满意度、个体决策等分析行为背后的形成机制等内容均属于心理学研究范畴。

2. 社会学的贡献

组织行为学中群体动力学、沟通、工作团队设计、组织变革、组织文化等均属于社会学研究范畴，解释了人与群体、社会的关系。

3. 社会心理学的贡献

组织行为学中行为变化、态度改变、沟通、群体过程、群体决策等均属于社会心理学研究范畴。

4. 人类学的贡献

人类学揭示了不同国家与组织中人们的文化、态度等差异。比较价值观、比较态度、跨文化分析等研究及组织文化、组织环境等均属于人类学研究范畴。

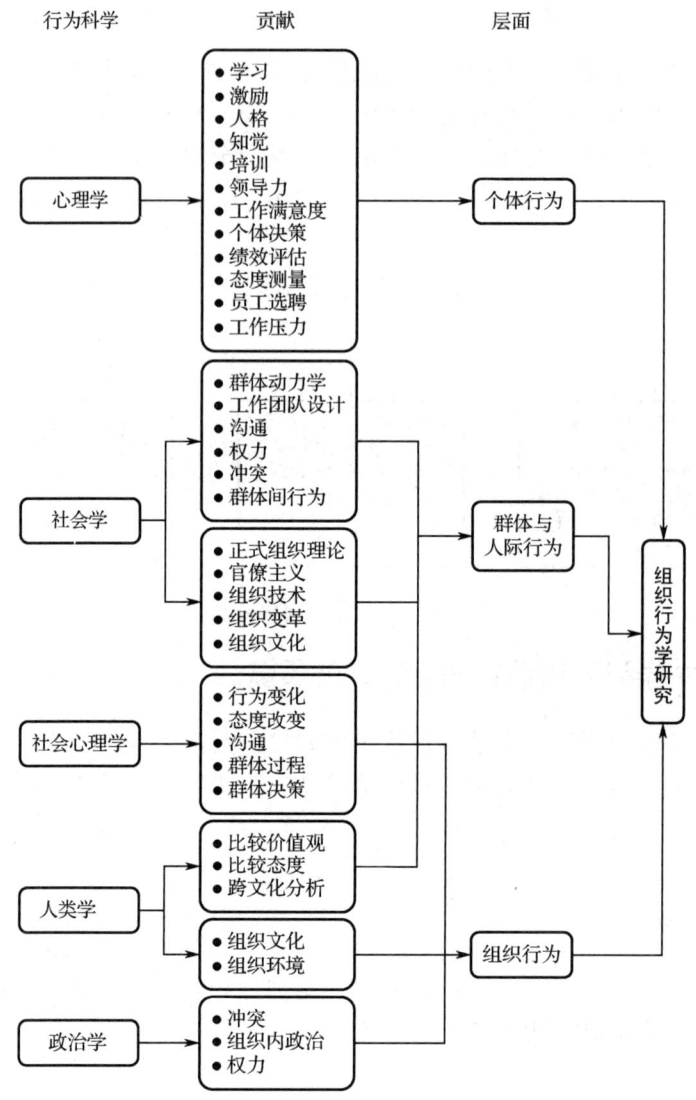

图 1-2　相关学科对组织行为学理论的贡献

5. 政治学的贡献

组织行为学中组织内政治、权力和冲突等均属于政治学研究范畴。

综上所述,组织行为学的研究内容涵盖了心理学的个体行为内容,社会学、社会心理学和人类学的群体与人际行为内容,以及社会心理学、人类学和政治学涉及的组织行为内容。这些学科都为组织行为学理论研究做出了贡献,构成了组织行为学三个层面的研究内容,为组织行为学的研究奠定了理论框架基础。

随着互联网、平台经济、人工智能、大数据等的发展,组织内外部环境都在发生变化,组织中新现象、新问题、新需求、新形态为组织行为学的研究带来了更多挑战。伦理学、生物学、生理学等学科新知识不断丰富着组织行为学的研究内容,如作为组织行为学重要组成部分的领导力,其近年研究与生物、神经学科有千丝万缕的联系。学科交叉、解决组织现实问题成为组织行为学未来的发展趋势。

1.2 组织行为学的产生及发展

组织行为学起源于学者对劳动生产效率与劳资关系的思考，主要有五个阶段：思想启蒙阶段（18 世纪中后期）、古典管理阶段（20 世纪初期）、人际关系学派阶段（20 世纪 20 年代）、人力资源学派阶段（20 世纪 50 年代）、权变理论阶段（20 世纪 60 年代末至今）。

1.2.1 组织行为学的产生

组织行为学的产生经历了漫长的理论和实践的准备阶段。每个阶段都有代表性的理论。

1. 思想启蒙阶段

近代管理理论的发展为行为科学的萌芽奠定了基础。

1776 年，英国经济学家亚当·斯密（Adam Smith）在经济学著作《国民财富的性质和原因的研究》（简称《国富论》）中对劳动和劳动效率展开讨论，指出要想突破性提高劳工工作效率，就要重视劳动分工。亚当·斯密第一次提出劳动分工的观点，提出人们具有在经济活动中追求个人利益的"经济人"的特点。

罗伯特·欧文（Robert Owen）于 19 世纪初期在工厂推行人性化管理，注重提供良好的工作环境，以便人能在舒适的环境中形成良好的品行，并体现在工作中。基于"注重人的因素"这一管理思想，欧文开创了许多体贴劳工的制度，如工人医疗和养老金制度等。欧文被称为"现代人事管理之父"、人本管理的先驱。

1832 年，查尔斯·巴贝奇（Charles Babbage）在观察英国和欧洲大陆工厂的机器和制造业发展的基础上，出版了《论机器与制造业的经济》一书，讨论了工厂的管理，包括劳动分工、减少浪费、利润加奖金的报酬制度等的重要性。他在亚当·斯密思考的基础上，进一步细化研究了劳动分工的意义，提出固定工资加利润的工厂制度，鼓励劳工感受工厂对人的关注，进而配合生产，努力劳作。巴贝奇被认为是科学管理思想的先驱者之一。

2. 古典管理阶段

20 世纪初至 20 世纪 30 年代，形成了古典管理理论，主要包括科学管理理论与经典组织理论。

1）科学管理理论。科学管理理论的代表是弗雷德里克·温斯洛·泰勒（Frederick Winslow Taylor）。他是美国著名管理学家，科学管理理论奠基人，被称为"科学管理之父"。

1911 年，泰勒出版《科学管理原理》，其对人性的思考成为近代组织行为学研究的开端。泰勒认为，人是理性的，只有物质利益才能解决人与人之间的矛盾，才能缓解劳资矛盾。他指出，提高工人工作效率除了需要降低成本、提高利润，还需要提高工人的工资。泰勒将经济需要视为工人的唯一需要，忽视了人的社会属性，这也是后人对科学管理理论产生争议的关键点。泰勒将制度化管理思想与实践融合，对当时和后来的组织发展做出了巨大贡献。

2）经典组织理论。经典组织理论与科学管理理论几乎同时产生。与科学管理理论侧重工人个体相比，经典组织理论更关注组织中的行政管理，提出了许多管理上的原则和职能。代表人物是法国的亨利·法约尔（Henri Fayol）和德国的马克斯·韦伯（Max Weber）。

亨利·法约尔是法国管理学家，古典管理理论的主要代表人物之一，也是管理过程学派的创始人，被称为"管理理论之父"。法约尔最主要的贡献在于提炼出管理的14项原则及5项管理职能。

法约尔的管理14项原则是：劳动分工、权利与责任、纪律、统一指挥、统一领导、局部利益服从整体利益、报酬、集权化、权力等级链、秩序、公平、人员稳定、首创精神、集体精神。1916年，法约尔出版了《一般管理与工业管理》，明确了管理的五大职能为计划、组织、指挥、协调、控制，并再次说明管理的14项原则。其有关管理的基本概念至今仍在使用。

马克斯·韦伯是德国著名的社会学家，提出了"理想的行政组织体系"，被称为"组织理论之父"。韦伯认为，科层制是最有效的组织模式。组织的构建应当做到"合法又合理"地行使职权。

古典管理阶段的科学管理理论与经典组织理论都以"经济人"的人性假设为基础，构建理性的、理想状态下的管理，强调科学性、严密性，没有关注人的社会属性，忽视了人的心理，不能达到极大提高生产力的目的。但该阶段的理论对行为科学的研究有深远影响，为组织管理的发展奠定了基础。

 **小贴士**

搬铁块实验

1898年，泰勒在企业家约瑟夫·沃顿的鼓动下，从米德维尔钢铁公司转到伯利恒钢铁公司工作。来到该公司后，泰勒请来了一些助手，如一起共事过的亨利·甘特等人，他们发挥各自的特长，取得了实验的圆满成功。

搬运伯利恒钢铁公司货场里的原材料铁块，工人按天计算工资，每天1.15美元，这是当时的标准工资。工人搬运铁块的平均工作量为每天12~13吨，泰勒就是从这里开始他的实验的。

先要科学地挑选工人。他们用了34天时间仔细观察和研究75个工人，从中挑选了4个工人，然后仔细地研究了这4个工人中的每个人，调查了他们的历史、性格、习惯和抱负，最后选中了身材矮小的施密特。他们让施密特按照新的要求工作，这样可以使他每天挣到1.85美元。他们的研究内容包括：从车上或地上把铁块搬起来需要多久；带着所搬的铁块在平地上走1英尺（1英尺=0.3048米）需要多久；带着所搬的铁块沿着跳板走向车厢每步需要多久；把铁块扔下或放在推车上需要多久；空手回到原来的地方走1英尺需要多久。

经过仔细研究，他们发现，采用科学的方法对工人进行训练，并把劳动时间与休息时间很好地结合起来，工人平均可以将每天的工作量提高到47吨，而且负重搬运的时间只有42%，其余时间是不负重的，工人也不感到太疲劳。而同时采用差别的计件工资制，工人每天在达到47吨标准后，工资也增加到1.85美元。施密特进入实验后，培训人员告诉施密特何时休息、何时工作。实验的结果是：施密特在第一天很快就搬完了47.5吨铁块，拿到了1.85美元。

（资料来源：郭咸纲.西方管理思想史[M].北京：世界图书出版公司，2010.）

3. 人际关系学派阶段

人际关系学派源于以著名心理学家梅奥（G. E. Mayo）为首的学者主持的一场实验——霍桑实验。20 世纪 20 年代末，美国发生经济危机并波及整个资本主义市场，经济情况的变动使强调理性的古典管理理论难以解决一些管理问题。当时，美国国家科学院与西部电气公司联合进行了 1924—1932 年共 8 年的霍桑实验，包括照明实验、福利实验、访谈实验和群体实验。实验后，梅奥总结霍桑实验的分析结果，在 1933 年出版了《工业文明中人的问题》，系统提出了人际关系理论，为之后的组织行为研究提供了实验和理论基础。

人际关系理论对人性的假设为"社会人"，人际关系理论主要观点如下。

1）人是社会人，应当注重人的社会心理需要。
2）影响生产效率的根本原因在于工人而非工作环境。
3）出于工人的社会属性，组织内部存在非正式群体。
4）应当注重领导者通过满足工人心理需求从而提升工作效率的能力。

人际关系理论为管理思想的发展开辟了新方向，但过分强调人的心理需求，忽视了经济因素对工人的影响，而且未考虑外部环境如社会状况、经济情况、技术水平、劳动力供求情况等因素。

 小贴士

霍桑实验

1924 年 11 月，以哈佛大学心理学家梅奥为首的研究小组进驻西部电气公司的霍桑工厂，试图通过改善工作条件与环境等外在因素，找到提高劳动生产率的途径。他们选定了 6 名女工作为观察对象，在 7 个阶段的实验中，不断改变照明、工资、休息时间、午餐、环境等条件，希望能发现这些因素与生产率的关系，但外在因素改变后，实验组的生产效率一直未能上升。为了提高工作效率，霍桑工厂请来包括心理学家在内的各种专家，耐心听取工人对管理的意见和抱怨，结果工作效率大大提高。这种现象被称作"霍桑效应"。经过连续的实验和研究，学者们意识到，人不仅受到外在因素的刺激，更受到主观因素的影响。就霍桑实验本身来看，当这 6 名女工被选出来成为一组的时候，她们就意识到了自己是特殊的群体，是被专家关心的对象，这种受关注的感觉促使她们加倍努力工作，以证明自己是优秀的。

人际关系理论的创立使人们关注人的社会属性，意识到要想提高生产率，还需要满足工人的心理需求。此后，许多学者进行了相关研究，对人的行为进行思考，包括心理学家、社会学家、人类学家、政治学家、历史学家、生理学家等，有关人际关系的研究机构也开始建立。

1.2.2 组织行为学的发展

组织行为学的发展主要经历了人力资源学派和权变理论两个发展阶段。

1. 人力资源学派阶段

随着社会和经济环境的变化，人力资源学派应运而生。其延续了对人的关注，但认

为企业管理中问题的根源在于未发挥人的潜力。人力资源学派的代表人物有亚伯拉罕·马斯洛（Abraham H. Maslow）与道格拉斯·麦格雷戈（Douglas McGregor）等。

美国心理学家亚伯拉罕·马斯洛创立需要层次理论，首次提出"自我实现人"的假设，认为管理者的任务是改善组织条件和方法，帮助人们达到目标。

美国行为科学家道格拉斯·麦格雷戈在其《企业中人的方面》一书中归纳和形成了两种完全相反假设的 X-Y 理论。X 理论认为人天性厌恶工作，逃避责任，不诚实和愚蠢等。为了提高劳动生产率，就必须采取强制、监督的方法。与之相对的是 Y 理论，认为人并不是被动的，人的行为受动机支配，只要创造一定的条件，他们会视工作为一种得到满足的因素，就能主动做好工作。

2. 权变理论阶段

权变理论认为任何问题都应当结合情境来分析。权变理论形成于 20 世纪 70 年代，是基于"复杂人"的假设提出的。其内容如下。

1）强调组织的条件多样性与环境特殊性，在思考解决组织问题时需要结合特点。

2）组织是开放性的，会受到外部环境的影响。

3）可以通过对组织分类、对环境情况分类等归纳出适用的组织结构模式一般结论。

权变思想的引入使人们在解决管理问题时更灵活，如对不同需求的员工采用不同的领导风格与激励方法。权变理论成为组织行为学研究问题时的有力思想工具，影响深远。

1.2.3　组织行为学在中国的发展

20 世纪 70 年代末、80 年代初，组织行为学作为一门独立学科进入中国。但我国心理学家关注该学科的相关问题，并在研究中涉及该学科的课题的时间要早于该学科的引入时间，只是当时名称其为工业心理学、劳动心理学或工程心理学。

1935 年，我国工业心理学家陈立撰出版《工业心理学概观》，从环境、疲劳、休息、事故、效率等方面系统论述了工业心理学。此外，有中国学者在机械业及纺织业展开过改善工作环境、鼓励员工合理建言的研究。

20 世纪 50 年代，中国科学院心理研究所设立劳动心理组，与生产部门协作，对工厂矿山事故、废品等问题进行调查，并研究职工培训方面的问题。60 年代，研究开始侧重工程心理学，探究人机关系。

20 世纪 80 年代以来，组织行为学在我国得到了应有的地位和重视。1980 年，中国心理学会工业心理专业委员会成立，这标志着我国组织行为学的发展拉开序幕。在企业实践中，粗放式管理不断改进，吸收国外先进的管理理论与方法，有关人的管理问题也被介绍进来。1981—1983 年，据不完全统计，我国行为科学领域举办了学术活动 139 次，讲座 618 次，译著书籍文章 100 多种。我国在行为科学领域的国际交流迅速发展，许多国际知名专家到我国讲授组织行为学课程，我国学者也去往美国、日本、澳大利亚、瑞典、德国、法国等地访问或进修，同各国学者广泛交流。

2000 年后，人力资源管理专业在国内高校普遍开设，极大促进了组织行为学的发展。近年来，围绕数智时代背景的研究也慢慢展开，许多企业家和学者应用并创新组织行为学理论，在中国情境实践中探索具有中国特色的本土化组织行为学理论及方法。

1.3 研究方法及未来挑战

组织行为学作为一门研究人、群体、组织的心理与行为规律的专业学科，运用探因与寻果的思维，采用科学研究方法，对行为的因果关系进行探究。

1.3.1 研究方法应遵循的原则

研究方法应当遵循以下几个基本原则。

1）研究程序公开。阐述研究全过程、程序、变量、测量方法等，使其他研究人员能够了解研究的全貌。

2）研究数据客观。尽量避免研究人员的主观因素对数据产生影响。

3）研究方法可控。研究人员有条件控制需要控制的变量与环境，以保证研究结果具有可靠性。

4）研究可重复。严格按照原有的研究程序重复进行，可得到一致性的结论。

5）分析方法是系统的。能够将每个因素置于过去与现在对比、结合当下其他因素考虑这两个纵向与横向维度中进行研究。

6）结论具有普适性。研究方法适合研究内容，研究结论具有普适性，能够依据该结论蕴含的规律推测一般规律。

1.3.2 常用的研究方法

组织行为学作为一门社会性学科，其研究方法常直接与现实组织相联系。下面将重点介绍其中的观察法、现场调查法、实验法、案例研究法与测量法。

1. 观察法

观察法是指在一定人为控制环境下进行的有目的、有计划、系统地直接观察研究对象的语言、表情、行为等信息，整理分析后得出结论的方法。结合现代科技，常常可以通过录音、录像、监控等方式收集信息。

观察法看似只是对所见的现象进行记录，但需要注意以下几点。

1）观察是有计划的。在观察前，要明确"观察目的""观察对象""观察时段""观察方式""信息整理方式"等问题，有周密、合适的观察计划。

2）观察是多次重复的。观察法需要对同一问题、同一对象、同一问题不同对象进行多次观察，以确保数据准确，降低偶然性。

3）观察是隐蔽的。由于一些对象在知道被观察后会改变其原有的行为，影响研究，故观察法有时需要隐蔽进行，避免一些人为因素的干扰。

观察法具有目的明确、操作简便、真实自然的优点。但也由于观察法操作时对象范围受限，其结论可能不适用于其他群体，且具有主观性过强的缺点，一般需要结合其他方法使用。

2. 现场调查法

现场调查法是指为了某个研究目的，采取一定的方式（如问卷、访谈、调查表等）

对具有一定规模的样本对象进行调查，收集并分析数据，得出结论的方法。问卷调查法和访谈法等都属于现场调查法。

1）问卷调查法。问卷调查法是一种常用的研究方法。由于向特定的群体收集特定的信息，其对变量能进行一定的控制。该方法采用样本调查，节省了成本，实施便利，同时具有统计意义。另外，问卷调查法所得的调查数据易量化，有利于后续数据分析，科学地得出结论。但问卷调查法也具有问卷回收困难、被测者不如实填写问卷、变量控制效果有局限等缺点，结论容易出现偏差，需要通过扩大样本范畴、相同样本分阶段测量及问卷配对测量等减少偏差。一般来说，有效的访谈问卷问题数量至少是测量问卷的3~5倍。

2）访谈法。访谈法是指通过访问者和受访人面对面地交谈来了解受访人的心理和行为的研究方法。访谈法具有不同的形式。

根据访谈进程的标准化程度，访谈法可分为结构型访谈和非结构型访谈。前者的特点是按定向标准程序进行，通常采用访谈大纲或调查表；后者是没有定向标准程序的自由交谈，如行为事件访谈法。

根据访问者掌握主导权的程度，可分为指导性访谈和非指导性访谈。

根据受访人的多少，可分为个人访谈和团体访谈。

访谈法运用面广，能够运用在胜任力、面试、组织特征归纳（如组织变革）等多种场合，可以真实收集多方面的资料，因而深受人们的青睐。但访谈法对访问者控场能力的要求也相对高，尤其是通过描述性叙述事件或情景抓取特征的访谈。

3. 实验法

实验法可分为实验室实验法与自然实验法。前者指运用专门的实验仪器在实验室中测量被测者的心理特质与行为，如高校中许多心理学者在校内设置实验，召集志愿者进行测试；后者指在真实的组织机构中，在自然条件下控制某些变量，从而证明假设成立或测试预计实施的一些方案的真实效果，如霍桑实验、政策试点等。

由于操作者会人为有目的地干涉一些影响因素，因而实验法在推断因果关系时较为有力。与实验室实验法相比，自然实验法运用的场景更加真实，结果可能更容易推行。但自然实验法在控制实验条件时，该如何排除复杂环境的干扰，对研究者而言极具挑战性。

4. 案例研究法

案例研究法是指研究者对个体、群体或组织进行长时间的连续跟踪调查，进而深入了解其整体心理与行为发展变化的全过程，掌握其发展变化规律，用文字形式记载案例并分析总结的方法。案例研究法能够为研究者提供系统的观点，即通过尽可能地对研究对象进行完全直接的考察与思考，能够获得比较深入和周全的理解，具有广泛的实用价值。

案例研究法有单案例研究，也有多案例研究，在探索内在逻辑过程及作用机理等新领域是一种有效的研究方法。它具有探索新事物而非验证现有假设的特点，但案例研究法不仅要求案例是典型的，而且其归纳必须是系统的、严谨的分析，这就对研究者的学术水平提出一定要求。而且案例研究法具有一定的主观性，需要耗费大量的时间和人力成本，这也是一个非常现实的问题。

5. 测量法

测量法是指根据某个规则给测量对象的某些特性分配数值的研究方法，往往采用标准化的量表或测量仪器来研究心理品质和行为规律，如心理测试、能力测试、性格测试等。

以上方法都有各自的应用价值与局限性。实际研究中往往交叉运用这些方法，如在进行案例研究时就会结合使用现场调查法、测量法、观察法。我们应当以权变的观念看待这些方法，根据探究的具体问题组合设计研究方法，提高研究结论的准确度。

>  **小贴士**
>
> **自变量和因变量**
>
> 变量是刻画事物在幅度、强度和程度上变化特征的一个概念。任何一个系统或模型都是由各种变量构成的。当我们分析这些系统或模型时，可以选择研究其中一些变量对另一些变量的影响。影响其他变量的变量叫自变量，如人口统计学变量（年龄、性别、专业、教育背景、地域等）、职业使命感、组织信任、领导风格等都是常见的自变量；而被影响的变量叫因变量，也叫结果变量，如组织公民行为、离职意愿、组织绩效等。
>
> 自变量和因变量是组织行为学研究中常见的变量。人不是一个变量，因为人这个概念本身不具有变化的属性，但人的某些特征其实可以变化，如年龄、性别、专业等都可以描述不同方面的变化。
>
> （资料来源：孙健敏，徐世勇. 组织行为学[M]. 北京：中国人民大学出版社，2018.）

1.3.3 组织行为学面临的挑战

作为研究人类心理与行为的交叉性学科，组织环境的变化为组织行为学研究带来了新的挑战。工作价值观、员工承诺、领导的有效性、企业社会责任等问题需要不同视角的分析和预测，以便探索具有时代背景的解决方案。组织行为学面临的主要挑战如下。

1. 组织变革

组织变革是组织演变到一定程度后的一种创新蜕变，往往意味着组织突破发展阶段的束缚，进入新一轮生命周期。随着社会、经济、科技、文化等方面的时代变化，虚拟组织、扁平化组织、网络化组织、数字化企业等应运而生。组织层面上，组织行为学需要探索组织变革的内在机制及逻辑分析框架，顺应时代的高效的组织模式、决策模式。

组织变革与组织中的人员的影响是相互的。当员工意识到变革对组织发展是必要的，以及有助于实现个人目标时，员工可能促进变革。但变革往往伴随业务流程改变、新知识与技能的引入、权力等级变化、工作重塑等，员工为回避麻烦并维护个人利益，也可能阻碍变革。组织行为学研究可以帮助组织更全面地考虑问题，建构积极、有效的组织系统、组织管理，减少组织变革阻力。

2. 数字经济与自我管理

自我管理指个人通过一些策略改变自己的行为，从而达到预期目的，强调个人通过对自我状态和行为的调控来达成既定目标。数字经济时代，自动化技术、远程办公、人机共存等对组织中的工作的性质产生巨大影响。数字化技术改变了劳动力市场和对劳动力素质的要求,在线办公常态化。人机共存的复杂工作系统使个人在工作中更多地面对数字技术,自我管理重要性日益凸显。

此外,在数字经济时代,"隐私"问题得到越来越多的关注,组织是否保障员工和客户的隐私也成为衡量组织服务质量、提升员工和客户满意度的重要因素。

3. 劳动力多元化

劳动力多元化指企业的员工具有不同的民族、国籍、年龄及信仰等,员工间思想文化、行为准则等差异明显,劳动力的构成日趋复杂。组织由人构成,故劳动力多元化对组织管理意义重大。组织需要更加重视员工的个体差异,管理者应在尊重的基础上承认差异,利用不同文化思想的碰撞实现创新。若员工差异问题在工作中得不到良好管理,矛盾冲突、信息不流通、沟通困难、员工流动性大、组织承诺低等问题就会频繁出现,对组织有效性造成严重负面影响。

例如,年龄多元化是现在组织中劳动力多元化最常见的现象。不同年龄段的员工的管理和激励问题,组织文化建设与人的工作价值观、思维方式的匹配问题等在多元文化冲击下,对组织员工需求、忠诚度等带来了新的冲击。例如,近年流行的"00后整顿职场"的微博词条就很形象地反映了组织年龄多元化带来的新挑战。

4. 共享用工问题

地区经济差异、老龄化进程加快带来了共享用工问题。对于熟练技术劳动力资源有限并在短期内无法快速扩充,共享用工这一新的劳动用工模式可为解决适龄劳动人口数量和劳动力供给规模快速下降问题提供新的思路。作为一种行业联盟内的新型用工模式,生产淡季员工在行业内流动的范式确实为不同企业节省了成本,提高了劳动生产率,但其带来的劳动用工的心理契约问题及随之而来的员工忠诚度下降、人岗不匹配、职业通道复杂及工伤由谁赔偿等新问题,亟待从组织管理、立法等多方面研究解决。

复习思考题

1. 试述组织的含义及其基本特征。
2. 什么是组织行为学?
3. 试述组织行为学的产生与发展过程。
4. 组织行为学的研究思路与方法有哪些?
5. 试分析组织行为学的权变理论。

思考与讨论

1. 你认为生活中的组织行为有哪些?
2. 你认为组织行为学与心理学有哪些关系?
3. 如果你在工作中充当管理者的角色,那么你将如何对员工行为进行有效管理?

第二部分　组织中的个体

第 2 章　个体行为基础

> 世界上唯一有价值的东西就是一个人充满活力的灵魂。
>
> ——美国思想家、文学家、诗人　爱默生

本章学习目标

- 重点掌握人格理论、人格的心理特征；
- 掌握个体的主要特征；
- 掌握工作态度及职业价值观；
- 了解个体行为基础理论，能够分析现实问题。

> **思政导入**
>
> ### 感动中国人物——张桂梅
>
> 三寸粉笔系深山,烛光千里耀云岭。她驻扎深山数十载,为数千名女孩撑起一片天;她身患重病仍坚守岗位,是寒谷中盛放的红梅,以羸弱之躯筑成教育的广厦,以不屈之志守护学生的未来。她,就是张桂梅。
>
> 张桂梅是千千万万教师中的一名,用自己的人生给别人改命。"七一勋章"颁授仪式上那双贴满膏药的手,令人难忘。为了坚守那个"只要还有一口气,就要站在讲台上"的诺言,从17岁花季少女到64岁花甲之年,她在坚守与奉献中为教育扶贫事业鞠躬尽瘁。40多年来,张桂梅始终坚守在祖国西南边陲的教师岗位上,从寸寸青丝到头发花白,未曾改变的是对山区学子的爱心,对教育事业的信仰。
>
> 坚守初心,铸就精彩人生。改变大山里女孩的命运,这是张桂梅决定办学的初心。她用自己瘦弱的肩膀挑起了偏远地区女孩的读书梦,为她们搭建了受教育的平台,托起她们的梦想。在改变她们命运的同时,也铸就了自己精彩的人生。从手持小喇叭逐间宿舍喊学生起床,到出操,再到课间休息,直到熄灯睡觉,张桂梅的小喇叭一直回响在女子高中校园。这就是劳动者张桂梅的每一天。
>
> "我生来就是高山而非溪流,我欲于群峰之巅俯视平庸的沟壑。我生来就是人杰而非草芥,我站在伟人之肩蔑视卑微的懦夫。"张桂梅即使满身病痛,依旧奋斗在她倾注一生的教育事业。因为自己的事迹受到了社会及国家的关注,张桂梅受到了许多表彰和奖励。但是,令人更加惊讶的是,她把自己的"十七大"党代表证、五一劳动奖章、奥运火炬和毕生的荣誉证书,全部捐给了县档案馆。她说:"我的一切都是党和人民给的,我奉献给党和人民的还远远不够。"她就如一枝报春的红梅,谱写着新时代共产党人的无疆大爱。
>
> (资料来源:根据百度百科相关资料整理。)
>
> **点评** 价值观从总体上影响一个人的态度和行为。张桂梅的人生价值观只有奋斗和奉献,她能为学生的教育尽心竭力,燃尽自己,照亮学生。她具有典型的服务型职业价值观,认为自己的价值体现在为社会和他人做出的贡献中。正是这种奋斗、奉献的价值观,让张桂梅数十年如一日,坚守在教育扶贫的第一线,坚守三尺讲台,不忘初心使命。

2.1 人格

人们的人格千差万别,这种人格差异在很大程度上决定了人们行为的不同。

2.1.1 人格的内涵及特征

1. 人格的内涵

人格是一个复杂而宽泛的概念,在组织行为学中,人格有时也称个性。人格一词起源于拉丁语单词"persona",最初指古希腊戏剧演员在舞台演出时所戴的面具,与京剧中的脸谱类似。而后指演员本人，一个具有特殊性质的人。

现代心理学沿用"persona"的含义，转译为人格。其中包含两个意思：一是指一个人在人生舞台上表现的种种言行，以及遵从社会文化习俗的要求而做出的反应。即人格具有的"外壳"，就像舞台上根据角色的要求而戴的面具，是一个人的外在表现。二是指一个人由于某种原因而不愿展现的人格成分，即面具后的真实自我，这是人格的内在特征。

总体来说，人格是指一个人在社会化过程中形成和发展的思想、情感及行为的特有统合模式，这个模式包括个体独具的、有别于他人的、稳定而统一的各种特质或特点的总体。

2. 人格的特征

人格是一个具有丰富内涵的概念，反映了人的多种本质特征。

第一，人格具有独特性。一个人的人格是在生物遗传、社会文化、家庭、学校教育等因素的交互作用下形成的。不同的遗传、生存及教育环境，形成了各自独特的心理特点。人与人没有完全一样的人格特征。所谓"人心不同，各有其面"，这就是人格的独特性。

第二，人格具有整体性。人格的独特性并不意味着人与人之间毫无相同之处。在人格形成与发展中，既有生物因素的作用，也有社会因素的作用。人格作为一个人的整体特质，既包括每个人与其他人不同的心理特点，也包括人与人之间在心理、面貌上相同的方面，如每个民族、阶级和集团的人都有其共同的心理特点。

第三，人格具有稳定性。在个体多种变化的行为中存在一种隐约而持续的一致性，如一个人经常表现出的老成持重的性格特征具有一定的稳定性。但人格的稳定性是相对的，强调人格的稳定性并不意味着人格在人的一生中是一成不变的。随着生理的成熟和环境的变化，人格也有可能产生或多或少的变化，但总体变化不大。"秉性难移"指的就是人格的稳定性。

第四，人格具有制约性。人格是受社会环境影响的，个体在社会中工作、生活，必须遵守社会环境约定俗成的人格规则。例如，面对挫折与失败时，要有一定的抗压及拼搏精神，这也是人格功能的社会属性表现。

2.1.2 人格的影响因素

影响人格形成与发展的因素众多，包括生物遗传因素、社会文化因素、家庭环境因素及教育因素等。

1. 生物遗传因素

遗传是人格不可缺少的影响因素，且遗传因素对人格的作用程度随人格特质的不同而异。通常，与智力、生物因素关系紧密的特质，遗传因素的作用更大；而与价值观、信念等社会因素关系紧密的特质，后天环境的作用可能更大。人格的发展是遗传与环境两种因素交互作用的结果。

2. 社会文化因素

每个人都处在特定的社会文化环境中，社会文化对人格的影响是极为重要的。社会文化塑造了社会成员的人格特征，使其成员的人格结构朝着相似的方向发展，这种相似性具有维系社会稳定的功能，使每个人能稳固地"嵌入"整个文化形态。社会文化对人格的塑造功能，表现在不同文化的民族有其固有的民族性格。

3. 家庭环境因素

家庭环境对个体人格的最终形成起着至关重要的作用。首先，父母的教育方式直接影响孩子的人格。例如，民主型的养育方式，父母既满足儿童的正当要求，又在某种程度上给孩子约束和限制，亲子关系十分和谐。在这样的养育环境中，孩子更容易形成谦虚、有礼貌、待人亲切诚恳、独立性强等人格特征。其次，父母的关系对儿童的人格形成有重要的作用。通常，和睦的家庭氛围对孩子的人格有积极的影响。

4. 教育因素

学校里的教师对学生人格的发展具有指导定向作用。教师的人格特征、行为模式与思维方式对学生产生巨大影响。每个教师都有自己独特的风格，这种风格为学生设定了一个"气氛区"，在教师的不同"气氛区"中，学生的人格会受到潜移默化的影响。同时，学校是同龄群体会聚的场所，同龄群体对学生人格具有重要影响。班集体是学校的基本组织结构，班集体的特点、要求、舆论和评价对于学生人格的发展均有一定影响。

2.1.3 人格理论

关于人格的理论有很多种，了解这些人格理论，对于多角度、多层次地理解个体的人格，并采取相应的措施影响和促进人格发展具有重要的指导意义。

1. 弗洛伊德的精神分析人格理论

在西格蒙德·弗洛伊德（Sigmund Freud）的学说中，人格被视为从内部控制行为的一种心理机制，这种内部心理机制决定着一个人在一切给定情境中的行为特征或行为模式。弗洛伊德认为，完整的人格结构由三大部分组成，即本我、自我和超我。

本我就是本能的我，完全处于潜意识中。本我是一个混沌的世界，它容纳一团杂乱无章、很不稳定、本能性的被压抑的欲望，隐匿着各种为现代人类社会伦理道德和法律规范所不容的、未开发的本能冲动。

自我是面对现实的我，它是通过后天的学习和环境的接触发展起来的，是意识结构的部分。自我是本我和外界环境的调节者，它奉行现实原则，既要满足本我的需要，又要制止违反社会规范、道德准则和法律的行为。

超我是道德化的我，是从自我中分化和发展起来的。它是人在儿童时期对父母道德行为的认同，对社会典范的效仿，是受文化传统、价值观念、社会理想的影响而逐渐形成的。

本我、自我和超我始终处于冲突与协调的矛盾运动中。自我扮演着协调者的角色，一方面设法满足本我对快乐的追求，另一方面必须使行为符合超我的要求。弗洛伊德的人格理论过分强调本能的作用，是一种生物决定论的观点。虽然某些观点失之偏颇，但这种理论对人格结构的深层次研究，特别是强调本我、自我、超我保持相对平衡的观点，是有一定的科学价值的。

>  **小贴士**
>
> 健全的人格从来不是天生的,而是需要培养的,通过自身修炼或接受教育来实现。参考弗洛伊德的观点,人格分为超我、本我、自我,共有三个"我"。从这三个"我"的角度可以解释人的一系列行为和心理活动。一个健全的人格指的是三个"我"经常处于较平衡的状态,齐心协力把控好一个共同的躯体,让他处于最健康(身体上、心理上)、最优的状态,最大化地发挥这个躯体的聪明才智,使之对自己最有利,进而对别人最有利,对社会也最有利。
>
> (资料来源:周三多等. 管理学——原理与方法(第七版)[M]. 上海:复旦大学出版社,2018.)

2. 卡特尔的人格特质理论

美国心理学家雷蒙德·伯纳德·卡特尔(Raymond Bernard Cattell)认为,人格的基本结构元素是特质。特质是从行为推出的人格结构成分,它表现出特征化的或相当一致的行为属性。也就是说,人格特质是在不同情境中表现出来的稳定而一致的行为倾向。

卡特尔根据人格特质的层次性,将人格特质区分为表面特质和根源特质。表面特质是指一群看起来似乎聚在一起的特征或行为,即可以观察到的各种行为表现,是能够从个体外部行为中直接观察到的特质,是个体的行为表现。它们之间具有相关性。根源特质是行为的最终根源和原因,虽不能直接观察,但对个体的行为起制约作用。

卡特尔通过对实证材料的因素分析,找到16种相互独立的人格特质:乐群性、聪慧性、稳定性、好强性、兴奋性、有恒性、敢为性、敏感性、怀疑性、幻想性、世故性、忧虑性、求新性、独立性、自律性、紧张性(见表2-1),并依此编制了《卡特尔16种人格因素测验》(16PF)。卡特尔认为,每个人身上都具备这16种特质,但是每个人的人格特质存在一定的量的差异,正是由于这种量的差异,才使个体之间表现出人格结构上的差异。

表2-1 卡特尔的16种人格特质

因 素	人格特质	低 分 特 征	高 分 特 征
A	乐群性	沉默孤独	乐群外向
B	聪慧性	愚钝,抽象思维能力差	聪慧,抽象思维能力强
C	稳定性	情绪不稳定,无耐心	情绪稳定,有耐心
E	好强性	温顺、随和	支配、好斗、有主见
F	兴奋性	严肃、谨慎、安静	轻松、热情、活泼、幽默
G	有恒性	权宜、敷衍、轻视规则	有恒、负责、遵守规则
H	敢为性	畏怯退缩	冒险敢为
I	敏感性	粗心、迟钝	细心、敏感
L	怀疑性	信任、接纳	怀疑、警觉
M	幻想性	实际、合乎常规	幻想、不切实际
N	世故性	直率、天真	精明能干、世故

续表

因　素	人格特质	低分特征	高分特征
O	忧虑性	安详沉着、有自信心	不安、多疑、自责
Q1	求新性	保守、传统、抗拒改变	自由、批评、求新
Q2	独立性	依赖群体	自立
Q3	自律性	冲动、无法自制	克制、自律、严谨
Q4	紧张性	放松、沉着、欲求低	紧张、迫切、欲求高

小贴士

卡特尔认为，有些特质是由遗传决定的，称为体质根源特质，而有些特质来源于经验，因此称为环境塑造特质。卡特尔认为，在人格的成长和发展中，遗传与环境都有影响。他经过一系列的运算发现，遗传与环境对特质发展的影响哪个更重要，是因特质的不同而异的。例如，智力方面的特质，遗传影响约占80%～90%。他估计，整个人格结构中大约2/3由环境决定，1/3由遗传决定。

（资料来源：珍妮弗·乔治. 组织行为学[M]. 北京：北京大学出版社，2010.）

3. 大五人格理论

20世纪80年代末以来，研究者在更大范围的样本研究中，对人格测验的项目不断汇总，发现五种比较稳定的人格因素，包括开放性、尽责性、外向性、宜人性和神经质，称为大五人格特征（Big-Five Theory of Personality），具体特征如表2-2所示。

表2-2　大五人格特征

因　素	低分特征	高分特征
开放性（O）	实际、刻板、固执、世俗	想象、喜欢变化、独创
尽责性（C）	杂乱无章、粗心、意志薄弱	井井有条、细心、自律
外向性（E）	退缩、寡言、冷淡	好交际、多话、热情
宜人性（A）	硬心肠、多疑、不合作	软心肠、信任、乐于助人
神经质（N）	焦虑、不安全感、自怜	平静、安全感、自足

1）开放性。开放性（Openness）描述一个人的认知风格。高开放性的人富有想象力和创造力，好奇心强，对艺术和美的事物比较敏感。高开放性的人偏爱抽象思维，兴趣广泛，适合教授等职业。低开放性的人追求实际，比较传统和保守，喜欢常规，不喜欢冒险。

2）尽责性。尽责性（Conscientiousness）指人们控制、管理和调节自身冲动的方式。高尽责性的人情绪较为稳定，不易冲动，更能够获得成功。人们一般认为高尽责性的人更加聪明和可靠，但是高尽责性的人可能是一个完美主义者或一个工作狂。极端尽责的个体会给人单调、乏味、缺少生气的印象，而低尽责性的个体相对来说更容易快乐、更有趣。

3）外向性。外向性（Extraversion）代表在外界投入的能量，表示人际互动的频率、对刺激的偏好及获得快乐的能力。高外向性的人喜欢与人接触、充满活力、热情、喜运动和冒险。在一个群体当中，高外向性的人非常健谈、自信、喜欢并容易引起他人的注意。相对来说，低外向性的人更安静内敛，不喜欢与他人接触，喜欢独处。低外向性的这种特点有时会被人误认为傲慢或不友好。

4) 宜人性。宜人性（Agreeableness）描述对合作和人际和谐的重视程度。高宜人性的人是善解人意的、友好的、慷慨大方且乐于助人的，愿意为了别人放弃自己的利益。高宜人性的人对人性持乐观的态度，相信人性本善。低宜人性的人则心肠较硬、多疑、不愿意合作。但对于某些需要强硬和客观判断的岗位，如科学家、评论家和士兵，太高的宜人性未必都是有益的。

5) 神经质。神经质（Neuroticism）指个体体验消极情绪的倾向。高神经质的人更容易体验到诸如愤怒、焦虑、抑郁等消极的情绪。他们对外界刺激的反应比一般人强烈，难以调节情绪，容易受到不良情绪的影响。同时，个体的思维、决策、抗压能力均比较差。低神经质的人比较平静、知足，有安全感。

这五个特质的英文单词首字母构成了"OCEAN"一词，代表"人格的海洋"。目前，大五人格理论被称为当代人格心理学新型的特质理论。

 小贴士

大七人格理论

一些有代表性的研究指出，研究人格应包括评价性特质。黛里根（Tellegen，1987）等人用不同的选词原则，获得了七个因素，构成了七因素模型。这七个因素是正情绪性、负效价、正效价、负情绪性、可靠性、宜人性、因袭性。与大五人格的五因素模型相比，七因素模型增加了正效价（如优秀的、机智的、勤劳的等）和负效价（如邪恶的、凶暴的、自负的等）两个因素，称为大七人格理论。

（资料来源：孙健敏. 组织行为学[M]. 北京：中国人民大学出版社，2018.）

2.1.4 人格的心理特征

1. 气质

气质是指表现在人的心理活动和行为动力方面的稳定的个人特点。气质是人格心理特征之一。在现实生活中，人们所说的"脾气"是气质的通俗说法。气质会使一个人的全部心理活动的表现都染上一种独特的色彩，体现出不同的个性。

1) 气质的特征。

（1）动力性特征。气质是个体心理活动的外部动力特点，主要表现在心理活动的速度、强度、灵活性、指向性等。

（2）先天性特征。人的气质差异是先天形成的，受神经系统活动的特性制约。研究表明，在儿童生命最初的几周内，他们对刺激物的敏感度、对新事物的反应等就有明显的差异，这些气质上表现出的明显个性特征是由神经系统的先天特性导致的。

（3）稳定性特征。气质特点一般不受个人活动的目的、动机和内容的影响，具有较强的稳定性。它能使人的心理活动染上特定的色彩，形成独特的风貌。例如，一个情绪稳定、内向的学生，即使在熟悉的环境及很感兴趣的活动中，都会表现出较为稳重、低调的特点。

（4）可塑性特征。气质具有一定的可塑性。气质虽然具有先天性，但并不意味着它完全不起变化。在生活环境和教育条件的影响下，气质可以得到相当程度的改造。例如，在集体生活的影响下，情绪容易激动的学生可能变得较能控制自己的情绪；行动较缓慢的学生可能变得行动迅速。

2）气质的类型。

古希腊学者希波克里特（Hippocrates）提出了气质的体液说；古罗马医生盖伦（Galen）根据气质特征有规律的结合，把人的气质分为四种基本类型：多血质、胆汁质、黏液质和抑郁质。

（1）多血质。多血质的人情感发生迅速、微弱、易变，动作发生也迅速、敏捷、易变。这种类型的人大多活泼外向、好动、敏捷、反应灵活、喜欢与人交往、注意力不集中、兴趣容易变化，具有外倾性。《红楼梦》中的王熙凤就属于典型的多血质气质类型。

（2）胆汁质。胆汁质的人情感发生得迅速、强烈，动作发生得也迅速、强烈、有力。这种类型的人直率、精力旺盛、反应迅速、热情外向、脾气急躁、易冲动、情绪易兴奋、难以自制，具有外倾性。影视作品《亮剑》中的李云龙、《水浒传》中的黑旋风李逵就属于典型的胆汁质气质类型。

（3）黏液质。黏液质的人情感发生缓慢、内蕴、平静，动作迟缓、稳重、易于抑制。这种类型的人大都冷静、沉稳内向、沉默寡言、情绪不容易外露、反应缓慢、注意力稳定持久但难以转移、善于忍耐，具有内倾性。影视作品《亮剑》中的政委赵刚就属于典型的黏液质气质类型。

（4）抑郁质。抑郁质的人情感体验深而持久、动作迟缓无力。这种类型的人大都敏感、多疑、孤僻内向、行动迟缓、具有很高的感受性、情绪体验细腻深刻、观察敏锐、善于觉察他人不易觉察的细节，具有内倾性。《红楼梦》中的"侬今葬花人笑痴，他年葬侬知是谁"的林黛玉就属于典型的抑郁质气质类型。

2. 性格

性格是个体在对现实的稳定态度和习惯化的行为方式中表现出来的个性心理特征。

1）性格的特征。性格的特征就是性格不同方面的特征，包括性格的态度特征、理智特征、情绪特征和意志特征。

（1）性格的态度特征。包括对社会、集体和他人的态度特征，如忠心耿耿或三心二意、热爱集体或自私自利、正直或虚伪；对学习、工作、劳动和劳动产品的态度特征，如细致或粗心、创新或墨守成规等；对自己态度的性格特征，如谦虚或骄傲、自尊或自卑等。

（2）性格的理智特征。指个体在感知、记忆、想象和思维等认知过程中表现出来的认知特点和风格，如倾向于采取整体或分析的观察方式，感知的速度和精确性等；表现在思维方面的性格特征，如思维的敏捷性、独创性、深刻性和逻辑性等。

（3）性格的情绪特征。指人在情绪情感活动的强度、稳定性、持续性及稳定心境等方面表现出来的个体差异，如对人的行为活动的感染程度和支配程度，以及情绪受意志控制的程度等。

（4）性格的意志特征。指人对自我行为的控制水平、目标明确程度及在长期工作和紧急情况下表现出来的个体差异，如目的明确性、纪律性及在紧急情况下是勇敢果断还是优柔寡断等。

2）性格的类型。由于性格结构的复杂性，在心理学研究中，至今还没有公认的性格类型划分原则与标准。以下介绍几种常见的性格分类方法。

（1）根据理智、情绪和意志的优势，可分为理智型、情绪型和意志型。理智型的人通常用理智来衡量一切并支配自己的活动，能够冷静地观察和分析事物，理性思考较多，很少受情绪影响。情绪型的人情绪的感受很深刻，容易情绪化，表现为明显的情绪不稳定。他们有时欢乐愉快，有时抑郁低沉，情绪对行为的影响较大，缺乏理智，处理问题常感情用事。意志型的人行动目标明确，积极主动，勇敢果断，自制力强，不易被外界因素干扰，但有的人会显得刚愎自用、轻率鲁莽。

（2）根据心理活动是指向外部世界还是内部世界，可分为外向型和内向型。外向型的人心理活动指向外部世界，对外界环境非常重视，喜欢社交，在外界比较活跃，开朗、自信、热情，兴趣广泛，容易适应环境变化。但有时会表现出感情用事、缺乏自我分析和自我批评的态度等。内向型的人心理活动指向内部世界，对自己的主观世界比较重视，感情比较深沉，倾向于自我欣赏，善于内省和深思，不善交际，适应环境的能力较差。

（3）根据个体活动的独立程度，可分为独立型和顺从型。独立型的人具有较强的自我意识，有主见和自信，善于独立思考、分析和解决问题，不容易受外部环境影响，但有时遇事主观武断，以自我为中心。顺从型的人做事缺乏主见，更倾向于参照别人的观点，易受他人意见左右，在突发事件面前，常表现为束手无策或惊慌失措。

> **小贴士**
>
> 对于性格的分类，还有一种说法比较普遍，即将人的性格分为活泼型、力量型、完美型与和平型。活泼型的人情感外露而奔放，懂得把生活变为乐趣，乐于与人交往，可以从任何事情中挖掘出兴奋点，在绘声绘色的描述中尽情地回味其中的欢乐。完美型的人则属于内向型，有思想深度，善于分析，喜欢观察别人，能体谅他人的难处。力量型的人永远充满动力，勇于攀登高峰，进取心强。和平型的人能够始终保持原则，以自己的协调能力把相反的力量融合在一起。
>
> （资料来源：崔杰. 大学生职业生涯规划理论与方法[M]. 杭州：浙江工商大学出版社，2008.）

2.1.5 人格与职业

根据人格特点，个人可以找到与之相匹配的工作，达到人职匹配的目的，从而满足个人需要，最大限度地发挥个体潜力。美国心理学家约翰·亨利·霍兰德（John Henry Holland）1959 年提出职业性向理论。霍兰德认为，在同等条件下，人和环境的适配性或一致性将增加个体的工作满意度、职业稳定性和职业成就感。

1. 霍兰德职业性向理论基本观点

霍兰德提出，职业选择是人格的一种表现，同一职业会吸引有相似人格特质的人，因此将职业兴趣及人格归纳为六种类型：现实型、研究型、艺术型、社会型、企业型、常规型。

1）现实型。该类型的人偏好与物体打交道，不喜欢与人打交道，喜欢操作工具、机械、电子设备等具体有形的实物。适合的职业包括技术型行业工作人员，如木匠、农民、技师、工程师、机械师、鱼类和野生动物专家、车工、钳工、电工、报务员、火车司机、机械制图员、电器师、机器修理工、长途公共汽车司机等。关键词是动手操作。

2）研究型。该类型的人追求真理和知识，喜欢探索和理解事物，平静、深邃、内敛、有智慧、独立。适合的职业包括生物学者、天文学者、气象学者、药剂师、动物学者、化学家、科学报刊编辑、植物学者、地质学者、物理学者、数学家、实验员等。关键词是思考和探索。

3）艺术型。该类型的人喜欢用文字、音乐、色彩等不同的形式表达情绪或美的感受，爱想象、感情丰富、有创造性、不喜欢受束缚。适合的职业包括艺术家、摄影师、作家、音乐教师、演员、记者、作曲家、诗人、编剧等。关键词是创造和自由。

4）社会型。该类型的人喜欢社会交往，常出席社交场所，关心社会问题，愿为别人服务，对教育活动感兴趣。适合的职业包括导游、福利机构工作者、社会学者、咨询人员、社会工作者、学校教师、精神卫生工作者、公共保健护士等。关键词是社会性和利他性。

5）企业型。该类型的人追求权力、领导力和社会影响，有抱负，责任感强烈，勇于承担压力，具有支配、劝说和言语技能。适合的职业包括销售管理人员、政治家、律师和思想领袖。关键词是影响力和掌控。

6）常规型。该类型的人做事规矩且精确，喜欢按部就班、精打细算，具有实际、自控、友善、保守的特点。适合的职业包括记账员、银行出纳、成本估算员、核对员、打字员、办公室职员、统计员、计算机操作员、秘书、法庭速记员等。关键词是程序和规则。

2. 霍兰德人格-职业六边形模型

基于职业性向理论的六种类型，霍兰德认为，人们应尽量寻找那些能运用自己的技术、体现自己的价值和能在其中扮演令自己愉快的角色的职业，如一个现实型的人会尽力去寻找现实型的职业，其他几种人格类型和职业类型的匹配亦然。同时，他指出，一个人的行为表现是职业类型和人格类型相互作用的结果。如果知道自己的人格类型和职业类型，我们就可以预测自己的职业选择、工作变换、职业成就、个人竞争和社会行为。霍兰德提出了人格-职业六边形模型用来解释六种类型之间的关系，如图2-1所示。

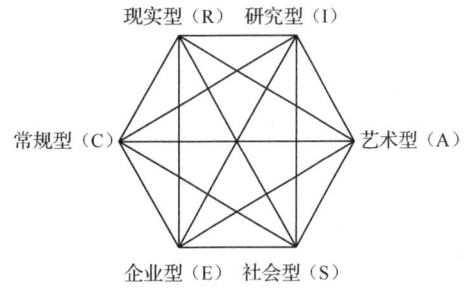

图2-1 霍兰德人格-职业六边形模型

在霍兰德人格-职业六边形模型中，每种职业人格类型与其邻近的两种类型属于相近关系，与其处于次对角线上的两种类型属于中性关系，与其处于主对角线上的职业人格类型属于相斥关系。以现实型为例，其与常规型和研究型两种类型相近，都适合务实且不需要太多社会交往的人格与职业类型；与热衷于人际交往的社会型属于相斥关系，与艺术型和企业型的关系属于中性关系。

3. 霍兰德职业选择原则

根据人格-职业六边形模型的三种关系，霍兰德提出了职业选择应遵循的几个原则。

1）适宜原则。每种职业人格类型的人适宜从事同种类型的职业。

2）相近原则。选择从事邻近类型的职业，比较容易适应，如研究型的人适宜从事与其相邻的现实型或艺术型职业。

3）中性原则。每种职业人格类型的人选择从事中性关系类型的职业，经过艰苦努力，也较容易适应，如研究型的人从事与其相隔一个类型的社会型或常规型职业。

4）相斥原则。每种职业人格类型的人如果选择从事相斥关系类型的职业，则很难适应，如艺术型的人从事与其相对的常规型职业。

2.2 个体的主要特征

个体的主要特征包括能力与兴趣，这两个特征决定了个体是否具有工作的基础和意愿，极大影响了个体的职业选择、职业成就及职业稳定性。此外，情绪、核心自我评价及冒险性等其他特征也会对个体产生影响。

2.2.1 能力

1. 能力的内涵

能力是指能直接影响人的活动效率，使活动顺利完成的个性心理特征，是员工顺利完成某种活动或工作任务的必要条件。能力反映了人们为了顺利地完成某种活动而必须具备的相应的能力，如五音不全的人很难成为出色的歌唱家。

能力通常与具体活动相联系，人们要顺利完成一种活动或工作，通常需要一种或多种能力发挥作用。能力既指实际能力，如能够驾驶汽车、会游泳；也指潜在的能力，如某人具备成为领导者的潜在能力，当其处于领导者的位置时，潜在能力就会展现为实际能力。实际能力是潜在能力的展现，潜在能力是实际能力的基础。

能力有些是先天遗传的，如运动员的子女身体协调能力往往好于普通人的子女；有些是可以在工作、生活环境中练习和培养出来的，如有些不善言辞的人在销售岗位上做得非常出色。

2. 能力的类型

根据不同标准，能力可以分为多种类型。

1）根据能力的倾向性，可以分为一般能力和特殊能力。一般能力反映的是每个个体完成一切活动都必须具有的共同能力，主要包括思维能力、观察能力、语言能力、记忆能力及操作能力等。特殊能力主要指个体从事某种专业或职业活动时应具备的各种能力，如教学能力、管理能力、数学能力、音乐能力、运动能力等。

一般能力与特殊能力相互联系，形成辩证统一的有机整体。个体从事某种职业或专业活动时，一般能力在特殊方面的独特发展，就成为特殊能力的组成部分。

2）根据能力参与活动的性质，可以分为模仿能力和创造能力。模仿能力是指效仿他人的言行举止而引起与之相类似的行为活动的能力，如临摹字画。创造能力则是指产生新思想、新发现和创造新事物的能力，是完成某种创造性活动所必需的条件，如创造发明。

3）根据能否有效控制自己及影响他人，可以分为自我认知能力、自我调节能力、自我激励能力、换位思维能力及社交能力。这种控制自己及影响他人的能力也被美国哈佛大学心理学博士丹尼尔·戈尔曼（Danniel Goleman）称为情商。其中，自我认知能力指深刻地了解自己的情感与需求、长处和弱点的能力；自我调节能力指能持续不断地进行内在调节，将自己从情感的束缚下解救出来的能力；自我激励能力指一个人的工作动力不是来自外部，而是来自深深根植于内心的为成就而工作的渴望；换位思维能力指能够理解和共感他人情感、需求和观点的能力，它是一种情感和认知能力，即从他人的角度来思考和感受事物，能够站在别人的立场上思考问题，设身处地地体验和理解他人的感受和观点；社交能力指让别人能够且乐于按照你的想法和意图行事的能力。

 小贴士

软糖实验

1960 年，英国人格心理学家沃尔特·米歇尔（Walter Mischel）在斯坦福大学幼儿园做了一项著名实验，即软糖实验。实验人员把一组 4 岁儿童分别领入一个大厅，并在每人面前放了一块软糖。实验人员告诉孩子们，允许他们走出大厅之前吃掉这块软糖，但如果能坚持在走出大厅之前不吃这块软糖，就会有奖励，能再得到一块软糖。实验人员把坚持下来得到第二块软糖的孩子归为一组，没有坚持下来只吃一块软糖的孩子归为另一组，并对这两组孩子进行了 14 年的追踪研究。结果发现，那些向往未来而能克服眼前诱惑的孩子，在学业、品质、行为、操守方面，与另一组相比有显著优越的表现。这说明，决定人生成功的因素并非只有传统智商理论所认定的那些东西，非智力因素，特别是情绪智力，对个人的成功有极为重要的影响。

（资料来源：根据百度百科相关资料整理。）

3. 能力的差异

能力的差异主要体现在三个方面：能力发展程度的差异、能力表现早晚的差异及能力的性别差异。

1）能力发展程度的差异。人的能力发展程度存在明显差异。能力发展程度的差异可以用比较具有一致性的智力来衡量。目前比较通用的是韦克斯勒（Wechsler）智力分布表（见表 2-3）。大部分人的智商在 90～110 分。智商在 130 分及以上称为智力超常，而智商在 70 分以下，智力发展显著落后于同龄人，被称为智力缺陷。

表 2-3　韦克斯勒智力分布表

智　商	智 力 等 级	人群中分布比率（%）
130 分及以上	超常	2.2
120～129 分	优秀	6.7
110～119 分	中上（聪明）	16.1
90～109 分	中等	50.0
80～89 分	中下（迟钝）	16.1
70～79 分	低能边缘	6.7

2）能力表现早晚的差异。能力的发展有时间早晚的差异，有些人少年早慧，有些人

大器晚成。美国心理学家莱曼·波特（Lyman Porter）研究了一些科学家、文学家和艺术家的年龄和成就的关系，认为30～45岁是人智力发展的最佳年龄阶段。诺贝尔奖的获得者大多数处于这一年龄阶段。

3）能力的性别差异。在智力分布上，男性在两端的比例大于女性，女性多属于平均智力；学龄初期，女性智力发育早于和优于男性，青春期后，男性智力优于女性；男性视觉优于女性，尤其是多维度空间能力；女性听觉定位和分辨力优于男性，观察比男性细致；在抽象和意义记忆上，男性优于女性；在形象和机械记忆上，女性优于男性；在抽象和逻辑思维上，男性优于女性；在形象思维上，女性优于男性；在词的流畅性方面，女性优于男性；在言语的推理方面，男性优于女性。

4．能力与岗位管理

研究个体的能力结构和能力差异，有助于管理中人岗匹配，更好地发挥人的能力特长。把能力较强者安排在能力要求较低的岗位，会挫伤人的积极性，浪费人才，同时降低工作绩效；反之，在能力要求高的岗位上安置低能者，则很难保证工作的质量。

在岗位管理过程中，可以从以下多方面对不同能力的个体进行安排。

1）根据不同岗位的工作要求、能力标准，合理选择员工。

2）根据个体的能力差异，合理分配工作岗位，做到人尽其才，才尽其用。

3）根据个体的能力差异，对不同员工实行有针对性的培训。

例如，在选择和使用员工时，正确处理能力与知识技能的关系；在培训员工时，正确处理一般能力和特殊能力的关系、能力与岗位的关系。

 小贴士

能力、知识与技能

能力、知识与技能常常被人们放在一起比较，其实三者之间存在区别。第一，所属的范畴不同。知识是人类社会历史经验的总结和概括；技能是在活动中由于练习而巩固，并在活动中应用的基本动作方式；而能力则是人的个性心理特征。第二，概括化的内容与结果不同。知识是在对客观现实的反映过程中对相应经验的概括化结果，技能是在行为方式的练习巩固过程中对相应行为方式的概括化结果，而能力则是调节行为、活动的相应心理过程的概括化结果。第三，迁移的范围不同。知识与技能的迁移范围都比较狭窄，它们只能在类似的活动、行为或情境中发生迁移；能力则有相当广阔的迁移范围，可以在很多场合（即使它们并不很相似）发挥作用。第四，习得及发展速度不同。与能力相比，知识与技能的掌握更快一些，而且更容易改变；能力的形成速度最慢，也最稳定。

另外，能力与知识、技能又是紧密相连的。能力是掌握知识与技能的必要前提，能力的大小会影响知识掌握的深浅、难易和技能水平的高低。能力同时是在掌握知识、技能的过程中形成和发展的，掌握系统、科学的知识和技能，更有利于能力的增长和发挥。

（资料来源：林秉贤．心理咨询的理论与测验[M]．天津：天津科学技术出版社，2009．）

2.2.2 兴趣

1. 兴趣的内涵

兴趣是指一个人积极探究某种事物，以及爱好某种活动的心理倾向。它是人认识需要的情绪表现，反映了人对客观事物的选择性态度。兴趣以需要为基础，人们的兴趣往往与他们的直接或间接需要有关。一个人对某种事物感兴趣，就会产生接近这种事物的倾向，会热心于接触、观察这种事物，积极从事这项活动，并注意探索其奥秘，表现出乐此不疲的极大热情。例如，有的小学生喜欢航模，一有空闲时间就拿起航模摆弄，从中获得乐趣。

兴趣与认识和情感相关联。若对某种事物或某项活动没有认识，就不会对它有情感和兴趣。反之，认识越深刻，情感越炽烈，兴趣就越浓厚。

人们历来很重视兴趣在教学中的作用。爱因斯坦认为，兴趣是最好的老师。孔子指出，知之者不如好之者，好之者不如乐之者。兴趣在人的实践活动中具有重要的意义，可以使人精力集中，产生愉快、紧张的情绪，这会对人的认识和活动产生积极的影响，有利于提高工作质量。

2. 兴趣的类型

兴趣的种类繁多，可以根据兴趣的倾向性、内容、广度等不同的分类标准进行分类。

1）根据兴趣的倾向性，可以分为直接兴趣和间接兴趣。直接兴趣是由有意义的事物本身在情绪上引人入胜而引起的。例如，有的中学生想象力丰富，富于创造性，喜欢制作各种模型，在制作过程中全神贯注，表现出浓厚的兴趣。直接兴趣具有暂时性的特点。

间接兴趣是指对某种事物或活动本身没有兴趣，但对其结果感到需要而产生的兴趣。例如，有的学生对某些课程并不感兴趣，甚至感到乏味，但意识到学好这些课程对将来服务于社会有重要作用，因此刻苦学习，并对此产生兴趣。间接兴趣具有较稳定的特点。

直接兴趣和间接兴趣是相互联系、相互促进的。如果没有直接兴趣，制作各种模型的过程就很乏味、枯燥；而没有间接兴趣的支持，也就没有目标，过程就很难持续进行。因此，只有把直接兴趣和间接兴趣有机结合，才能充分发挥一个人的积极性和创造性，才能持之以恒，目标明确，取得成功。间接兴趣在一定条件下可以转化为直接兴趣。

2）根据兴趣的内容，可以分为物质兴趣和精神兴趣。物质兴趣主要指人们对舒适的物质生活（如衣、食、住、行方面）的兴趣和追求；精神兴趣主要指人们对精神生活（如学习、研究、文学艺术、知识）的兴趣和追求。对于年轻人，由于人生观和世界观尚未完全形成，无论是物质兴趣还是精神兴趣都需要师长积极引导，以防止在物质兴趣方面的畸形追求，在精神兴趣方面的消极发展。

3）根据兴趣的广度，可以分为中心兴趣和广阔兴趣。中心兴趣是对某方面的事物或活动有极浓厚而稳定的兴趣。广阔兴趣是对多方面的事物或活动表现出兴趣。例如，有的学生只对美术感兴趣，而有的学生对音乐、体育等多领域感兴趣。

兴趣还可以分为个人兴趣和社会兴趣。个人兴趣是个体以特定的事物、活动及人为对象，产生的积极的和带有倾向性、选择性的态度和情绪。社会兴趣是社会成员对某个领域的普遍兴趣，或社会某个领域对社会成员的普遍需求。

3. 兴趣特点

在观察、分析人的心理特点时，常常谈到兴趣特点。人的兴趣特点可以从以下四方面分析。

1）兴趣的广度。这是指兴趣范围的大小。有人兴趣广泛，乐于探求；有人则兴趣单一。人的心理的充分发展常常与兴趣的广泛相联系，同时兴趣的广泛程度与知识面的宽窄也有一定关系。例如，当卡尔·海因里希·马克思（Karl Heinrich Marx）的女儿请他说出他喜欢的格言时，他引用谚语："人类的一切东西，对我都不是陌生的。"

2）兴趣的中心。这是指在广泛兴趣的基础上要有一个中心兴趣。多方面的兴趣只有在与某个中心兴趣相结合的情况下，才是一种珍贵的品质。例如，一位数学教师对艺术理论与哲学感兴趣，还研究过心理学的问题，能够出色地完成各种有关普通教育的报告。不过他对数学有一种特别的浓厚兴趣。他说："这门科学经常给我以创造性的愉快，并且这种愉快逐年增长。"这是一位既有广泛兴趣又有中心兴趣的教师。

3）兴趣的稳定性。人们对事物的兴趣，可以保持不变，也可以发生转移。培养持久的兴趣是在工作上取得成就的必要条件。一个人只有拥有持久的、稳定的兴趣，才能经过长期的钻研，获得系统而深刻的知识。而有些人有多种多样的兴趣，但是不能持久，一种兴趣迅速地被另一种兴趣取代，这样很难在某个领域做出较大的成绩。

4）兴趣的效能。这是指兴趣能够对活动产生效果的大小。有的兴趣只停留在期望和等待的状态中，缺乏推动力，不能产生实际的效果。有的兴趣则能推动一个人去积极活动，产生积极的实际效果。

4. 兴趣在职业活动中的作用

兴趣在职业活动中能发挥重要的作用。如果人们对某种职业感兴趣，就会对该种职业表现出肯定的态度，并积极思考、探索和追求。兴趣在职业活动中的作用主要表现在以下三个方面。

1）兴趣于职业生涯选择具有预测作用。兴趣是最好的老师，可以使人全神贯注地学习职业相关的知识，为职业发展做好准备。同时，当一个人对某种职业发生兴趣时，他有主动获取工作信息的积极性，能积极关注该职业的相关动态，因此兴趣是职业生涯选择的主要依据。

2）兴趣可以提高工作效率。个体对某方面的工作感兴趣时，会在工作中体会到无穷乐趣，有助于个体全身心投入工作，在工作中充分发挥想象力和创造力。兴趣和能力的合理结合会大大提高工作效率。有学者通过研究证实，如果从事自己感兴趣的职业，个体就能发挥 80%～90%的才能，而且能长时间保持高效率而不感到疲劳；而从事不感兴趣的职业，个体只能发挥 20%～30%的才能。

3）兴趣是影响职业稳定性及满意度的重要因素。在其他条件相似的情况下，从事自己感兴趣的职业能给个体带来更高的满意度及成就感，让个体更愿意长久从事该职业，从而进一步提高职业稳定性。

因此，在选择长期、稳定的职业时，不仅要知道自己有能力从事什么样的工作，更重要的是知道自己对哪类工作感兴趣。只有将能力和兴趣结合起来，才能更好地规划好自己的职业活动。

> **小贴士**
>
> 美国心理学家阿诺德·阿兰·拉扎勒斯（Arnold Allan Lazarus）曾在语文教学中做过一个实验。他将高中生按照智能和兴趣分为两组，智能组的平均智商为120分，但对阅读与写作不感兴趣；兴趣组的平均智商只有107分，但是很喜欢阅读与写作。这两组都必修阅读与写作这一课程。在一个学期内，两组同学接受同样的测验，到学期结束时，比较两组的总成绩，兴趣组的成绩要高于智能组的成绩。
>
> （资料来源：孙德翔. 管理心理学基本知识[M]. 成都：四川科学技术出版社，1987.）

2.2.3 个体的其他特征

个体的其他特征还有很多种，本节主要介绍情绪、核心自我评价及冒险性三个特征，这些特征与个体的自我认知、人际沟通、职业选择、发展与成就均有一定关系。

1. 情绪

组织中个体的情绪影响和决定他们的行为方向，个体情绪状态决定人们达成工作目标时的效率和效果。

1）情绪的含义。情绪指人对客观事物的态度体验及相应的行为反应，其产生的基础是人的需要。当客观事物能够满足人的需要时，人就会产生积极的情绪体验，如满意、愉快、赞美等；反之，则会产生消极的情绪体验，如悲痛、苦闷、憎恨等。一般把喜乐、愤怒、恐惧和悲哀等归纳为人类最基本或原始的情绪形式。

2）情绪的功能。情绪可以帮助人们适应环境，对外界做出更迅速的反应。情绪具有以下功能。

（1）信号功能。情绪的信号功能表现在个体将自己的愿望、要求、观点、态度通过情感表达的方式传递给别人以影响他们，它是非言语沟通的重要组成部分，在人际沟通中具有信号意义。例如，面部表情、言语声调和身体语言等情绪的表现形式在人际交往中起着不可忽视的作用。

（2）组织功能。情绪作为脑内的一个检测系统有自己的发生机制，它对其他心理活动具有组织作用。这种作用表现为积极情绪的协调作用和消极情绪的破坏、瓦解作用。其组织作用还表现在人的行为上，当人处于积极、乐观的情绪状态时，容易注意事物的美好方面，其行为比较开放，愿意接纳外界的事物。当人处于消极情绪状态时，容易失望、悲观，放弃自己的愿望，甚至产生攻击行为。

通过各种不同的信息加工方式，情绪对认知起着驱动和组织作用。情绪的组织功能时刻对人的认知加工和行为反应发挥作用。例如，儿童犯错以后，父母对儿童施加威胁性要求或压力时，儿童很难选择正确的策略去改正错误行为，因为他们的注意全集中在事件的负性后果上——对惩罚的恐惧。

（3）适应功能。情绪是有机个体适应生存和发展的一种重要方式。例如，婴儿刚出生时，主要依赖情绪传递信息，成人通过婴儿的情绪反应，及时为婴儿提供各种满足其需要的生活条件。对组织中的个体来说，情绪直接反映了他们的工作状态，是个体心理活动的晴雨表，如愉快代表处境良好，痛苦代表处境艰难。人们还通过情绪进行社会适应，如用微笑代表友好，用移情维系人际关系。人们通过各种情绪了解自身或他人的处境与状况。

情绪反应表现出非常明显的自我保护倾向，个人可以通过掌控情绪调节个体与环境的关系。而在工作、生活中，拥有良好的情绪管理能力，对个人人际沟通和职业发展具有重要的意义。

> **小贴士**
>
> 美国加利福尼亚大学的唐纳德·亚瑟·诺曼（Donald Arthur Norman）教授，40多岁时患上了胶原病。医生告诉他，这种病康复的可能性是五百分之一。他按照医生的吩咐，经常看滑稽有趣的文娱体育节目，有的节目使他捧腹大笑，有的节目使他从心底发出微笑。他除了看有趣的节目，平时还有意识地和家人开开玩笑。一年后，医生对他进行血沉检查，发现指标开始好转了。两年后，他的胶原病竟然自愈了。为此，他撰写了一本书《五百分之一的奇迹》。书中提出："……如果消极情绪能引起肉体的消极化学反应，那么，积极向上的情绪就可以引起积极的化学反应……爱、希望、信仰、笑、信赖、对生的渴望等，也具有医疗价值。"许多心理学家、运动学家认为，一般性的笑能使隔膜、咽喉、腹部、心脏、两肺，甚至肝脏获得一次短暂的运动。捧腹大笑还能牵动脸部、手臂和两腿肌肉。当笑停止之后，脉搏的跳动会低于正常频率，骨骼肌也会变得非常松弛。
>
> （资料来源：李素梅. 心理健康与大学生活[M]. 武汉：华中科技大学出版社，2011.）

2. 核心自我评价

核心自我评价是个体对自我的喜好程度及能力或效能的认知程度。拥有积极核心自我评价的人喜欢自己，认为自己是有效能和能力的，能够控制周围的环境。拥有消极核心自我评价的人则质疑自己的能力，认为自己无力控制周围的环境。

1）核心自我评价的含义。美国学者贾奇（Judge）等在1997年提出了核心自我评价（Core Self-Evaluation，CSE）的概念，将其定义为个体所持有的对自身能力和价值的最基本评价。核心自我评价可以潜意识地影响个体对自己、外在世界和他人的评价和估计，即使个体在行为过程中并不能意识到这种影响的存在，但个体可以通过事后的内省而以自我报告的形式提出。例如，个体对工作、同事的评价均会受到核心自我评价的影响。

2）核心自我评价的特征。核心自我评价包括自尊、自我效能感、控制点和神经质四种特质。这四种特质在心理学研究中占有重要地位。

（1）自尊。自尊是指个体在多大程度上认可自己的能力，认为自己是重要的、成功的、有价值的。高自尊的人喜欢自己，并且认为自己有价值。每个人都有自我价值保护的需要，这也是为什么人总是喜欢听到表扬和赞美，这是一种接近本能的需要。

（2）自我效能感。自我效能感是指个体对于自己有能力完成任务的一种信念。自我效能感水平越高，个体对自己成功完成任务就越有信心。自我效能感是个体对自己能力的主观感受，而不是能力本身。自我效能感影响着人们为自己设立的目标和愿意冒的风险，人们的自我效能感越强，选择的目标越高，也越容易坚持。反之，那些认为自己缺乏应对生活的能力的人相对更容易焦虑和抑郁，在应对不能控制的压力时，免疫系统容易受到损害。

（3）控制点。控制点是指个体相信自己能够掌握自己命运的程度，分为内控型和外控型两种。内控型的人认为自己可以控制命运，倾向于认为行为与随后的结果有一致性，是自己能控制的。而外控型的人则认为自己被外界力量左右，结果由机遇、运气等其他外部因素控制。

（4）神经质。神经质是指个体情绪的波动状况，刻画的是个体承受压力的能力，反映了个体情感调节过程。高神经质个体心理压力大，有不现实的想法和过多的要求，容易冲动，更容易体验到诸如愤怒、焦虑、抑郁等消极的情绪。他们对外界刺激的反应比一般人强烈，对情绪的调节、应对能力比较差，经常处于一种不良的情绪状态下，并且思维、决策及有效应对外部压力的能力比较差。相反，低神经质个体烦恼较少，较少情绪化，比较容易感受到安全和平和。

> **小贴士**
>
> 研究发现，父母核心自我评价正向预测子女核心自我评价，即核心自我评价在亲子之间存在代际传递。积极的核心自我评价是一种宝贵的心理资源，它可以使父母职业更成功、工作更满意、家庭更幸福，因此高核心自我评价的父母可能为子女构建一种良好的家庭生态系统，从而促进子女身心健康发展。同时，父母核心自我评价越高，他们就具有更好的性格优势和心理资源为子女提供更高水平的父母支持，从而充分满足子女基本心理需要，促使子女形成积极的核心自我评价。
>
> [资料来源：黄杰，朱丹等. 核心自我评价的代际传递：父母支持和子女基本心理需要满足的链式中介作用[J]. 心理与行为研究，2022（4）：515-521.]

3. 冒险性

冒险性是指人们面对未知的挑战表现出的状态。人们在冒险的意愿上存在差异。根据冒险的倾向性，可以将人分为风险偏好型与风险规避型。具有冒险精神的人更愿意接受严峻挑战，勇敢面对挫折，不畏艰险。在总结成功企业家具备的人格特征时，人们发现，冒险精神作为重要的个性心理特征，对企业家的成功有较强的预测力。

冒险性推动人们在不确定情境下做出是否继续探索的决定。风险偏好型个体在做决策的时候可能更加迅速，需要的信息量更少，更倾向于在岗位上积极进取，大胆创新。风险规避型个体在做决策的时候需要的信息量更多，决策相对更慢一些。

冒险性会影响职业的选择，风险规避型个体更可能选择一份稳定的工作，如公务员、教师、会计等，而风险偏好型个体更可能去创业。在薪酬结构的偏好方面，风险规避型个体喜欢固定工资占比大的薪酬体系，而风险偏好型个体则更喜欢比较大的可变薪酬比例。

2.3 态度

2.3.1 态度的内涵及构成

1. 态度的内涵

态度是个体对待任何人、观念或事物的总体评价和稳定的心理倾向。态度具有内在性，是尚未有外化表现的内心状态和心理倾向。态度具有对象性，总是指向某个特定对象，具有针对性，反映了主客体间的关系。态度具有评价性，对客体的态度反映了主体的价值判断和感情色彩,具有评价意义。态度还具有稳定性,一旦形成会持续一段时间,不会轻易改变。

2. 态度的构成

态度的构成包括认知、情感和行为意向三个维度。

1)认知维度。指个体在大脑中形成的对特定对象的心理映像。它包含对特定对象的信念、知识或感知方式。认知是个体知觉和判断的参考,态度的形成必须先有认知,才能确定人或事物的作用、意义及结果等。

2)情感维度。指个体对某个特定对象持有的肯定或否定的评价及由此引发的喜欢或厌恶的情感,是个体对态度对象的一种内心体验。对某种事物的态度,总是掺杂或多或少的感情色彩,并且感情往往比认知更重要。情感因素是态度的核心。

3)行为意向维度。指个体对特定目标对象做出行动或表达的相关行动意愿,即个体处于行为的准备状态,准备在将来对某个态度对象做出某种反应。态度直接导致人的行为意向。

态度的三个维度是协调一致的关系。例如,我认为学习数学很重要,这是认知;我喜欢学数学,这是情感;我在数学课上认真听讲,这是行为意向。但有时也存在态度的三个维度不一致的情况。当三者出现矛盾的时候,情感因素往往起着重要作用。例如,很多企业的老员工即使很清楚地知道企业目前的经营状况不好,收入受到影响,仍然不肯离开企业,很大程度上是因为对企业有感情。

2.3.2 态度的形成及转变

1. 态度形成及转变的三阶段理论

美国学者凯尔曼(Kelman)于 1958 年提出了态度三阶段理论,指出态度的形成及转变包括顺从、认同和内化三个阶段。

1)顺从阶段。顺从阶段是态度形成的开始,指个人由于外界压力(如社会规范、社会期待或他人意志),在外显行为方面表现与他人一致,以获得奖励或避免惩罚。这一阶段是最表面化的态度形成和改变。

2)认同阶段。指个人自愿接受他人的观点、信念、态度与行为影响,使自己的态度与行为与他人或某个团体的态度与行为相接近的过程。这一阶段态度的形成和变化是自愿的,而非被迫无奈的,长期的认同会促使整个态度发生根本转变。

3)内化阶段。真正从内心深处相信并接受他人的观点,彻底转变自己的态度。这一阶段涉及价值观的获取,是态度形成与改变中的最深层次,也是最后阶段。

一个人的态度只有到了内化阶段,才是稳固的。态度的形成从顺从、认同到内化,是个复杂的过程,但并不是所有的人对所有的事物都能够完成这个过程。

2. 态度形成与转变的影响因素

态度形成与转变的影响因素是多方面的,既包括信息接收者,也就是态度主体的影响,也包括信息传递者、信息交流过程及情境因素的制约。

1)从信息接收者的角度看。个体原有的态度体系的特点、个体的智力水平和个性心理特征、个人与所属群体之间的关系可能影响态度的转变。此外,信息接收者的逆反心理也会对态度的转变起重要影响。

2)从信息传递者的角度看。信息传递者的微笑等表情、个性心理特征,以及其与信息接收者之间的关系和相似性都会影响信息接收者态度的转变。

3)从信息交流过程的角度看。交流的信息内容要真实且客观,同时与信息接收者结合起来,才能更具说服力。从信息交流的形式看,直接的口头交流比间接的文字交流更容易使对方的态度发生转变。从信息交流的方式看,单向交流向信息接收者传递有利于态度转变的信息,而双向交流则同时传递有利和不利信息,两种方式各有利弊。

4)从情境的角度看。预先警告、分心和重复交流有助于信息接收者态度发生转变。预先警告有双重作用。如果信息接收者原有态度不够坚定,对态度对象的卷入程度低,预先警告可促使态度转变。如果态度与信息接收者的重要利益相关,那么预先警告往往使其抵制态度转变。分心的影响也是复杂的,如果分心使信息接收者分散了对沟通信息的注意,将减弱信息接收者对信息传递者的防御情绪,从而促进态度转变;但如果分心干扰了说服过程本身,使信息接收者不能获得沟通信息,则会削弱说服效果。沟通信息重复频率与说服效果呈倒 U 形曲线关系。中等频率的重复效果较好。重复频率过低或过高,说服的效果均不好。

2.3.3 工作态度

工作态度包括很多种类,其中最常见的是工作满意度及组织承诺。

1. 工作满意度

1)工作满意度的概念。工作满意度指个人根据自身参考系统对工作特征加以解释后得到的满意程度的主观心理感受。在组织行为学领域中,工作满意度是重要的,也是一种被最频繁研究的重要态度。工作满意度既直接影响员工的工作绩效、工作态度和离职倾向,又间接影响公众的满意程度,进而在一定程度上影响组织发展。

2)工作满意度的影响因素。影响工作满意度的因素很多,包括富有挑战性的工作、公平的报酬、良好的工作环境、和谐的人际关系,以及员工人格与工作高度匹配等。

(1)富有挑战性的工作。组织能够为员工提供需要运用多种技能和能力的工作任务,同时给予员工一定的授权和及时的工作反馈,这些特点会使工作更富有挑战性。研究表明,在中度挑战性的条件下,大多数员工的愉悦度和满意度较高。

(2)公平的报酬。员工希望分配制度和晋升政策能让他们感到公正、明确,并符合自身期望。当分配制度建立在工作绩效、个人技能水平和市场平均工资水平的基础上,晋升政策公平、公正时,员工更容易在工作中体会到满意感。

(3)良好的工作环境。一个良好的工作环境不但能带给员工舒适的感觉,也能帮助员工更好地沉浸在工作中。研究表明,员工希望工作的物理环境是安全舒适的,温度、灯光、噪声和其他环境因素不应太强或太弱。此外,相当一部分员工希望工作场所离家比较近,环境干净,设备比较现代化,有充足的工具和机械装备。

(4)和谐的人际关系。支持、鼓励且友好的上级和同事关系对员工满意度有显著积极影响。当员工的直属领导是友好的、公正的,能倾听员工的意见,对员工表现出个人兴趣时,员工的满意度就会提高。

（5）员工人格与工作高度匹配。员工的人格与职业的高度匹配将给个体带来更高的满意度。当员工的人格特性与工作特征一致时，他们会发现自己能更好地胜任工作，在工作中更有可能获得成功。

3）提高工作满意度的方法。提高员工工作满意度是管理工作的重要内容，组织可以从以下几个方面提高员工工作满意度。

（1）提高公平感。公平感是员工工作满意的前提条件。公平体现在组织管理的方方面面，如招聘公平、绩效考核公平、薪酬分配公平、晋升机会公平及离职时的公平等。

（2）营造追求发展的工作氛围。组织通过营造追求发展的工作氛围，增加员工培训的机会，不但能提高员工的工作满意度，还有利于员工提升工作绩效。

（3）注重人岗匹配。组织要尽量了解每个员工的优势和劣势，把合适的员工安置到合适的岗位，尽量让员工从事感兴趣的且能够胜任的工作。同时善待现有的人才，通过多种渠道提高员工的忠诚度，加强人才队伍建设，吸引更多人才。

（4）采取差异化的策略。对于不同工龄的员工，应采取差异化的激励措施。在工作初期，薪酬是员工最看重的，也是最能影响其工作满意度的要素。随着工作年限的增长，员工可能更看重职业发展机会；而对于工作年限在20年以上的普通员工，福利则是他们最重视的要素。

（5）创造关爱员工的组织氛围。组织要给予员工良好的工作环境，给员工提供足够的工作支持，提升员工的组织支持感，进而提高员工工作满意度。

2. 组织承诺

20世纪60年代以来，组织承诺作为影响员工缺勤和离职等重要员工行为的因素，逐渐成为组织行为学的研究热点。

1）组织承诺的含义。组织承诺指组织成员对于特定组织及其目标的认同，并且希望保持组织成员身份的一种态度。组织承诺可以解释员工缺勤和离职的原因，可以用来检验员工对组织是否忠诚。加拿大学者爱伦（Allen）和梅耶（Meyer）在1990年提出了组织承诺的三维度分类法，他们认为组织承诺包含情感承诺、持续承诺和规范承诺三个类别。

（1）情感承诺。情感承诺指对组织的情绪依赖及对组织价值观的认同。情感承诺强调员工对组织的感情，即员工是因为喜欢才表现出忠诚和为组织努力工作的行为。情感承诺高的员工更加认同组织的价值观和目标，能够为自己是组织的一员而感到自豪，同时愿意为组织利益做出牺牲等。

（2）持续承诺。持续承诺指员工对离开组织所带来的损失的认知，是员工为了不损失多年来对某组织的投入所换来的利益而不得不继续留在该组织的一种承诺。如一些企业设立工龄奖金，为在企业工作满5年或10年的员工发放额外的奖金，如果员工在此期间提前离职，则不能获取该奖金。

（3）规范承诺。规范承诺指员工因为顾及道德及行业规则而留在组织的义务感，是在社会责任感及市场规则压力下产生的承诺。规范承诺强调道德，即员工保持组织成员的身份，离开组织会让他感到内疚。

2）组织承诺的影响因素。组织承诺的影响因素主要分为个体因素和环境因素两部分。个体因素与个体的年龄、受教育程度等自身特点有关。环境因素主要指个体工作环境，如工作特点、所在组织的特点等。

（1）个体因素。个体因素对组织承诺的影响十分明显，其中年龄、受教育程度及工作投入度都会影响组织承诺。年龄与组织承诺正相关，一般年长的员工已经在组织中取得了一定的工作成绩和成就，获得了一定的组织地位，其组织承诺度较高。受教育程度与组织承诺负相关，因为高学历背景的员工的发展机会及就业选择相对较多，对组织的依赖程度较低，组织承诺水平较低。工作投入度与组织承诺正相关，员工投入得越多，对组织的依赖感越强，离开组织时员工感受的成本也越高。

（2）环境因素。环境对组织承诺也有十分重要的影响，如工作挑战性、角色明确度、工作自主性、组织公平、组织支持等。

工作挑战性与组织承诺正相关。员工从事具有挑战性的工作时可以调动自己的能力、知识和技能，展示自己。在充分发挥和展示自己才能的同时，员工对工作的认可度提高，组织承诺水平也随之提高。

角色明确度与组织承诺正相关。员工对自己在组织中承担的工作角色理解越准确，越能体会到自己对工作的贡献和价值，直接促进员工对组织的情感承诺。

工作自主性与组织承诺正相关。当员工拥有一定的权限去安排和统筹自己的工作，具有一定自由度时，员工更能在工作中体会到成就感，也能感受到组织对自己的信任，情感承诺水平也就越高。

组织公平性与组织承诺正相关。员工感知到组织在分配、绩效考核、招聘、晋升等各方面的公平，有助于提高工作满意度，以及对组织的认可和依赖。

组织支持与组织承诺正相关。组织支持指员工对组织如何看待他们的贡献并关心他们的利益的一种总体认知。组织支持会使员工产生一种关心组织利益的义务感和归属感，进而提高员工的情感承诺。

2.4 价值观

2.4.1 价值观的内涵

价值观是指一个人对周围的客观事物、行为的意义、重要性的总体评价和看法。价值观是很复杂的一种心理现象，是个体心理结构的核心特征，与态度、兴趣相比，有更强、更广的概括性。价值观可以决定态度，对个体的行为也有导向作用。

价值观包括内容和强度两种属性。内容属性指的是某种行为模式或存在状态是重要的；强度属性界定的是它有多重要。当我们根据强度对一个人的价值观进行排序时，可以得到一个层级性的价值观系统，也就是人们的价值系统。通过对诸如自由、快乐、自尊、诚实、服从、公平等价值观按相对重要性进行排列，我们可以认识和了解这个系统。

人的价值系统是后天逐步形成的，其中一些价值观是在个体早年生活中从父母、老师、朋友和其他人那里获得的，还有一些价值观是随着个体生活阅历的增加而获得的。人们的价值观相对稳定和持久，如对某种人或事物的好坏有一个总体看法和评价，在条件不变的情况下，这种看法不会轻易改变。

2.4.2 价值观的分类

价值观有多重分类方法，不同的学者给出了不同的分类和解读。

1. 斯普兰格的价值取向分类

德国教育学家和哲学家 E. 斯普兰格（E. Spranger）将人的价值观分为经济型、理论型、审美型、权力型、社会型和宗教型六种类型。经济型的人强调时效，其人生目标就是追求金钱和利益。理论型的人追求真理和本质，能客观冷静地进行分析和判断。审美型的人充满创造力和想象力，追求美的感受。权力型的人追求权力和地位。社会型的人关心他人、奉献社会、助人为乐。宗教型的人追求信仰，把信仰视为人生的最高价值。

2. 格雷夫斯的价值观等级分类

美国行为科学家格雷夫斯（Graves）把价值观概括为七个等级。第一级是反应型，该类型的人按照自己基本的生理需要做出反应，并不考虑其他任何条件，也没有意识到自己和其他人是拥有价值观的。第二级是部落型，该类型的人具有很强的依赖性，倾向于服从传统习惯和权势。第三级是自我中心型，该类型的人信仰个人主义，自我意识显著，自私且爱挑衅，但能够服从权力。第四级是坚持己见型，该类型的人比较固执，难以接受不同的价值观，希望说服别人接受自己的价值观。第五级是玩弄权术型，该类型的人善于控制他人，经常通过篡改事实以达到个人目的，对社会地位和影响非常感兴趣。第六级是社交中心型，该类型的人更看重是否能够得到他人的喜爱及能否与人更好地相处，自己的发展则放在次要地位。第七级是存在主义型，该类型的人能高度包容不同的观点，敢于直言，喜欢具有挑战性的工作。

3. 罗克奇的价值观分类

美国社会心理学家米尔顿·罗克奇（Milton Rokeach）价值观分类的影响力较大。罗克奇认为，价值观分为两类：终极价值观和工具价值观（见表 2-4）。

表 2-4 罗克奇的价值观分类

终极价值观	工具价值观
舒适的生活（富足的生活）	雄心勃勃（辛勤工作、奋发向上）
振奋的生活（刺激的、积极的生活）	心胸开阔（开放）
成就感（持续的贡献）	能干（有能力、有效率）
和平的世界（没有冲突和战争）	欢乐（轻松愉快）
美丽的世界（艺术和自然的美）	清洁（卫生、整洁）
平等（兄弟情谊、机会均等）	勇敢（坚持自己的信仰）
家庭安全（照顾自己所爱的人）	宽容（谅解他人）
自由（独立、自主的选择）	助人为乐（为他人的福祉工作）
幸福（满足）	正直（真挚、诚实）
内在和谐（没有内心冲突）	富于想象（大胆、有创造性）
成熟的爱（性和精神上的亲密）	独立（自力更生、自给自足）
国家的安全（免遭攻击）	智慧（有知识、善思考）

续表

终极价值观	工具价值观
快乐（快乐的、休闲的生活）	符合逻辑（理性的）
救世（救世的、永恒的生活）	博爱（温情的、温柔的）
自尊（自重）	顺从（有责任感、尊重的）
社会承认（尊重、赞赏）	礼貌（有礼的、性情好的）
真挚的友谊（亲密关系）	负责（可靠的）
睿智（对生活有成熟的理解）	自我控制（自律的、约束的）

工具价值观指个体更偏好的行为模式或实现终极价值观的手段，代表一个人的思想观念中对各种事物价值评价的优先次序。工具价值观体现为心胸开阔、正直、独立、礼貌等。

终极价值观指一种期望存在的终极状态，是一个人一生追求的、希望实现的目标。终极价值观体现为舒适的生活、和平的世界、自由、快乐、成熟的爱等。

不同个体看重的终极价值观和工具价值观存在很大差异。每个人都既重视目的（终极价值观），也重视手段（工具价值观），两者之间的平衡很重要。

价值观是了解人们的态度和动机的基础，价值观从总体上影响一个人的态度和行为。例如，"60后"和"70后"的管理者会对"90后"员工的多种离职理由感到费解，其实映射的可能就是价值观的差异，往往"90后"更加关注工作和生活的平衡。

2.4.3 职业价值观

1. 职业价值观的内涵

职业价值观是指人生目标和人生态度在职业选择方面的具体表现，即一个人对职业的认识和态度，以及他对职业目标的追求和向往。

职业价值观决定了人们的职业期望，影响着人们对职业方向和职业目标的选择，决定着人们就业后的工作态度和劳动绩效水平。理想信念及世界观对于职业的影响，集中体现在职业价值观上。它表明了一个人通过工作所要追求的理想是什么，探讨了人们在职业选择和职业生活中，在众多的价值取向中，优先考虑哪种价值。

2. 职业锚理论

职业锚理论由美国著名的职业指导专家埃德加·H. 施恩（Edgar. H. Schein）教授提出。职业锚是人们选择和发展自己的职业时围绕的中心，是指当一个人不得不做出选择的时候，他无论如何都不会放弃的职业中的那种至关重要的东西或价值观，是自我意向的一个习得部分。职业锚强调个人能力、动机和价值观三方面的相互作用与整合。施恩提出了八种职业锚。

1）技术/职能型。技术/职能型的人追求在技术/职能领域的成长和技能的不断提高，以及应用这种技术/职能的机会。他们的专业水平使自己信心十足，他们很愿意接受来自专业领域的挑战。技术/职能型的人不喜欢从事一般的管理工作，因为这意味着他们放弃在技术/职能领域的成就。

2）管理型。管理型的人追求并致力于工作晋升，倾心于权力，升迁动机强烈，成为组织的高层管理者是他们的最终目标。管理型的人勇于承担责任，他们将工作乃至组织的成功看成自己的主要任务，很善于组织和整合其他人的努力成果。

3）自由/独立型。自由/独立型的人非常看重自由独立的工作空间，希望能有权利安排自己的工作与生活。他们追求能施展个人能力的工作环境，最大限度地摆脱组织的限制和制约。有时他们宁愿放弃升迁或加薪的机会，也不愿意放弃自由与独立。

4）安全/稳定型。安全/稳定型的人追求工作中的安全与稳定感。他们的安全取向主要有两种：一种是追求职业安全，主要是不经常更换公司或工作岗位，如大公司的职位稳定性高，成为其成员安全系数也比较高；另一种是注重情感的安全稳定，包括家庭的稳定和与领导、同事关系的稳定。

5）创业型。创业型的人希望使用自己的能力，创建属于自己的公司或完全属于自己的产品（或服务）。他们具有比较高的冒险性，抗压能力非常强。他们可能现在正在别人的公司工作，但同时他们也在不断学习并评估将来的机会。一旦他们感觉时机到了，便会走出去创建自己的事业。

6）服务型。服务型的人希望用自己的知识、技巧帮助别人，如保障人们的安全，通过新的产品来消除疾病等。这种类型的人富于同情心，在帮助他人的过程中能够获得成就感和真正的快乐。他们往往觉得只有对他人和社会有所贡献，自己的人生才有意义。这意味着即使变换公司，他们也会首先考虑，工作应该能够让他们觉得对社会和他人有意义。

7）挑战型。挑战型的人喜欢解决看上去无法解决的问题，战胜强劲的对手，克服无法克服的困难等。对他们而言，参加工作的原因是工作允许他们去战胜各种不可能。新奇、变化和困难是他们的终极目标。如果工作内容非常容易且千篇一律，他们对工作反倒提不起太大兴趣，甚至产生倦怠的情绪。

8）生活型。生活型的人很看重个人需要、家庭和工作之间的平衡。他们需要一个能够提供足够弹性的工作来实现这一目标，甚至他们可以为了家庭和个人的一些因素而放弃职业上的一些成就。他们认为成就感不仅来源于工作，还来源于很多其他因素，往往很注重自己的精神生活和独立世界。

> **小贴士**
>
> 从1961年开始，施恩对斯隆管理学院的44名MBA毕业生进行了长达12年的追踪调查与研究。20世纪90年代，经过进一步完善，施恩将职业锚增加到八种类型，并推出了职业锚测试量表。
>
> 经过几十年的发展，职业锚已成为许多个人职业生涯规划的必选工具和公司人力资源管理的重要工具。个人在进行职业规划和定位时，可以运用职业锚思考自己具有的能力，确定自己的发展方向，审视自己的价值观是否与当前的工作相匹配。只有个人的定位和要从事的工作相匹配，个人才能在工作中发挥自己的长处，实现自己的价值。
>
> 尝试各种具有挑战性的工作，在不同的专业和领域中进行轮换，对自己的资质、能力、偏好进行客观的评价，是使个人的职业锚具体化的有效途径。对企业而言，通过员工在不同的工作岗位上轮换，了解员工的职业兴趣、爱好、技能和价值观，将他们放到最合适的职业轨道上去，可以实现企业和个人发展的双赢。
>
> （资料来源：陈维政. 组织行为学高级教程[M]. 北京：高等教育出版社，2004.）

职业规划实际上是一个持续不断的探索过程。在这一过程中，每个人都根据自己的天资、能力、兴趣、态度和价值观等慢慢形成较为明晰的与职业有关的自我概念，逐渐形成一个占主导地位的职业锚。

实际工作中，个人往往不断审视自我价值观及能力，逐步明确个人需要与现实的差距，明确自己的才能所在及发展重点，寻找符合个人需要和价值观的工作，达到自我满足。

复习思考题

1．霍兰德人格-职业六边形模型的主要内容是什么？
2．能力的差异体现在哪些方面？
3．态度的形成及转变包括哪几个阶段？
4．提高工作满意度的方法有哪些？对我国管理实践有什么指导意义？
5．组织承诺的类型有哪些？
6．八种职业锚的主要内容是什么？

思考与讨论

1．在做出职业选择的时候，你无论如何都不会放弃的职业价值观是什么？尝试用职业锚理论解释。
2．如果你是一名组织管理者，你认为在实际工作中应如何提高员工对组织的承诺水平？
3．扫描二维码，用教辅资料中霍兰德职业兴趣测试量表测测你的职业兴趣类型，并与你自己的理想职业进行比较。

第 3 章
激励及激励理论

"有效管理者,要想让所有成员付出最大努力,必须了解成员如何被激励及为什么被激励,以调整自己的激励活动,满足成员的这些需求和欲望。"

——美国著名管理学教授 斯蒂芬·罗宾斯

本章学习目标

➢ 掌握激励的含义、作用及心理机制;
➢ 重点掌握不同的激励理论,并理解其内涵;
➢ 掌握激励措施的作用及应用原则;
➢ 了解激励理论在组织中的实践。

> **思政导入**
>
> 2020年,《感动中国》栏目向"抗疫英雄"群体致敬:"我们要致敬的也包括14亿人当中的你我他,我们应该为自己点赞,因为每个人都了不起!"
>
> 钟南山,中国共产党党员,呼吸内科学专家,广州医科大学附属第一医院国家呼吸系统疾病临床医学研究中心主任,中国工程院院士,中国医学科学院学部委员,中国抗击非典型肺炎的领军人物。2020年年初,面对突如其来的新冠疫情,已经84岁高龄的钟南山义无反顾地前往当时的疫情重灾区——武汉进行调查,被称为最美逆行者。无数像钟南山院士一样的医护人员、志愿者舍小家、为大家,舍己为人、无私奉献,为战胜疫情做出了重要贡献。
>
> **点评** 激励对于一个人、一个群体乃至一个国家的发展,都是不可或缺的。在抗击疫情的过程中,发生了无数感人至深的故事,也产生了伟大的抗疫精神——生命至上,举国同心,舍生忘死,尊重科学,命运与共。在民族大义面前义无反顾,勇于承担和奉献,这就是中国人民让世界惊叹的无私奉献精神!

3.1 激励概述

激励在日常生活中使用非常广泛,大到组织,小到个人,都需要激励来促进发展,而想要充分了解和灵活运用激励手段,必须首先理解激励的基本内容。

3.1.1 激励的含义

作为心理学的术语,激励是指激发人的行为动机的心理过程,即通过各种外部因素的刺激,使人们产生一种"外在的驱动力",使其产生朝着目标前进的行为。关于激励,众多学者对其有不同的定义,归纳如下。

激励是行动的一种导向和持续,即涉及人们为什么选择一种行动,以及为什么即使在面对困难时仍会持续其行动。

在组织行为学中,激励就是调动员工的积极性。通过创设各种内外部条件,激发员工的动机,使其处在积极主动的工作状态中。

美国心理学家维克托·H.弗鲁姆(Victor H. Vroom)认为,激励是对于个人及低层组织就其自愿行为所做的选择进行控制的过程,是诱导人们按照预期的行动方案进行行动的行为。这些行动可能对被激励者有利,也可能对被激励者不利。

学者沙托(Shartle)认为,激励是被人们感知,从而导致人们朝着某个特定方向或为完成某个目标而采取行动的驱动力和紧张状态。

本书认为,激励是通过物质或精神的手段提高个人的积极性,促使个人发挥聪明才智,进而将外在作用转化为积极行动,对组织产生良好效果的做法和行为。

3.1.2 激励的作用

激励对于组织的发展具有必不可少的促进作用,主要体现在以下几个方面。

1)激励有利于组织形成良好的氛围和组织文化。在奖惩分明的激励机制下,组织会形成良好的工作氛围。激励能够促使员工自觉按照组织激励的方向努力,这无疑会调动员工的工作积极性,形成进取向上的工作状态和氛围。

2)激励会增加组织的吸引力,助力组织创新和发展壮大。例如,华为公司天价招聘"天才少年",这本身就是一个激励机制,在吸引更多人才的同时,也让更多组织已有员工感受到竞争的压力。对于受到奖励的员工,他们享受到了努力工作带来的成果,会更加努力地工作;对于其他员工,他们把受到奖励的员工作为榜样,专注于提高自己的工作质量,希望有朝一日也能获得组织的奖励。

3)使员工对组织产生更强烈的归属感与认同感。如果一个组织长期对员工进行精神和物质的多重激励,如对情绪低落的员工给予特别的精神上的关怀与鼓励,对成绩优秀的员工给予物质上的奖励,就将大大提升员工对组织的认同感,增加归属感,从而愿意为组织的发展更加努力地工作。

3.1.3 激励的心理机制

心理机制,即导致心理结果发生特定变化的过程或事件。激励的心理机制,即激励导致个体行为发生变化的过程。

对一个组织的管理来说,激励的过程体现为根据员工的需要设置某些目标并创设一些令其满意的条件,通过目标导向使员工出现有利于实现组织目标的优势动机,并按组织需要的方向行动,产生组织期望的行动结果。由此可见,激励的心理机制离不开需要、动机与行为。

从图 3-1 中,我们可以直观地理解激励的心理机制:当一个人的需要未被满足时,就会在心理上产生紧张不安的情绪,进而产生满足需要的动机,并产生朝着目标努力的行为;如果没有达到行为的目标,则上述过程继续进行;如果达到了目标,意味着该需要被满足,就会产生新的需要,开始新一轮的激励。

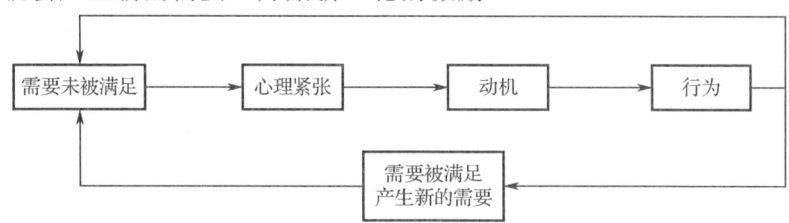

图 3-1 激励的心理机制

(资料来源:赵平. 组织行为学[M]. 北京:北京理工大学出版社,2021.)

激励起源于未被满足的需要,组织的领导者和管理者在实施激励的过程中要精准地把握员工的需要,最大限度地发挥激励的作用。

3.2 内容型激励理论

3.2.1 马斯洛的需要层次理论

美国社会心理学家亚伯拉罕·马斯洛于 1943 年在《人类激励理论》一书中首先提出

了需要层次理论。该理论是最著名、最广为人知的激励理论之一。

1. 需要层次理论概述

马斯洛认为，每个人都有需要，这些需要可以从低级到高级划分为五个层次：生理需要、安全需要、社交需要、尊重需要、自我实现需要，如图3-2所示。

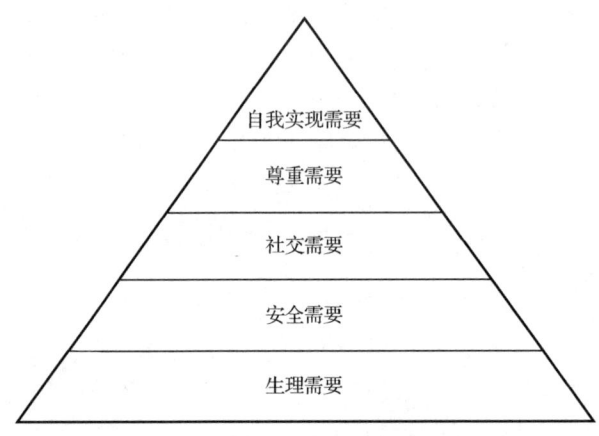

图 3-2 需要层次

1）生理需要。生理需要指人类生存最基本的需要，包括衣、食、住、行各方面的需求。马斯洛认为，只有这些最基本的需要满足到维持生存所必需的程度后，其他需要才能成为新的激励因素。

2）安全需要。安全需要指人类要求保障自身安全的需要，包括人身安全、财产安全、环境安全、健康保障、就业保障等，是个体的身心安全、生活稳定及免受痛苦、伤害的基本需要。

3）社交需要。社交需要又称归属需要，是人类参与社会交往，取得社会承认和归属感的需要，包括对友爱的需要和对归属于某个群体的需要。

4）尊重需要。尊重需要指个体希望得到认可和尊重的一种需要，包括外在的尊重需要和内在的尊重需要。外在的尊重需要即希望自己有地位和声望，能力和成就得到他人认可和高度评价；内在的尊重需要即自尊需要，希望自己充满信心与能力。

5）自我实现需要。自我实现需要指个体对实现个人的理想、抱负和追求，充分发挥自身潜能和体现自我价值，达到人生最高等级和境界的需要。

> **小贴士**
>
> 1970年，马斯洛又提出了两种需要：认知需要和审美需要。后人据此将这两个需要与五层次需要加在一起，形成七层次需要理论：生理需要、安全需要、社交需要、尊重需要、认知需要、审美需要和自我实现需要。
>
> 认知需要又称认知与理解的需要，是指个人对自身和周围世界的探索、理解及解决疑难问题的需要。马斯洛将其看成克服阻碍的工具，当认知需要受挫时，其他需要能否得到满足也会受到威胁。审美需要是指每个人都有对周围美好事物的追求及欣赏。这两种需要同属于精神和心灵的领域。
>
> （资料来源：徐世勇，孙健敏. 组织行为学[M]. 北京：中国人民大学出版社，2012.）

2. 马斯洛需要层次理论的意义和局限性

1）意义。马斯洛的需要层次理论对激励过程需求的阐述是完整的。马斯洛的需要层次理论让人们更加认真地思考人的需求，正如当时《纽约时报》的评论："马斯洛心理学是人类了解自己的过程中的一块里程碑。"

首先，该理论阐明需要分为低层次需要和高层次需要。生理需要和安全需要属于低层次需要，而社交需要、自尊需要和自我实现需要则属于高层次需要。低层次需要比较客观，容易发觉，通过外部的物质就可以得到满足；而高层次需要不易察觉，主要通过个体内部得到满足。

其次，该理论对管理、教育等方面有重要的贡献和启示。马斯洛的需要层次理论内容直观明了、易于理解，对指导人的行为和管理组织有一定的启示，在组织等情境中得到了广泛的应用。

2）局限性。马斯洛认为，各层次的需要要按照次序实现，由低层次向高层次逐层递进。只有先满足低层次需要，才能满足高层次需要。马斯洛这种不能跨越层次，只能由低到高的需要理论有些形而上学，过于机械化。而且该理论缺少研究的检验与支持，如某些特定需要存在的证据不足，需要进一步验证。

小贴士

《西游记》是家喻户晓的神话小说，其中五个主角的形象特征都十分鲜明，实际上他们各自的性格都可以和马斯洛需要层次理论的五个层次联系起来。猪八戒贪图享乐，吃饭等生理上的满足就可以使他获得极大的愉悦，因此他的需要处于生理需要层次；沙和尚老实敦厚，忠心耿耿，取经路上本本分分，因此他的需要处于安全需要层次；孙悟空活泼好动，风风火火，自封齐天大圣，渴望获得他人的认可，因此他的需要处于尊重需要层次；白龙马曾因犯错被贬，独自生活千年，最渴望融入集体，因此他的需要处于社交需要层次；而唐僧一心向西取经，实现自己的价值，因此他的需要属于自我实现需要层次。

3.2.2 奥尔德弗的 ERG 理论

1969 年，美国心理学家克雷顿·奥尔德弗（Clayton Alderfer）在马斯洛需要层次理论的基础上提出了 ERG 理论。

1. 主要内容

奥尔德弗认为，人类存在三种核心的需要，即生存（Existence）需要、关系（Relatedness）需要和成长（Growth）需要。

1）生存需要（E）。它与人的存在和基本的物质生存有关，这实际上相当于马斯洛理论中的生理需要和安全需要。

2）关系需要（R）。即对保持和发展重要人际关系的需要和在与人交往时得到尊重的需要，这相当于马斯洛理论中的社交需要和尊重需要中对外在尊重的需要。

3）成长需要（G）。即实现个人自我发展和自我完善的需要，这相当于马斯洛理论中的自我实现需要和尊重需要中对内在尊重的需要。

2. ERG 理论与需要层次理论的区别

1）ERG 理论与马斯洛的需要层次理论都遵循"满足-上升"模式，即当低层次需要得到满足时，高层次需要会加强。不同的是，马斯洛认为，当某种需要得不到满足时，这个人会一直停留在这一层次的需要上，直到获得满足为止，而 ERG 理论补充提出了"挫折-倒退"观点，意味着当较高的需要得不到满足时，人们会把欲望放在较低的需要上。

2）马斯洛的需要层次理论认为，人的需要是按照层次严格逐级上升的；而 ERG 理论认为，人的需要并非严格按照层次上升，可以跨级，优势需要也不一定非常突出，因而组织的激励措施可以考虑多样化，满足员工不同层次的需要。

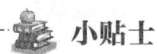 小贴士

小张从某名牌大学毕业，是某国有企业中学历最高的一位中层管理者，已经在企业工作 15 年了。企业效益不是很好，四个分厂中有两个已经停工，他工作的这个分厂处于微盈利状态，但即使当年一起分配来的大学生都离职了，他还是留了下来。当调查者询问他留下的原因时，他谈了三点：一是小张父母家是外地的，他本身没有住房，企业提供条件较好的宿舍，解决了他的住房问题。二是企业非常重视小张，刚到企业不久就把他分配到一个研发项目小组，他是同来的大学生中第一个进项目小组的，感到很自豪。三是项目小组成员知识共享，创新氛围好，在老员工的帮助下，小张快速成长，两年后就被企业任命为项目主管。小张很受鼓舞，坚定了在企业做下去的决心。

3.2.3 赫茨伯格的双因素理论

美国心理学家弗雷德里克·赫茨伯格（Frederick Herzberg）和他的助手在对 200 名工程师、会计师进行调查的基础上，于 1959 年提出了双因素理论，该理论又称激励-保健理论。

1. 主要内容

赫茨伯格将影响人行为的因素划分为两类，即保健因素和激励因素（见图 3-3）。

工作不满意的因素（保健因素）	工作满意的因素（激励因素）
● 公司（企业）的政策与行政管理 ● 技术监督系统 ● 与上级之间的人事关系 ● 与同级之间的人事关系 ● 与下级之间的人事关系 ● 工作环境或条件 ● 薪酬 ● 个人的生活 ● 职务、地位 ● 工作的安全感	● 工作的成就感 ● 工作中得到认可和赞赏 ● 工作本身的挑战性和兴趣 ● 工作职务上的责任感 ● 工作的发展前途 ● 个人成长、晋升的机会

图 3-3 保健因素和激励因素

1）保健因素。保健因素是指那些与人们的不满情绪有关，工作本身之外的因素。这

类因素并不能对员工起激励作用,但这类因素处理不好,会使人们对工作产生不满情绪。若处理得好,可以预防或消除这种不满,起到保持人的积极性、维持工作现状的作用。例如,企业干净整洁的办公环境、人性化的咖啡休息室、丰盛诱人的午餐、定期组织的可以带家属的旅游等都属于保健因素。

2)激励因素。激励因素是指那些与人们的满意情绪有关,工作本身的因素。这类因素处理得好,能够使人们产生满意情绪,如果处理不好,其不利效果只是没有满意情绪,却不会导致不满。

2. 理论贡献和不足

1)理论贡献。赫茨伯格双因素理论的核心在于:"只有激励因素才能够给人们带来满意感,而保健因素只能消除人们的不满,但不会带来满意感。"双因素理论将注意力放到了工作内容上,对需要层次的概念进行了丰富与拓展,得到了较为广泛的应用。

赫茨伯格认为,"满意"的对立面是"不满意"是不确切的,"满意"的对立面应该是"没有满意"而不是"不满意",而"不满意"的对立面应该是"没有不满意"(而不是"满意")(见图3-4)。赫茨伯格双因素理论是对马斯洛需要层次理论的进一步完善,对组织如何激发员工工作的积极性提供了比较合理的理论支撑。其中,如何综合利用奖金发放、荣誉称号等对员工进行激励,对组织的管理具有积极的参考价值。

传统观点	双因素理论
满意 ←——→ 不满意	满意 ←—激励因素—→ 没有满意
	没有不满意 ←—保健因素—→ 不满意

图3-4 双因素理论与传统观点的对比

2)理论不足。

(1)以满意或不满意作为判断员工是否积极主动的标准具有一定的主观性。现实工作中员工满意,未必就能激励员工努力工作,满意度与工作积极性之间缺乏必然的相关性。而且双因素理论的实验样本数量仅仅200人,人数太少,该理论是否具有普适性也受到质疑。

(2)有学者质疑赫茨伯格的双因素理论实际是马斯洛需要层次理论的另一种解读,如保健因素相当于马斯洛提出的生理需要、安全需要等较低级的需要;激励因素则相当于社交需要、尊重需要、自我实现需要等较高级的需要。

> **小贴士**
>
> 华为公司成立至今,在通信领域取得了不凡的成绩,这很大程度上得益于其激励机制。华为在物质方面采取高薪激励和员工持股激励的方式,在文化方面形成了众所周知的"狼性文化",即奋不顾身的进取精神、协作奋斗的团队精神及嗅觉敏锐的敬业精神。同时,华为也是一个给予员工五星级园区待遇、满足员工工作和生活平衡、给予员工极大的创新激情和建言献策自由的大家庭。从物质到精神激励,满足不同层次需要,综合运用激励与保健因素,促使原有员工不懈努力,同时吸引优秀人才加盟,是华为在市场竞争中傲视群雄的重要原因之一。

3.2.4 麦克利兰的成就动机理论

美国哈佛大学教授麦克利兰（McClelland）对人的需求和动机进行研究，于20世纪50年代在一系列文章中提出了成就动机理论。

1. 主要内容

麦克利兰认为，在人的生存需要基本得到满足的情况下，人的高层次需要可以归纳为成就需要、权力需要和归属需要。

1）成就需要。成就需要指追求卓越、争取胜利与成功的需要。具有高成就需要的人不喜欢简单容易的工作，不愿依靠他人取得成果，而是热衷于设立具有适度挑战性的目标，并希望得到与工作相关的及时、明确的反馈。他们往往喜欢一定的冒险，但会理智地选择中等难度的工作进行挑战，属于现实主义者。

2）权力需要。权力需要指影响和控制他人并不受他人控制的需要和欲望。具有高权力需要的人喜欢支配和影响他人，发号施令，希望获得权力与地位，喜欢竞争性并能够体现较高地位的工作环境。

3）归属需要。归属需要指建立友好亲密的关系，寻求被他人喜爱和接纳的需要。具有高归属需要的人更倾向于与他人交往，建立良好的人际关系和合作关系。

2. 理论特点

1）成就动机理论的前提是"人的生存需要基本得到满足"，属于人的高级需要。成就需要是追求卓越、渴望成功的内驱力。成就需要、权力需要和归属需要这三种需要中，以成就需要为主。

2）成就动机理论中的三种需要并不是互相排斥的，而是可以共同存在的。在不同的情况下，对不同的人来说，这三种需要展现出来的主次和权重有所不同。

> **小贴士**
>
> 内容型激励理论之间具有一定的相关性，在内容层次上存在一定的相似性，都是对激励相关内容的不同分类的探索，只是在命名、层次及侧重点上有所区别，如图3-5所示。
>
>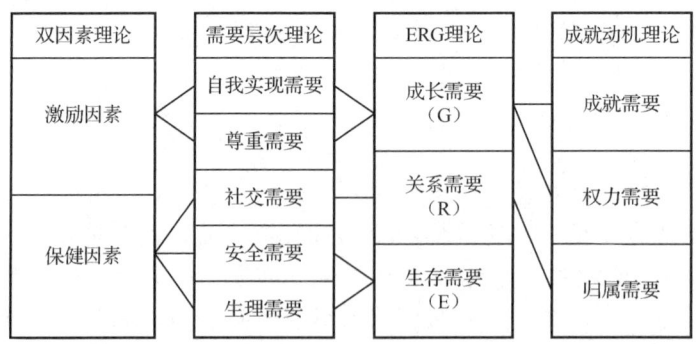
>
> 图3-5　内容型激励理论的相关性
>
> （资料来源：李爱梅，凌文辁. 组织行为学[M]. 北京：机械工业出版社，2011.）

3.3 过程型激励理论

过程型激励理论主要研究从动机产生到采取行动的心理过程。一般包括期望理论、公平理论、目标设置理论和强化理论。

3.3.1 弗鲁姆的期望理论

期望理论是著名心理学家和行为科学家维克托·H.弗鲁姆于1964年在《工作与激励》一书中提出的。期望理论又称效价-手段-期望理论。

1. 核心理论内容

人对某工作的努力和投入来源于某工作会帮助人达成自己的目标,即某个目标在尚未实现时,人会对其产生期望,期望则会对人的动机产生一定的激励力。

弗鲁姆认为,这种力量的大小取决于目标的价值(效价)和期望的概率(期望值)的乘积。用公式表示就是:激励力=效价×期望值,也可表示为:$F=V\times E$。其中,F代表激励力,指个人受到激励的程度;V代表效价,指个人对某个目标结果的偏好程度;E代表期望值,指个人主观估计其通过特定的努力达到预期目标的可能性或概率。

2. 理解要点

高度的激励力来源于高度的效价与高度的期望值,即如果一个人认为该目标的结果很重要,通过特定的努力能实现的概率也很高,那该目标对这个人的激励力就会非常大。期望理论中包含期望模式,即"个人努力→个人绩效→组织奖励→个人需要"。这个模式需要妥善处理以下关系。

1)个人努力和个人绩效的关系。这两者的关系取决于个体对目标的期望值。人总是希望通过一定的努力达到目标,如果期望值高,即个人认为实现目标的概率高,就会激发强大的工作动力,充满干劲。反之,如果个人认为目标太高,通过努力也不会有很好的成绩,就失去了内在的动力,导致工作消极。因此,制定目标应该切合实际,不宜过高或过低。

2)个人绩效和组织奖励的关系。人总是希望取得一定的绩效后得到适当合理的奖励。如果个人认为取得绩效后能得到合理的奖励,就会产生巨大的工作热情,从而转化为积极的行动。反之,个人可能认为努力工作得不到回报而失去积极性。因此,组织应该及时对取得一定绩效的员工进行奖励,否则员工会逐渐失去积极性。

3)组织奖励和个人需要的关系。人总是希望自己获得的奖励能满足自己某方面的需要,并且不同的人各种需要得到满足的程度不同。因此,组织对员工的奖励必须要有针对性,要考虑效价,从而最大限度地发挥员工的工作积极性。

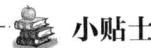 小贴士

MTW公司建立了以人为本的文化,公司从最初的50人发展到215人,人员流动率约为行业标准的20%。公司总裁爱德·奥西认为,MTW公司成功的基石在于公司和每位员工签订的"期望协议"。

"期望协议"的价值在于"换位思考"。在此过程中，每方都说出他的目标，然后由他人再次重复目标。加入 MTW 公司的每位员工都要签订一份"期望协议"，MTW 公司鼓励新员工提出所有的期望。奥西认为，这个过程让员工说出他们心目中最重要的东西。因为有时，人们想灵活地处理家庭事务，照顾上了年纪的父母或需要特殊照顾的孩子。

在 MTW 公司，"期望协议"是一个双向的、随员工的职业发展不断改进的文本，大约每六个月就要进行一次回顾，并修改。人们有较清晰的使命感，"公司知道你想去的地方，你也知道公司发展的方向"。

在市场部工作的约翰说，与大多数 MTW 公司的员工一样，他的"期望协议"既包括共同的目标，也包括个人的目标。例如，他想获得公司支持，丰富软件市场的经历；他想找到一位导师，帮助他变得更加专业；他想参加许多专业贸易协会，丰富他的行业知识；他想接触更多经营活动，学习更多业务知识，而不仅仅是营销。

MTW 公司赞同这些想法，并在"期望协议"中以同样具体的条件要求他。公司让他及团队在限定时间内重新设计和部署公司的网站；让他写三篇关于 MTW 公司的文章，然后在六个月的期限内发表；公司同时想让他参加某些行业会议，开拓新的市场。"期望协议"写得非常详细，可以随时提醒约翰。正如他自己所说："有助于自己制订计划，并在未来的一年内专注于这一计划。可以让自己反思正在做的事情，同时也预期应该做的事情。"

（资料来源：根据百度百科相关资料整理。）

3.3.2 亚当斯的公平理论

美国心理学家斯塔西·亚当斯（Stacy Adams）于 1965 年提出了公平理论。

1. 核心理论内容

亚当斯认为，人们不仅关心自己所得报酬的绝对数量，而且关心自己所得报酬的相对数量，总会自觉或不自觉地将自己付出的劳动代价及得到的报酬与他人进行比较，并对公平与否做出判断，从而影响和指导其下一步动机和行为。

当一个人做出成绩，获得报酬或奖励时，往往进行各种横向比较和纵向比较。人们不仅关心自己得到的绝对报酬，还关心自己得到的相对报酬。比较的结果会影响人们的工作态度，决定行为走向。

1）横向比较。将自己与组织中的其他与自己条件相同的人进行比较，可能出现以下三种结果，如图 3-6 所示。

$$\frac{O_A}{I_A} = \frac{O_B}{I_B} \quad \text{A 与 B 报酬相当，A 感到公平（公平感）}$$

$$\frac{O_A}{I_A} > \frac{O_B}{I_B} \quad \text{A 报酬偏高，A 感到满意（负疚感）}$$

$$\frac{O_A}{I_A} < \frac{O_B}{I_B} \quad \text{A 报酬不足，A 感到不公平（吃亏感）}$$

图 3-6 横向比较

（资料来源：赵平. 组织行为学[M]. 北京：北京理工大学出版社，2021.）

其中，A 代表个人，B 代表组织中的他人；O 代表所得报酬的数量，既包括物质的也包括精神的，如薪酬、奖金、荣誉、晋升等；I 代表投入的努力，如对工作的努力程度、为工作付出的代价等。当感到自己报酬与投入的比例与组织中相同的人相当，会有公平的感觉，否则就会有不公平的感觉，尤其是不如比较对象时，就会有不满意、吃亏的感觉。

2) 纵向比较。人们会将现在的自己与过去的自己进行比较，即把自己目前获得的报酬与投入的努力的比值与自己过去的比值进行纵向比较，只有相等时才会产生公平的感觉，否则也会产生不公平的感觉。值得注意的是，当目前的比值低于过去，会降低工作积极性，但如果目前的比值高于过去，人们虽然会有不公平的感觉，但由于个性差异等多种原因，部分人并不会感觉内疚，进而更加努力地工作。

2. 自我平衡公平感的常见方式

当个体面对不公平时，为了消除其带来的紧张或焦虑感，往往采取以下几种方式进行自我平衡。

1) 改变。改变投入或改变产出。如果员工认为报酬与投入比太低，往往降低工作质量或经常缺勤；如果员工觉得报酬与投入比过高，会更加积极地提高工作质量。

2) 认知扭曲。扭曲对自我的认知或对他人的认知。与实际改变投入和产出不同，员工可以通过在意识上对其进行自我解读而达到心理平衡。例如，报酬较高的员工会夸大自我能力而贬低他人的能力。

3) 更换比较对象。重新选择新的参照者以削弱不公平感。例如，报酬偏低的员工可能选择报酬更低的员工进行比较，以获得安慰。

4) 离开。改变工作环境。例如，员工会选择离职或调到其他部门工作，借此恢复心理平衡。

3. 理解要点

1) 公平理论中的公平是相对的，更多的是一种个体的主观感知。公平理论的核心是与他人比较，公平与否取决于诸多因素，如个体对信息的掌握、个体的理解能力、个体对参照对象的选择、个体的文化背景差异、对组织的态度（认同感）等。不同个体对于同样的报酬投入比值的公平感受有所不同。而在组织管理中，公平只是管理的手段，而不是目的，通过员工对公平的感知调动而非挫伤员工的工作积极性。因此，一旦个体对公平的理解脱离实际，公平理论就失去了客观标准的应用价值。

2) 公平理论内涵和维度呈现多样化特点。公平具有复杂而丰富的内涵。以亚当斯为主的西方学者更多地强调单一维度：分配公平。国内学者倾向于二维度和三维度的内涵划分，如樊景立等学者（1997）把组织公平分为分配公平和程序公平两个维度。李晔、龙立荣等学者（2003）认为组织公平应该包括分配公平、程序公平、互动公平三个维度，这些组织公平的维度之间相互联系。

国内外在公平内涵和维度上存在差异的原因在于文化。以儒家哲学为核心的中国公平观的本质是调节人际关系的规范，而西方公平感更注重个人的价值体现，经济效益就是衡量个人价值的重要指标。目前运用广泛的分配公平的问卷基本上是按亚当斯的理论编制的。

> **小贴士**
>
> 　　小刘去年进入一家小有名气的外资公司。这家公司实行工资保密制度，一般情况下，员工之间相互都不知道彼此的收入。但小刘对这份工作还是很满意的，一方面公司人际关系和谐，气氛轻松，工作虽累却挺舒心；另一方面薪酬也不错，底薪每月3000元，还有不固定的奖金。
>
> 　　小刘工作经常加班加点，也确实取得了显著的成绩。一个设备安装项目在小刘的努力下只用了原定时间的1/3就完成了，为公司节约了大量成本。项目负责人为此还专门写了一份报告表扬小刘。同事们都很佩服他，主管也很赏识他。年终考核，人力资源主管对小刘的工作予以高度评价，并告诉小刘公司将给他加薪15%。小刘非常高兴，认为公司对他的能力和业绩给予了充分的肯定。
>
> 　　同年进入公司的小李却开心不起来，因为他今年的业绩并不好。午饭时，两人聊了起来，小李唉声叹气地说："你今年可真不错，不像我这么倒霉，薪酬都加不了，干来干去还是3900元，什么时候才有希望啊。"
>
> 　　小刘意识到，原来小李的底薪比他高900元。他对小李并没有意见，可是他想不通，即使不考虑业绩，他们俩同样的职务，小李的学历、能力都不比他强，为什么工资却比他高这么多呢？他不仅感到不公平，而且有一种上当的感觉。
>
> 　　请想一想，小刘和小李为什么都感到不满意？
>
> 　　根据公平理论来看，小刘在自我进行纵向比较后，感觉到公平。但在横向比较，得知小李的底薪高于自己后，相对的公平感被打破，内心产生了不公平感。这个案例进一步说明公平是个体的主观感知，而且与参照对象有关。小李自己纵向比较，觉得公司缺乏激励而感到不满意。
>
> 　　（资料来源：根据百度百科相关资料整理。）

3.3.3　洛克的目标设置理论

　　目标设置理论是美国马里兰大学管理学和心理学教授爱德温·A.洛克（Edwin A. Locke）于1967年提出的。洛克与同事经过大量的调查后发现，大部分激励手段都离不开目标激励。

1. 核心理论内容

　　目标设置理论认为，外来的刺激，如奖励、工作反馈、监督压力等都是通过目标来影响动机的。目标难度的大小会影响行为的积极性与持久性，设置合理的目标可以有效起到激励作用。目标的设置须具备以下三个标准。

　　1）目标的具体性。目标必须清晰、明确，有具体内容的规定与时间的限制。

　　2）目标的难度。目标的难度是指实现目标的挑战性。实现目标的难度影响着行为的积极性，合理的目标难度有利于激励个体行为。

　　3）目标的可接受性。目标的可接受性是指人们认可和接受组织目标的程度。当员工根据组织目标制定了个人目标，个人目标与组织目标相统一的时候，能产生更高的工作积极性，激励效果更好。

2. 理解要点

目标设置理论在管理中的应用体现为目标管理，通常包括以下要点：目标激励的效果受目标本身的性质和周围环境影响，如目标清晰度、目标难度、可接受性及目标反馈、环境因素等。相对于软性目标，硬性目标、具体目标、近期目标能够更好地让员工了解组织的目标和个人的具体目标，鼓励员工实现组织目标与个人目标相结合。因此，组织需要尽可能给员工提供参与制定目标的机会，经常给予员工目标进程的反馈与绩效考核，并且根据目标实现的程度给予奖励。

3.3.4 斯金纳的强化理论

美国心理学家和行为科学家斯金纳（Skinner）经过长期实验研究，提出了强化理论。强化理论建立在巴甫洛夫经典条件反射的基础上，强调事后的行为结果对动机的影响程度。

1. 核心理论内容

1）基本概念。斯金纳认为，人或动物为了达到某种目的，会采取一定的行为作用于环境。而强化是指为增强或减弱某种行为出现的可能性而出现的刺激行为或措施。强化可以分为正强化和负强化。当某种行为后果对个体或群体有利时，这种行为就会在以后重复出现；反之，这种行为出现的概率就会降低或消失。强化的办法可以影响行为的后果，并进而加强或纠正某种行为，因此，强化理论又称行为修正理论。

2）强化的类型。强化理论广泛应用于激励和人的行为改造。人们需要通过强化过程增加或减少个体某种行为出现的频率。强化包括以下四种类型。

（1）正强化。属于积极强化。某种行为得到某种令人感到愉快的刺激，该刺激反过来又成为推进人们重复这种行为的力量。当人们出现一种行为后，可以通过正强化来影响其行为的后果，取得管理者希望得到的效果。对建言献策、创新行为等大力褒奖，提供选拔晋升机会等属于正强化。

（2）负强化。消除或削弱令个体不愉快或不希望的刺激，促使个体某种行为变得更加可行。如果员工改正了错误，则不再对其批评属于负强化。

（3）惩罚。指某行为出现时，对实施者给予令人厌恶的刺激，从而使其减少该行为发生的频率。如对组织中迟到、早退按次数扣除奖金，以减少该类行为发生的频率。

（4）消退。包括两种情形，一是对某种正向行为不予正强化或重视，使其出现的可能性下降，乃至最终完全消失，如老师不再表扬助人为乐的同学。二是不予理睬，以表示对该行为的轻视或某种程度的否定，使其自然消退，如企业中对某员工的创新研发行为视而不见，态度冷漠。

2. 强化理论在管理中的应用

强化的目的是调动人们正向的工作、学习积极性，修正不当行为。因此，在实际应用中，关键在于如何使强化机制运行并产生整体效应。管理中运用强化理论要注意下面几方面。

1）应以正强化方式为主。设置组织目标，要注意将组织的整体目标和个人目标有机结合，并对绩效显著者及时加强正向的强化作用——给予物质和精神奖励。

2）慎重运用负强化和惩罚手段。应尊重事实，惩罚一定要公正、公平，令人信服。少用或结合正强化应用，以避免员工"破罐子破摔"的消极抵触情绪。

3）注意强化的时效性。采用强化的时间对强化的效果有较大影响。可以采取定期、不定期、连续性或间断性强化的方式，使强化具有积极的激励作用。

> **小贴士**
>
> 某民营企业是电缆行业的龙头企业。除了对员工本身的激励，该企业还把激励拓展到员工的家人范畴。例如，为了更好地激励员工，企业采取了颁发爱心基金的办法：连续多年按照员工的贡献大小，每年年底向员工父母的银行卡转入 500~3000 元爱心基金，以鼓励家人对员工工作的支持。每年的旅游季节，绩效优秀的车间包车组织员工旅游，其特点是车间员工带家属一起旅游。企业通过爱心基金发放和奖励绩效优秀车间旅游带家属的方式进行正向强化激励，培养员工的荣誉感，取得了良好的效果。

3.4 综合激励理论

综合激励理论是在以上几种激励理论的基础上形成的，主要有波特和劳勒的激励理论和罗宾斯的综合激励理论两种。

3.4.1 波特和劳勒的激励理论

1968 年，美国学者莱曼·波特（Lyman Porter）和爱德华·E. 劳勒（Edward E. Lawler）提出了一个综合激励理论，该激励理论的基础是期望理论、双因素理论及公平理论，如图 3-7 所示。

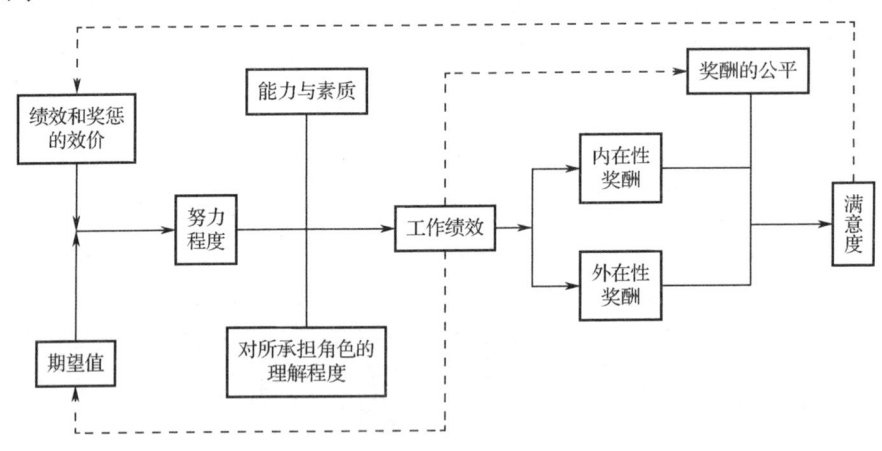

图 3-7 波特和劳勒的激励理论模型

1. 主要内容

1）努力程度。努力来自奖酬对个人的价值，以及个人对努力导致奖酬的概率的主观估计，努力的程度也受到激励程度的影响。

2）工作绩效。工作的实际绩效取决于员工能力与素质的高低、努力程度及对所需完成的任务的理解深度。具体来说,"角色概念"就是一个人对自己扮演的角色认识是否明确,是否将自己的努力指向正确的方向,抓住了自己的主要职责或任务。

3）奖酬。奖酬包括内在性奖酬和外在性奖酬。奖酬要以绩效为前提,要先完成组织任务,才能有精神的、物质的奖酬。

4）满意度。员工是否会对奖酬产生满意感,取决于被激励者认为获得的报偿是否公正,从而影响其接下来的工作积极性。

2. 对管理的启示

波特和劳勒的激励理论是 20 世纪 60 年代以来影响很大的激励理论。该理论以期望理论和双因素理论为分析的基本框架,兼顾公平理论,强调激励是一个复杂的问题。一是要分析了解员工的需求,从多种角度实施激励。二是管理者应在组织中形成一个良性循环,以绩效为突破口,兼顾能力和努力,考虑客观环境,在保证公平的内在激励和外在激励作用下,让员工获得满足感,进而更加努力。三是多观察员工的期望值和绩效,如果激励效果不明显,应重新考察工作安排及分配是否公平。

3.4.2 罗宾斯的综合激励理论

美国管理学家斯蒂芬·罗宾斯在整合了一些激励理论后,提出了以下综合激励理论模型,如图 3-8 所示。

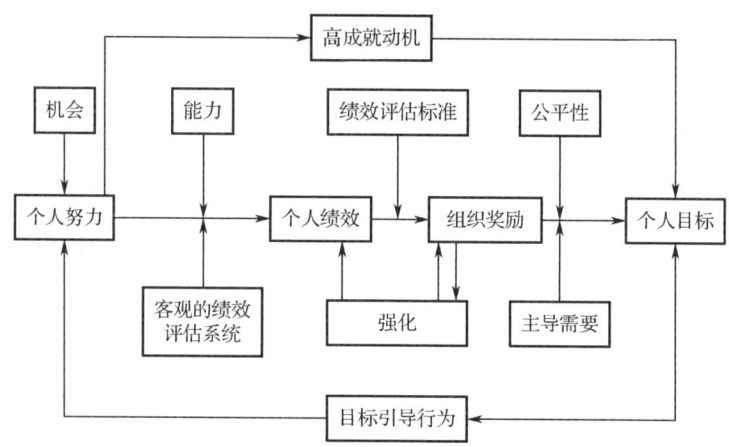

图 3-8 罗宾斯的综合激励理论模型

1. 主要内容

罗宾斯这个激励模型综合了目标设置理论、期望理论、成就动机理论、强化理论和公平理论,要点如下。

1）个人目标。目标可以对行为产生导向作用,这体现了目标设置理论;同时,机会可能帮助也可能阻碍个人的努力。

2）个人绩效。个人的绩效水平不仅取决于努力程度,还取决于其能力水平,以及组织在衡量员工绩效方面有没有一个被人们公认的、客观的绩效评估系统。如果个人感到

自己由于绩效因素（而不是其他因素，如资历、个人爱好等）而受到奖励，那么绩效与奖励之间的关系就会更强；当个体由于工作绩效而获得的奖励满足了指向个人目标的主导需要时，他就会表现出极高的动机水平和工作积极性。这些都体现了期望理论。

3）公平性。组织对个人的奖励会影响个人的公平性比较，从而影响个人目标，进而影响个人行为，这体现了公平理论。

4）高成就动机。高成就动机者不会因为组织对他的绩效评估或组织提供的奖励而受到激励，对他们来说，努力与个人目标有最直接的关系。对于高成就动机者，只要所从事的工作能提供个人责任感、信息反馈和中等程度的冒险性，他们就会产生完成工作的内部驱动力。这体现了成就动机理论。

5）组织奖励。如果管理层设计的奖励体系在员工看来是致力于奖励高工作绩效的，那么这种奖励就会进一步强化高绩效水平，这体现了强化理论。

2. 对管理的启示

罗宾斯的综合激励理论包含了内容型和过程型激励理论，从机会入手，强调个人努力与绩效、组织奖励及个人目标之间的内在关联，兼顾个人成就、公平等诸多因素对个人努力与目标实现过程的影响。对管理者来说，要综合考虑多种因素，鼓励员工实现个人和组织目标。

与波特和劳勒的激励理论相比，罗宾斯的综合激励理论兼容更多激励内涵和要素，进一步说明了激励过程的复杂性，是非常有意义的理论探索。但也正由于其关注内容过多，很难在管理中实际验证所有因素，因而其理论体系的实践性还有待考查，应用范围没有波特和劳勒的激励理论广泛。

3.5 激励措施的作用及应用原则

无论是内容型激励理论、过程型激励理论还是综合激励理论，在具体实施过程中都可以归纳为物质激励措施和精神激励措施两大类。

3.5.1 物质激励措施的作用

物质需求是人类的基本需求。物质激励措施指的是运用物质手段对员工进行的激励，组织中常见的物质激励措施有薪酬激励、奖励激励及股权激励等。

1. 薪酬激励

薪酬激励是员工物质激励措施中最直接的激励方式，包括底薪、绩效工资等。将员工的绩效与薪酬挂钩，主要体现在通过提供合理的薪酬来满足员工的生存需求，激发员工的工作热情，强有力地推动组织发展。

2. 奖励激励

根据员工对组织的贡献类别和影响，经自我申报、部门审核、总经理审批等程序，设置鼓励、记功、嘉奖等，并给予相应物质奖励。不定期开展表彰与嘉奖，对员工常常有出其不意的激励效果。

3. 股权激励

组织给予员工部分股票、期权作为奖励。一方面，员工可通过股票分红来获取收益；另一方面，股票将员工个人利益与组织利益联系在一起，不仅能增强员工的责任感，而且能留住员工，防止人才流失。

3.5.2 精神激励措施的作用

精神需要属于更高层次的需要。精神激励措施指的是组织满足员工的精神需要。组织中常见的精神激励措施有荣誉激励、参与激励和目标激励等。精神激励的作用主要体现在以下三个方面。

1）强化作用。通过正强化和负强化的结合，一方面可以使员工的积极行为得到肯定和表彰，鼓励员工继续发扬光大；另一方面则可以使员工的不良行为受到抑制和惩罚。

2）引导作用。通过领导授权、员工参与组织目标、规划的制订等方式培养员工的责任心和对组织的归属感，培养员工自我效能感，促使员工不断进步与发展自我，进而促进组织蓬勃发展。

3）激发作用。通过个别表扬、充分肯定、树立典型、提供晋升空间等形式，对优秀员工进行多种形式的表扬和表彰，表达组织对优秀员工的赞许，给予员工成就感与荣誉感，促使员工更加勤恳地工作。

3.5.3 激励措施的应用原则

1. 物质激励与精神激励相结合的原则

物质激励主要满足人的物质需要，而精神激励主要满足人的精神需要。随着生活水平的提高、视野的开阔、多元文化的碰撞，人们需要多层次的、丰富的激励形式。组织在激励过程中要注意把物质激励措施和精神激励措施两者有机结合，相互补充。

2. 个人目标与组织目标相结合的原则

激励的主要目的在于提升员工的工作效率与质量，为组织创造效益。组织要通过建设组织文化、关怀培养员工、调整领导风格等方式，营造良好的组织氛围，让员工真实感受到组织目标与个人目标的密切关系。针对员工的特点和需求变化，有的放矢地进行目标激励，才能有效促进组织的发展。

3. 外在激励与内在激励相结合的原则

外在激励指组织对于薪酬、职称、工作环境等方面的激励，而内在激励指组织对于员工成就感、光荣感方面的激励。单纯重视外在或内在激励都会使激励作用减弱。只有将外在激励与内在激励相结合，才能共同发挥作用。例如，在合理践行薪酬和期权等激励的同时，也能适度地授权、信任、尊重员工，对员工的激励无疑将更显著。

4. 合理适度与客观公正原则

组织在激励员工时，要注意激励措施合理并适度，恰到好处的激励措施才能发挥最大作用；此外，还要注意客观公正，对所有员工一视同仁。把合理适度与客观公正结合起来，让员工感受到组织的人性化管理，同时理解并遵守必要的规章制度。

5. 正激励与负激励相结合的原则

正激励指奖励符合组织目标的行为，使之强化和重复；负激励指约束和惩罚违背组织目标的行为，使之消退和减少。正激励应保持间断性，时间和数量尽量不固定，连续激励既费时费力，也易出现效力递减。负激励则要坚持连续性，及时予以惩罚，消除员工的侥幸心理，而且惩罚的刺激比奖励更易见效。

> **小贴士**
>
> 京东集团在组织内实施股权员工激励计划，使京东员工的收入形式多样化，包括月薪、奖金、红利等，激发员工工作的积极性；从 2012 年开始，高级管理者从大部分引进向 70%通过内部培养提拔转变，更关注员工的生活质量和满意度，通过文化重塑增强企业的竞争力。
>
> 同时，京东在组织内部严格反腐败。京东集团创始人、董事局主席刘强东曾经说过："你贪十万元，我就是花一千万元也要把你查出来！"正是这样正激励与负激励的结合，塑造了良好的组织风气，从而促进了组织的健康发展。

复习思考题

1. 激励的心理机制是什么？
2. 期望理论的理解要点有哪些？
3. 公平理论的主要内容有哪些？
4. 激励的应用原则有哪些？
5. 依据赫茨伯格的双因素理论，物质激励与精神激励分别指什么？在组织管理中表现为哪些措施？

思考与讨论

1. 需要层次理论与 ERG 理论有哪些区别与联系？
2. 如果你是一名管理者，你会采用何种方式激励组织的员工？
3. 根据赫茨伯格的双因素理论，你认为相对于其他普通组织，高科技组织在激励手段上有哪些需要注意的地方？

第4章
知觉、归因理论、印象管理与个体决策

君子有三变:望之俨然,即之也温,听其言也厉。

——《论语》

本章学习目标

- 掌握知觉的内涵和应用;
- 重点掌握归因理论;
- 理解并能够运用印象管理解决现实问题;
- 了解和掌握个体决策过程、偏差和影响因素。

思政导入

中央电视台《中国诗词大会》栏目第六季第一场开场白如下：

"风雨送春归，飞雪迎春到。已是悬崖百丈冰，犹有花枝俏。"

"大地花开，又是新春。新的一年，我们将在清晨的霜露里，遥望蒹葭苍苍；在对酒的短歌中，感受慨当以慷；在王维的长河里，高唱大漠的豪壮；在苏轼的明月里，祝福永久的安康。"

"回首2020年，我们众志成城，抗击疫情；我们攻坚克难，扶贫帮困。"

"展望2021年，我们将迎来中国共产党建党100周年，向着第一个百年目标奋力前行。这是'天翻地覆慨而慷'的伟大今朝，是'不畏浮云遮望眼'的一往无前。"

"就让我们在诗词中汲取力量，用力量砥砺前行。在《中国诗词大会》第六季的舞台上，把酒祝东风，且共从容。"

点评　对诗句的精彩而又与时俱进的解读和对历史文化自信的唤醒是《中国诗词大会》栏目风靡全国的重要原因。中华文化源远流长，文化自信有着深厚的底蕴。从2016年开始，中央电视台《中国诗词大会》栏目风靡全国，观众达到11亿多人次。《中国诗词大会》开场白中随手拈来的诗句，无一不彰显文化底蕴的传承与发展。《中国诗词大会》栏目的走红体现了中国诗词浩若烟海，中华文脉绵延相传；同时说明了推进文化自信自强，铸就社会主义文化新辉煌的优秀电视节目有扎实的扎根于民的文化自信基础。

4.1　知觉

知觉对组织来说非常重要，因为感知到的现实影响着人们的行为，而人们的行为往往基于他们对现实的感知，而不是现实本身。

4.1.1　知觉的内涵及特征

1. 知觉的内涵

知觉是个体为自己所在的环境赋予意义并解释感觉印象的过程。也可以说，知觉是客观事物直接作用于感官而在头脑中产生的对事物整体的认识。

知觉是客观事物在人脑中的主观映像。由于个体的主观意识特点及情境、环境等多种因素的影响，人们知觉的现实可能与实际的现实有本质区别，不同人的知觉存在差异，正所谓众口难调。例如，舒适的工作环境、单一的工作任务、优越的福利制度、善解人意而又负责的管理者等，未必所有人都会秉持同样的良好知觉。

2. 知觉的特征

知觉主要有整体性、恒常性、选择性和理解性四个特征。

1）整体性。知觉是指对事物的总体认识，事物是由许多部分组成的，人们很少孤立地看待其中单个特性。如某些事物是我们了解的，尽管有时残缺，不很完整，但我们会在心目中知觉出其完整的结构图片。

2）恒常性。由于知识和经验的参与，知觉具有一定的稳定性，不一定会随着周围条件的变化而变化。例如，物理属性中的形状、光线等环境变化常常不会使我们的知觉失真。

3）选择性。当某事物的内部特征差别很大或某个特点很突出时，人们会选择性地进行知觉，其他特点常常成为背景而不被关注。

4）理解性。知觉本身融入了经验、知识等的理解，因此，个体可以对感知的信息进行整合。而且，由于个体差异的存在，信息的知觉理解往往也存在差异。

4.1.2 知觉的影响因素

知觉不仅受感觉系统、生理因素的影响，而且极大依赖于一个人过去的知识和经验，个人的兴趣、需要、动机、情绪等知觉者个体特征，知觉对象及其个体特征，以及知觉发生时的情境变化情况。

1. 知觉者

当个体看到一个目标物并进行解释时，这种解释受到知觉者个人特点的明显影响，甚至曲解。这些个人特点包括态度、动机、兴趣、经验和期望等。例如，如果你认为军人更值得信赖，那么你对所有军人的知觉就倾向于这样，而和军人个体真正的特质无关。常见的与知觉者本身及其特点有关的现象如首因效应。

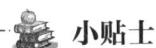
小贴士

需要和动机对知觉过程有制约作用。杰罗姆·布鲁纳（Jerome Bruner）是美国教育心理学家、认知心理学家，对认知过程进行过大量研究，在词语学习、概念形成和思维方面有诸多著述，为认知心理理论的系统化和科学化做出了贡献，既是认知心理学的先驱，也是致力于将心理学原理实践于教育的典型代表，被誉为杜威之后对美国教育影响最大的人。布鲁纳和同事于1947年以出身贫富不同家庭的儿童（10岁）为被试者，要他们在同样的条件下估计各种硬币的面积，以比较不同儿童的金钱价值与知觉的关系。结果发现两组儿童对硬币面积的估计都有夸大的倾向，但贫困儿童组的夸大倾向远超过富裕儿童组。这一结果说明了需求强度对知觉的影响。

（资料来源：百度文库——布鲁纳认知学习理论。）

---

2. 知觉对象

我们所观察的知觉对象本身的特征能够影响人们的知觉。在群体里，身材魁梧的人比身材单薄的人更容易引起他人的注意。当人们感知目标时，知觉对象的相关背景往往影响知觉，人们倾向于把关系密切和相似的事物组织在一起进行感知，如对象的知名度、群体魅力、个体属性等。例如，有些企业招聘时强调"985"高校的投简历门槛，其实就属于关联了知觉对象的名校效应。

3. 情境变化

情境可能在一定程度上影响着人们的知觉感受。在礼仪上有个TPO原则，讲的是不同时间、不同地点和不同场合要着装合适,这也可以理解为人们对感知情境的理解。例如,人们常常认为法国人是浪漫的。如果法国人的浪漫出现在晚会上,会使人产生好感,但如果出现在严肃的工作中,恐怕人的知觉就会发生变化。这个例子中,知觉者和知觉对象都没有变化,但情境因素发生了改变,导致感知的结果也发生了变化。

4.1.3 知觉的应用

人的知觉可以对客观事物做整体反映。知觉具有选择性、整体性、理解性和恒常性等特征,同时这些特征也普遍存在于人们日常的工作和生活中。

1. 知觉选择性的应用

人们在知觉过程中会把知觉对象从背景中区分出来,优先反映,即人们在某些时候会以知觉对象的某些特征作为知觉的内容,而自动忽略其他信息。如消费者选购商品主要取决于个人的偏好、兴趣、经验等,再综合考虑价格、用途等因素,就会做出是否购买及购买什么的决定。典型的例子就是相比年轻人,老年人购物时更在乎价格,挑选服装时更愿意选择色彩鲜艳一些的服装。

2. 知觉整体性的应用

人的知觉是完整的,不能人为地区分元素,即对组织的整体知觉先于部分。例如,人们看到某个熟悉的运动场,即使某个角落维修,围上围挡,人们通常也会在感知中补上围挡的部分,自然形成对运动场的整体印象。

3. 知觉理解性的应用

人们以已有的知识经验为基础去理解和解释事物,并用词语加标志的特性,使其具有特殊性。例如,对于文学作品的理解,每个人都会从各自的生活体验、经验出发去阐述同一个问题,产生不同的感悟和理解。

4. 知觉恒常性的应用

人们对知觉对象和知觉条件之间的关系的认识不会随着情况的变化而改变。例如,展现在我们面前的图片,无论事实呈现的效果如何,只要不是我们脑中常规的情况,大脑就会发出不信任和怀疑的信息,从而做出自己的认知判断。这也是当我们看到图片中的人物有悬浮状态,就会怀疑该图片经过"P图"的一个主要原因。

4.1.4 常见的知觉偏差

在日常生活中的知觉应用方法在某种程度上构成了知觉的捷径,帮助人们节省了时间成本,提高了判断效率,但同时不可避免地带来了知觉上的偏差。下面是常见的一些知觉偏差。

1. 首因效应

首因效应是由美国心理学家洛钦斯(Lochins)首先提出的,是指首先呈现的信息在人的脑海形成的知觉中占有很大的权重。首因效应反映了在人际交往中主体信息出现的次序对印象形成产生的影响。在人际交往中，给人留下的第一印象至关重要，对印象的形成影响很大，尤其是初次见面的前 30 秒。

> **小贴士**
>
> 1957 年，洛钦斯在实验中向四组大学生介绍某个陌生人：在向第一组介绍时，说他是个性格外向的人；在向第二组介绍时，说他是个性格内向的人；在向第三组介绍时，先说他是个性格外向的人，后说他是个性格内向的人；在向第四组介绍时，则先说他是个性格内向的人，后说他是个性格外向的人。随后洛钦斯要求四组大学生用上面介绍的术语来描述这个陌生人。第一、二组在描述时没有发生任何问题，但第三、四组对陌生人的印象则几乎完全与提供信息的次序相对应。人们的印象主要停留在先提供的信息上。

2. 近因效应

近因效应又称"新颖效应"，是指在多种刺激依次出现的时候，印象的形成主要取决于后出现的刺激，即人们对他人最近的认识会掩盖以往形成的印象。例如，某员工平时比较有个性，不合群，但最近有一两次表现得很合群，也比较随和，人们就会推翻以前对他的认知，认为自己可能误解了对方。近因效应在工作中常表现为一种现象，即用近期某件事来肯定或否定一个企业的全面工作，同样很容易有失客观。

3. 晕轮效应

晕轮效应最早是由美国著名心理学家爱德华·桑戴克（Edward Sandek）于 20 世纪 20 年代提出的。晕轮效应又称"光环效应"，是指在人际知觉中形成的以偏概全的主观印象。例如，名人或明星代言广告，就是利用人们对明星、名人的充分信任来打造产品的高质量认知，这是商业宣传中晕轮效应的具体应用。

4. 刻板印象

刻板印象又称"刻板效应""定性效应"，是指在进行实质性的交往之前，人们已经对某类人形成了一种固定和类化的评价，这是我们认识他人时经常出现的现象。例如，人们通常以地域为界，对南方人和北方人进行知觉判断——北方人性格豪爽、天性幽默，南方人思维严谨、善于经商等。

5. 投射效应

投射效应是指判断他人时，人们会下意识假定别人与我们相似，将自己的知觉归因到其他人身上的倾向。例如，一个心地善良的人会以为别人都是善良的，一个经常算计别人的人同样会以己度人。投射效应是一种相对严重的认知心理偏差，而客观分析、辩证思维是减少投射效应的基础。

6. 皮格马利翁效应

皮格马利翁效应（Pygmalion Effect）又称"罗森塔尔效应"或"期待效应"，由美国著名心理学家罗森塔尔（Rosenthal）和雅各布森（Jacobson）提出。皮格马利翁效应是指人们基于对某种情境的知觉而形成期望或预言，从而使该情境产生适应这一期望的变化。皮格马利翁效应启示人们：赞美、信任和期待具有一种改变人们行为的能力。

> 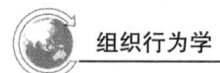 小贴士
>
> 1966 年，心理学家罗森塔尔提出这样一个猜想：研究变态心理学的人可能因为自身存在的一些问题把研究结果"污染"了。为了验证这一猜想，他先在两组小白鼠身上进行实验。罗森塔尔告诉大学生，两组小白鼠品种不一样，一组十分聪明，一组十分愚笨。大学生的实验结果也证明，聪明的小白鼠明显比愚笨的小白鼠学习得快。其实，这两组小白鼠并没有太大的差异，但由于罗森塔尔是著名的心理学教授，大学生十分信任罗森塔尔，在实验的过程中，对聪明的小白鼠是友善的，对愚笨的小白鼠则是粗暴的。罗森塔尔认为，正是由于这两种截然不同的态度，才得出这样的实验结论。
>
> 为了进一步验证上述猜想，罗森塔尔和他的助手们在新学期开始了另一项实验。他们在某普通中学进行智力测试，随后把测试结果告诉教师，说明该班级有些大器晚成的学生，经过科学测定，全都是高智商人才。学期末，罗森塔尔和他的助手们再次来到该校，发现这些学生的确超过一般同学，进步神速。但事实上，这些学生只是随意从名单中挑选出来的。但在老师的期许和学生的自我激励下，这些学生的内在动力被极大地激发出来。
>
> （资料来源：李娟娟. 心理学入门[M]. 北京：中国法治出版社，2019.）

4.2 归因理论

在日常的社会交往中，人们为了有效地控制和适应环境，往往对发生于周围环境中的各种社会行为有意识或无意识地做出一定的解释，即根据他人某种特定的人格特征或某种行为特点推论出其他未知的特点，以寻求各种特点之间的因果关系。

4.2.1 归因理论的内涵

归因是社会心理学中的一个概念，它是指个体对某个事件或行为结果原因的知觉。20 世纪 60 年代初期，归因问题引起社会心理学界的重视，并成为一个热门研究领域。

归因理论（Attribution Theory）是由社会心理学家弗里茨·海德（Fritz Heider）于 1958 年提出的。海德认为，归因理论的核心假设是"人们需要对他人的行为做出解释，进而预测和控制环境"。

学者里奥克斯和佩纳（Rioux&Penner, 2001）将归因理论界定为："人们会对他人的行为做出怎样的反应，取决于对行为原因的认知。"

综上所述，本书把归因理论界定为：人们对他人的行为进行分析，推论出这些行为的原因的演绎过程。归因理论主要解决日常生活中人们如何找出事件原因的问题，归因方式影响人们后来的行为方式和动机强弱。

4.2.2 常见的归因理论

1. 海德的归因理论

海德最早提出归因问题。1958年，海德在著作《人际关系心理学》中，从通俗心理学（Naive Psychology）的角度提出了归因理论。海德认为，人有两种强烈的需要：一是形成对周围环境一贯性理解的需要；二是控制环境的需要。为了满足这两种需要，人们需要对他人的行为进行归因，并且通过归因来说明和预测他人的行为。

人们在归因时，通常有两种倾向：一种称为自投，即解释别人的行为时，倾向于以自己作为参照物，按照自己是什么样的人来知觉他人，以己度人。另一种称为自利偏好，即在解释自己的行为时，倾向于做有利于自己的情境归因。如果成功，则认为是自己努力的结果，如果失败，则认为是外部因素造成的。

2. 三维归因理论

三维归因理论又称三都理论，是美国社会心理学家凯利（Kelley）于1967年基于协方差原理提出的，是对海德的归因理论的补充。

三维归因理论中的三维分别指客观刺激物、行为者和所处的关系或情境。客观刺激物指引起或刺激行为者做出反应的事件；行为者指事件的参与者；所处的关系或情境指行为者在不同的时间或采用不同的方法对客观刺激物做出的反应。

凯利认为，归因的基本原则有三个：一致性、一贯性和区别性。

1）一致性。面对相似情境，行动者有相同或相似反应。而且一致性越高，人们越倾向于做外部归因。例如，在高温下，同样工作的工人，工作效率都比在正常气温下有所下降，这时通常认为工作效率下降主因在于外部炎热的环境。

2）一贯性。指行动者是否在任何情境和任何时候都对同一刺激物做出相同的反应，即行为者的行为是否稳定、持久。个人活动的前后持续性和稳定性是人们归因的一个主要原则。因此，行为的一贯性越高，人们越倾向于做内部归因。例如，经常迟到的人和从不迟到的人在解释迟到原因时，人们倾向于以一贯性来否认经常迟到的人提出的迟到原因，哪怕这一次是真实的原因。

3）区别性。又称差异性，主要指行动者在不同情境下是否表现出不同的行为。如果一个一贯谨言慎行的人突然表现得大胆冒进，人们会归为外因；反之则归为内因。

> **小贴士**
>
> 某编纂单位的副处级管理岗位有个空缺，三人参加公开竞聘。三人情况如下：A博士，有十几年的基层工作经验；B硕士，在单位做了十几年的秘书；C硕士，做了几年的副处长。这三人各具优势。博士，基层经验丰富；秘书，行政经验丰富；副处长，管理经验丰富。在竞聘时，A博士自信分析了自身的优势：学历优势、工作优势、亲情优势，仔细阐述了对整个工作环境及人事环境的见解，最终引起了共鸣。A博士最终以最高分当选。A博士最终竞聘成功的原因在于，他细致地分析了周边的人事，尤其打了亲情牌，并且进一步把握岗位竞聘成功的最直接因素做好工作。从亲情开始，控制整个竞聘环境，然后对于工作开展做了合理、恰当的设想和解释，很好地把握了

> 内外因的归因。内因——我是什么人，外因——我能够做好工作。
> [资料来源：郑国志. 组织行为学中的归因理论与印象管理在岗位竞聘中的应用[J]. 公关世界, 2021 (22): 69-70.]

3. 韦纳的归因理论

美国心理学家韦纳（Weiner）的归因理论主要有以下三个论点。

1）人的个性差异和成败经验等影响着他的归因。
2）人对上一次成就的归因会影响他对下一次成就行为的期望、情绪和努力程度等。
3）个人的期望、情绪和努力程度对成就行为有很大影响。

韦纳的归因理论是关于判断和解释他人或自己的行为结果的原因的一种动机理论。该理论关注的核心问题是对归因后果的研究，即探查和评价归因的后果。归因影响期望的改变和情感反应，而这种归因后果又促动后续的行为，成为后续行为的动因。如个人把其失败归结于缺乏能力，就会感到心灰意冷，并可能丧失努力的意愿。相反，若把其失败归结于他人等外在因素，则其行为就大不相同。

韦纳从认知心理学的角度把成功和失败的原因划分为三个维度，是对海德思想的发展。归因理论体系不断完善，研究的范围进一步扩大，并逐渐成为认识和理解人类社会行为的理论基础。归因理论从总体上将动机和归因两个心理学领域有机地融合到一起，为组织行为学研究奠定了一定的理论基础。

4.3 印象管理

4.3.1 印象管理的内涵

1. 印象管理的界定

印象管理（Impression Management）又称自我呈现（Self-Presentation），是指人们试图管理和控制他人对自己形成印象的过程。印象管理是心理学家欧文·戈夫曼（Erving Goffman）于1959年在《日常生活中的自我表现》一书中提出的理论。通常，为了给对方留下美好的印象，人们倾向于以一种与当前的社会情境或人际背景相吻合的形象来展示自己，以确保他人对自己做出正面的或有利于自己的评价。

印象管理是人际交往和组织管理的润滑剂。在生活中，为了保持良好的形象，保住"面子"，人们常常通过一些方式来控制自己，进而形成他人对自己的良好印象。例如，见到朋友主动微笑打招呼，去农村调查穿的服装更贴近农民生活等，都属于印象管理。

印象管理是好还是坏，要考察其背后的动机。只要通过印象管理取得他人对自己的好感和信任不是为了做出不利于他人的事情，印象管理就是道德的。

>  **小贴士**
>
> 新媒体语境中的交际活动，人们能够方便地表达自我信息和管理他人对自己的印象，并取得较为显著的效果。公众人物在一定范围内具有重要影响，被人们广泛知晓和关注，并与社会公众利益密切相关，也尤其注重自身的印象管理。以我国用户规模

庞大的主流社交网络交互平台新浪微博为例，统计数据表明，"粉丝"量前十名的公众人物中，已有四名拥有超过一亿名"粉丝"，主要为主持人和演员；同时，顶级流量明星人气不断下滑的现象屡见不鲜。导致"吸粉"或"脱粉"的原因有很多，是否进行了恰当的印象管理是不可回避的因素之一。以微博为代表的社交网络连接着大众用户，形成新兴的舆论场，场中的每个成员都在进行印象管理。明星微博印象管理受益于新媒体的强大支持，促进了"眼球经济"的增长，能带来额外经济效应和号召力。

[资料来源：陈梅松. 从明星微博看社交媒体中的印象管理[J]. 青年记者，2020（24）：40-41.]

2. 影响印象管理的因素

在社会生活和组织管理中，印象管理受到很多因素的影响。下面三个影响因素比较明显。

1）社会环境因素。人们总是在一定的社会环境中进行交往，并体现印象管理。个体应该在何时使用何种印象管理，取决于个体面对的情境。因而，社会环境因素决定和影响人们的印象管理。按照社会环境的不同分类，熟悉的环境和不熟悉的环境会有不同的印象管理，正式场合和非正式场合同样如此。

2）互动对象因素。人们进行印象管理需要依互动对象而定。如果我们重视互动对象，就会加强印象管理，精心修饰，以便体现出自己的长处和优势。例如，大学生在面对校园招聘时，如果对面试企业非常向往，就会精心准备，注意自己的言谈举止，非常在意自己在考官心目中的形象。反之，就会有意通过印象管理拉开与对方的距离。

3）个体因素。性别、年龄、地位、角色等人口统计学涉及的因素，以及自尊、自我监控、控制点等人格因素都会影响印象管理。例如，人们对长辈、上级会下意识地保持尊重、服从等态度，体现出谦恭的礼仪礼节。一般来说，印象与个人目标越密切，目标越有价值，一个人期望留给他人的印象与他认为自己留给他人的印象之间的差异越大，个体进行印象管理的动机越强烈。

4.3.2 印象管理的策略

在组织中，人们常常使用印象管理的两种策略做出对自己形象有利的选择：防御策略和提升策略。

1. 防御策略

这类策略主要为了避免或减少不利因素对自己形象的影响，主要包括以下策略。

1）解释。当印象有可能受损时，试图找理由做出解释或为自己的行为辩护，其目的是让别人认为自己的失败是由其他原因造成的，如强调自己身体不好或有其他重要事项影响某项任务的完成等。

2）道歉。当缺少合理的解释时，主动认错，进行自我批评，为消极事件表达歉意以换取他人的谅解，挽回即将受损的形象。例如，上班迟到或没有按时完成任务，如果先表示歉意，然后做出适当的解释，就更容易让其他人接受，而不至于影响自己的形象。

3）摆脱关系。当事情进展不顺利时，直接或间接说明自己与该事件无关，让他人感觉自己是被牵连的,从而避免形象受损。例如,当某小组进展不顺利时,可以私下告诉关键人物自己曾经反对这一计划,但是被其他人否决了。

2. 提升策略

这类策略主要为了增强有利因素对自己形象的影响。当个体想让自己看起来在某件事上更有能力或比实际更出色时,会使用这类策略。主要包括以下策略。

1)自我推销。自我宣传过往成绩或高光时刻,增加他人对自己的能力或品质的认可。当人们认为自己应当得到某种认可或荣誉时,通常采用这种策略。例如,通过正式或非正式途径进行自我宣传和推销,或者说明自己如何克服困难取得目前的成绩。

2)取悦于人。在合适的时间和地点、场合做恰当的事情,确保让人们看到自己为成功所做的努力,进而带来好感。例如,学校的班主任老师,为了让学校的领导、同事见到自己努力工作的场景,常常在走廊里或操场上很显眼的位置找学生谈心。

3. 前后一致性

印象管理具有一致性,好的印象需要长久积累和坚持。个体的言谈举止、待人处事、价值观、世界观都不是一朝一夕形成的。因此,进行印象管理的基础是加强内在修养,提升能力,对自己的形象进行长期的管理和设计。而且在印象管理时,要注意恰到好处,保持适度,以防过犹不及。

 小贴士

> 我们每个人都需要不断提高自身综合素养,以便更好地适应环境。中央电视台主持人董卿,留给大众的印象不仅是主持风格知性优雅、端庄得体、亲和大方,更是满腹经纶、出口成章,以及在言谈举止中投射出深厚的文化底蕴和人文素养。以董卿主持的《朗读者》栏目为例,该栏目取得了很大的成功,这与董卿给人的印象密切相关。在采访 90 岁高龄的著名翻译家许渊冲先生时,董卿为了与坐在椅子上的许老保持一样的高度,跪膝而蹲与对方交流,以此表达对许老的尊重和敬仰,给观众留下了深刻的印象。

4.3.3 印象管理策略在管理中的应用

印象管理在人才的招聘甄选中具有广泛的应用。

作为组织,招聘面试的目的就是人岗匹配,重点考核应聘者对工作和岗位的胜任力。但由于情景和时间的局限,短时间内面试官虽然可以对应聘者有一定的判断,但对应聘者的素质特征无法全面了解。因此,组织在人才招聘甄选中要多方面筛选材料,从岗位需求出发提问,注意鉴别虚假的印象管理,防止虚假的印象使组织在人才招聘选拔中误判。

作为个人,应聘者要学会运用印象管理策略提升自我形象,减少或规避不利因素。而恰当的言谈举止可以较好地反映一个人的修养和素质能力。因此,应聘者要提前了解应聘组织的需求和应聘岗位的特征,找出面试官的兴趣点,然后在面试中有意展示自己具备岗位需求的这些特征。

印象管理策略的运用虽然是一门艺术,但印象管理也是长期修炼的结果。例如,某组织宣传处竞聘处长,竞聘者是三位女士。一位工作很长时间,一位主持妇女工作,一

位编辑刊物。在演讲与答辩中，编辑刊物的女士表现并非最好，但最终得分却最高。后来，竞聘组织者向参与者解释，竞聘是一种形式和方式，宣传岗位是一个面向大众的岗位，是与人打交道的岗位，仪表仪态是长期形成的举止行为，这也是该编辑女士竞聘成功的最主要原因。

 小贴士

归因理论与印象管理在正常的岗位竞聘中有很强的现实应用意义。归因理论通过分析原因，达到行为目的。印象管理着眼长远，能够实现长期效应。在岗位竞聘中两者并用，能够发挥更大的作用。

现在由于行政事务的公开性、透明性，大多数行政公务部门和企事业单位的领导岗位采用竞聘上岗的方式，排除亲情因素，归因理论和印象管理是竞聘上岗最直接的成功方法和最直接的运作方式。归因理论与印象管理通用于人事运作的全过程，从竞聘单位对人事管理的战略与规划，到招聘与培训、薪酬给付、绩效管理、劳动关系管理等。人事管理的战略与规划，最基本的就是要分析本单位的工作实际情况，需要什么样的人，设置什么样的岗位，怎样才能招聘到合适的人，招聘到以后怎么管理等，这是归因理论需要做的。而在面试场所和工作场所，个人及整体的印象管理是做好所有工作的前提，只有做好印象管理，才能实施下一步的招聘和岗位竞聘。

[资料来源：郑国志. 组织行为学中的归因理论与印象管理在岗位竞聘中的应用[J]. 公关世界，2021（22）：69-70.]

4.4 个体决策

决策在管理过程中举足轻重，贯穿于管理始末，是管理的核心内容之一。著名经济学家西蒙认为"管理就是决策"。

4.4.1 个体决策的内涵

1. 决策的概念

决策是人们在政治、经济、技术及日常生活中普遍存在的一种行为。美国近代组织理论学家切斯特·巴纳德指出，决策的过程主要是一个缩小选择范围的过程。

我国学者宋学文（1989）从心理学角度分析，认为决策是人们思维过程和意志行动过程相互结合的产物。决策既是人们的一个心理活动过程，又是人们的行动方案。

我国学者车文博（2001）认为，决策指决定的策略或办法，是人们为各种事件出主意、做决定的过程。

综上所述，本书将决策的概念界定为：决策是一个复杂的思维操作过程，是人们对信息进行收集、整理，最后做出判断、反应的过程。事物当前的状态与期望的状态存在差距，这要求人们综合考虑多种不同的因素及行为方式，并选择行动方案。

2. 决策的类型

按照决策的标准，可以将决策分为不同类型。例如，按决策范围可分为战略决策、战术决策和业务决策。按决策性质可分为程序化决策和非程序化决策。按决策问题的可控程度可分为确定型决策、不确定型决策和风险型决策。

在组织行为学研究中，常见的是按决策主体分类：个体决策和群体决策。

群体决策指对于复杂的决策问题，需要多人参与决策分析，发挥集体的智慧，这些参与决策的人称为决策群体，而群体成员制定决策的整个过程就称为群体决策。

个体决策指决策机构的主要领导成员通过个人决定的方式，按照个人的判断力、知识、经验和意志做出决策。由最高领导者进行最后方案的选择，能够充分发挥领导者的主观能动性。

4.4.2 个体决策模型

个体决策是个体为了解决问题而从两个以上的可行方案中选择一个合理方案的过程。个体决策模型通常包括四种类型：理性决策模型、有限理性模型、隐含偏爱模型和直觉模型。

1. 理性决策模型

理性决策模型主要指个体能力突出、信息对称，能够对具体的问题做出最优选择。个体决策是理性且客观严谨的。

理性决策模型的实施步骤：第一，确定目标；第二，认识问题所在；第三，确定决策标准，给标准分配权重；第四，甄别出所有可行方案并进行评估；第五，选择最优方案。

理性决策模型实施的前提条件是决策者拥有足够的知识、能力及完备对称的信息，能够准确识别出所有相关备选方案的优劣，并选出最佳方案。虽然最优决策在理论上是可行的，但事实上，大多数重要的决策都是个体运用自己的知识信息通过判断做出的，现实中的大部分决策都不符合理性决策模型。

2. 有限理性模型

有限理性模型由美国决策管理专家赫伯特·西蒙（Herbert Simon）提出。有限理性模型又称西蒙模型。西蒙认为，人的理性是处于完全理性和完全非理性之间的一种有限理性，只能做到部分理性；即根据现有的信息进行分析，寻求符合要求的和充分的解决方案。

有限理性模型的实施步骤：第一，对遇到的问题进行简化处理，使问题变得清晰而单一；第二，开始寻求标准和备选方案；第三，挑选备选方案。

个体在决策时并不完全受理性引导，也没有机会和实力做出完全理性的决策。人们有限的信息处理能力使其无法吸收和理解做出最优决策所必需的全部信息，加之有些问题过于复杂，无法分解。因此，决策者会下意识建构简化模型，将问题难度下降到自己能够理解的程度，并将问题的重要之处筛选出来，寻找有限的备选方案。通常，当决策者遇到一个合理、可接受且能够解决问题的方案时，就会停止寻找，尽管这个方案并非最优方案。

> **小贴士**
>
> 赫伯特·西蒙是经济组织决策管理大师，美国管理学家和社会科学家，1978年的诺贝尔经济学奖获得者，曾先后在加利福尼亚大学、伊利诺伊工业大学和卡内基-梅隆大学任计算机科学及心理学教授，从事过计量学的研究。他还担任过企业界和官方的多种顾问。西蒙在管理学上的贡献是深入研究了经济组织内的决策程序，并提出了管理的决策职能，建立了系统的决策理论。这一理论是以社会系统理论为基础，吸收古典管理理论、行为科学和计算机科学等内容而发展起来的一门边缘学科，被公认为关于企业实际决策的独创见解。
>
> （资料来源：根据百度百科相关资料整理。）

3. 隐含偏爱模型

隐含偏爱模型是一种个体通过简化程序来进行理性决策的模型。隐含偏爱模型是指决策者在解决复杂问题时，有时会找到一个隐含偏爱的备选方案，再进行评估。除了决策过程会受到个人知识经验、偏好的影响，个人在决策过程的早期就可能隐性地选择了一个自己偏爱的方案，决策过程也主要通过收集证据来证明隐含偏爱方案的最优性。

隐含偏爱模型的实施步骤：第一，确定偏爱的方案；第二，决策者寻找其他备选方案；第三，在备选方案中选择有代表性的方案与偏爱方案；第四，建立决策标准和权重；第五，选择偏爱的方案。

为了确保偏爱方案比备选方案更优越，决策者在决策目标确定和评估上往往带有明显的偏好，即在证实性过程中，决策者证明并确信其早期的隐含偏爱方案确实是恰当的选择。

4. 直觉模型

直觉决策指的是一种从经验中提取信息的无意识加工过程，一种不经过复杂的逻辑操作而直接、迅速地感知事物的思维活动。

直觉依赖于不同的信息片段之间的联系，建立在牢固的知识和丰富的经验基础上。直觉往往很快，并在一定程度上受到情感的控制。在一些非常规的情境下，直觉决策甚至能带来更好的结果。

在理性分析被过分强调时，依赖直觉能够提高决策水平。在以下条件下，直觉模型可能有效：一是不确定性水平很高；二是缺少先例；三是分析性资料用途有限或"事实"有限，难以明确判断方向和科学地预测变量；四是几个可行方案评价接近，短时间内必须做出正确决策。

4.4.3 个体决策的偏差

决策者为了尽可能避免决策失误，往往依赖经验、冲动、直觉和常识进行决策。但由于认知和信息的不对称等，决策中存在一些常见偏差。

1. 过度自信

过度自信是指人们独断性的心理和行为偏差，体现为决策者坚持己见，以自己的意愿代替实际客观事物发展的规律，即使客观环境发生变化，也拒绝接纳他人的意见或建议，是缺乏自觉性和意志薄弱的表现。判断和决策中的过分自信危害明显。例如，企业家的乐观程度与新开创企业的绩效呈负相关，因为过度的信心可能令他们忽视规避风险。

2. 锚定效应

锚定效应（Anchoring Effect）是指当人们需要对某个事件做定量估测时，在做决策的时候，会不自觉地给予最初获得的信息过多的重视。将某些特定信息作为起始值，而没有恰当地关注后续的信息。例如，人们对商品定价的判断很大程度上受到商家标价的影响。同理，当人们对某件事的好坏做估测的时候，好与坏都是相对的，关键看如何定位基点。

小贴士

有两家卖粥的小店，每天顾客的数量和粥店的服务质量都差不多，但结算的时候，一家粥店的销售额总是高于另一家。探其究竟，原来效益好的那家粥店的服务员为客人盛好粥后，总问："加一个鸡蛋还是两个？"而另一家粥店的服务员总问："加不加鸡蛋？"接收到第一个问题的顾客考虑的是加几个鸡蛋的问题，而接收到第二个问题的顾客考虑的是加不加鸡蛋的问题。考虑的问题不同，答案自然也不同。通过不同的提问方式，第一家粥店不知不觉地多卖了鸡蛋，增加了销售。

（资料来源：根据百度百科资料整理。）

3. 易获性偏见

当人们做决策、做判断时，最容易提取的信息往往最容易被利用。而最近发生的、情绪强烈的、生动鲜明的事件，往往最容易提取。例如，虽然每年车祸死亡人数远大于飞机坠毁死亡人数，但是媒体却对空难更加关注，因此我们往往倾向于高估飞行的危险性，而低估驾车的危险性。

4. 风险规避

人们往往偏好具有确定特征的事物，而不是具有风险结果的不确定事物。例如，厌恶风险的员工偏好以固定的方式工作，而不愿意冒险尝试新的、具有创造力的工作方法。

5. 验证偏见

验证偏见是指人们会主动寻找和收集信息，验证过去信息的可行性，同时低估与经验相悖的信息，这与隐含偏爱模型所指内容相近。即人们会选择回忆或收集有利信息，或者误读已有信息，以证明眼前的信息是正确的。例如，人们往往只听得进想听到的，相信想相信的。

6. 承诺升级

承诺升级是指在有明显证据证明一个决策是错误的情况下还坚持这个决策。在发现自己对失败的行为负有责任时，人们会为了证明自己最初的行为并没有错或不承认自己犯了错而追加更多投入，如赌徒输钱后再赌。

7. 事后聪明式偏差

事后聪明式偏差指当结果出来时，人们倾向于错误地认为自己已经做出了准确的预测，也就是常说的"事后诸葛亮""马后炮"。例如，在某件事发生后表示"我早知道会这样"。

4.4.4 个体决策的影响因素

个体决策的影响因素有很多，如组织的内外部环境、个体差异、领导风格、组织限制等，其中个体差异和组织限制是最主要的两个因素。

1. 个体差异

个体的人格、性别、智力及文化背景等差异会对决策产生影响。

1）人格影响人们的决策。追求成就的责任心更有可能升级承诺。一般来说，高成就导向的人讨厌失败，所以他们升级承诺，希望以此阻止失败，而忠于职守的人更倾向于为组织的利益考虑。高自尊的人有维持自尊的强烈动机，因此有时会把失败归于他人，而把成功归于自己。

2）性别影响人们的决策。性别影响决策在诸多研究中都得以验证，如有关沉思的研究显示，女性会比男性花更多时间分析过去、现在和未来，而且更有可能在决策之前反复分析，在决策之后做出更改。因此，女性决策速度一般慢于男性。

3）智力影响人们的决策。智力水平高的人往往能够更快地处理信息，更准确地解决问题，更迅速地学习。一旦受到决策错误的警告，聪明的人相对来说能更快速地学会如何避免逻辑错误。

4）文化背景影响人们的决策。文化背景可以显著影响问题的选择、分析的深度、对逻辑和理性的重视程度，以及组织决策应该由管理者单独制定还是集体制定。文化差异主要体现在时间取向、理性的重要程度、对人们解决问题能力的信任，以及对集体决策的偏好上。

> **小贴士**
>
> 个体决策风格比较流行的一种分类方法是阿兰·罗伊提出的考虑决策者的个性和决策的任务与环境而形成的矩阵分类法。根据决策者是善于理性思考的，还是擅长用直觉来解决问题的；是能够接受较高水平的不确定性，同时处理许多不同想法的，还是对不确定性承受力较低，必须以一致性和某种顺序的方式来组织信息的，形成不同的决策风格，如图4-1所示。
>
> 指示型风格的决策者关心任务或技术，乐于行动，有很强的实干倾向，关注短期效益，喜欢结构化程度较高的简单决策并寻求理性。他们有效率、有逻辑，由于对效率的关注，他们会在最低信息量时迅速地做出决策，并且没有更多备选方案可以评估。
>
> 分析型风格的决策者关心任务或技术，长于思考，擅长推理分析和抽象思维，这使他们希望得到更多信息，并对备选方案进行更多思考。分析型管理者最典型的特点

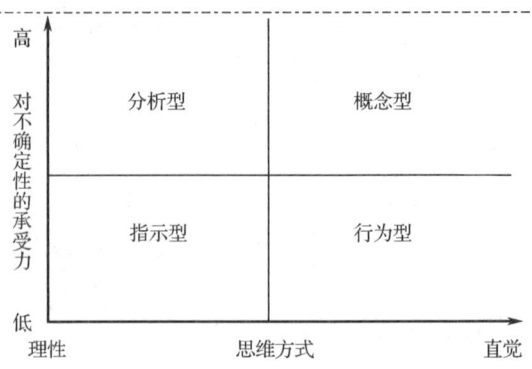

图 4-1　个体的基本决策风格

是，他们是仔细的决策者，善于解决较为复杂的技术问题，并且能够适应或处理新奇的和意料之外的情境。

概念型风格的决策者比较多地考虑人员或社会，善于观察，能听取不同的意见，倾向于使用来自多种渠道的数据，并考虑很多备选方案。他们关注的焦点是长期效益，并且擅长找到创造性的问题解决方案。

行为型风格的决策者比较多地考虑人员或社会，富有热情，充满活力。有较快的直观反应能力，关心下属的幸福感受，并接纳他人的意见。他们倾向于关注短期效益，在决策中不重视使用数据。行为型管理者努力回避冲突并寻求被人接纳，擅长说服教育，排解人际关系纠纷。

2. 组织限制

组织本身限制着决策者，使他们的决策背离理性模型。管理者调整自己的决策，从而与组织的正式规则保持一致，回应组织对绩效评估和奖励体系的要求，并符合组织规定的时间限制。过去的组织决策也会作为前提条件约束当前的决策。

1）绩效评估。管理者在做决策时，强烈地受到评估标准的影响。如果分公司经理相信，只要他没有听到消极意见，他负责的这个分公司就是状况最好的，那么当我们看到基层管理者花大量时间确保负面新闻不传入经理的耳朵时，就不会感到奇怪了。

2）奖励体系。组织中的奖励体系也会影响决策者，因为它通过个人的收入状况向他们表明什么样的选择是有利的。如果组织奖励的是风险厌恶，那么管理者更可能做出保守的决策。

3）正式规则。几乎每家公司都设定了规章制度、操作流程及其他规范，以保证员工行为规范化和标准化，但是这样做的同时，也限制了决策者的选择权。

4）时间限制。几乎所有的重要决策都会规定最后期限。新产品开发的报告必须月初完成并送交执行委员会过目，这些限制条件使决策者有了时间压力，这种做法通常使他们很难或根本无法在最终决策之前收集到自己需要的所有信息。

5）传统惯例。决策不会在真空中做出，各种决策之间有承前启后的联系，实际上把个体的决策视为决策流中的一点更加准确。过去做出的决策总是影响当前的选择，去年给出的预算项目是决定今年预算的最主要因素。

复习思考题

1. 知觉的特征是什么？
2. 知觉有哪些应用？
3. 影响印象管理的因素有哪些？
4. 印象管理的策略有哪些？
5. 个体决策模型有哪些？
6. 个体决策的影响因素有哪些？

思考与讨论

1. 归因理论在实际中的应用有哪些？
2. 面对实际工作中的哪种情形，采用印象管理防御策略更有效？哪种情形采用印象管理提升策略更有效？
3. 假设你在工作中被分到了一个小组，需要进行决策，这时你该怎么做？

第 5 章
个体自主行为

一个人也许会相信许多废话，却依然能以一种合理而快乐的方式安排他的日常工作。

——英国作家　诺曼·道格拉斯

本章学习目标

- 掌握工作重塑、组织公民行为、反生产行为和越轨创新行为的含义和维度；
- 重点掌握工作重塑、组织公民行为、反生产行为和越轨创新行为的影响因素；
- 了解个体自主行为对员工及组织的影响和对现实应用的启示。

> **思政导入**
>
> 辽宁省阜新海州露天煤矿，工人下坑有一条四五百米长的小路，叫张林路。张林是海州露天煤矿的一位老劳动模范，为了工友上下班方便，挑着扁担在工人踩出的坑洼小路上修了一条路。直到退休，这条路都由他义务维护。"爱露天，做主人，争一流，创水平，挑重担，做贡献。"半个世纪的开采，更有一批劳动模范用青春和生命镌刻出海州精神。他们中既有技术骨干，也有普通矿工，这种贡献是无法计量的。如先后攻克了一系列技术难题的王征；率领"三二二掘进队"过断层、闯禁区，总结了快速掘进先进经验的李瑞；革新大王段士儒；复俊大王王合……50多年间，海州露天煤矿共涌现全国劳动模范1人、省部级劳动模范85人，有18人获得"五一劳动奖章"。
>
> 　　点评　"献了青春献终身，献了终身献子孙。"对年轻人来说，这句话或许并不熟悉，但这是几代海州人自发自愿的无私奉献、艰苦奋斗的真实写照。海州露天煤矿人充分发挥主人翁精神，一代代言传身教，使海州精神代代传承，人们在工作中一直保持着积极奋进的激情。
>
> （资料来源：汪伟，丁非白. 一部持续书写的奋斗史诗——昔日亚洲最大机械化露天煤矿的前生. 新华社官方账号，2019-4-20.）

5.1　工作重塑

很多组织将工作设计当作实现员工内在激励的重要工具。员工相对于管理者能够更加准确地对职场环境做出评价，以及更清楚采取何种方式来调整工作特征，从而避免消极影响，在这种背景下，工作重塑（Job Crafting）概念应运而生。

5.1.1　工作重塑的含义

传统工作设计由组织管理者主导和明确任务，要求员工服从安排。工作重塑概念源于库利克（Kulik）、奥尔德姆（Oldham）与哈克曼（Hackman）等于1987年提出的工作再设计概念，下面是一些代表性观点。

瑞斯尼斯基（Wrzesniewski）和达顿（Dutton）于2001年提出了工作重塑的概念。该观点主要从角色视角界定工作重塑，认为工作重塑是"个体通过改变工作中的任务边界（包含认知边界）和关系边界以提升工作意义和实现工作认同的主动行为"。

莱恩斯（Lyons，2008）认为，工作重塑是个体通过个人技能发展、任务职能扩展、关系增进、战术选择和关系维护的方式对工作自发进行改变。

蒂姆斯（Tims）和巴克（Bakker）于2008年整合工作要求-资源模型，从资源视角将工作重塑定义为：员工对工作要求和工作资源进行的自发性改变，使其适合自己的个人能力和需要。

利阿纳（Leana，2009）则将工作重塑提升至团队层面，指出团队成员为实现团队目标会共同对工作进行再设计。

综上所述，本书将工作重塑的内涵界定为：工作重塑是指为了让自己的兴趣、能力及需要能够与工作和目标更契合，员工自发地、自下而上地对工作资源及其边界进行的一定程度的再设计。

5.1.2 工作重塑的维度划分

目前,学术界对工作重塑的维度划分存在分歧,主要有二维、三维、四维和五维划分。

1. 三维划分

基于瑞斯尼斯基和达顿的工作重塑概念而开发的三维量表目前使用最为广泛。该量表把工作重塑划分为认知重塑、任务重塑和关系重塑三个维度。

1)认知重塑。认知重塑旨在改变对工作的看法和价值判断,即个体如何看待工作认知的改变,并通过认知的改变使已有的工作在主观上更有意义,如告诉自己"你的工作对于组织的成功有重要意义"。认知重塑行为涉及员工改变对其工作的认知模式,如工作是整体的还是碎片的,工作对自己而言是否有意义,对组织而言是否有贡献,对社会而言是否有价值等。

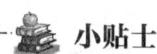

小贴士

个人的使命感和他整体的幸福感有密切关系,而且这种使命感或意义感影响着个人对每份工作的体验。美国纽约大学商学院的教授做了一个实验,研究了28位医院清洁工,每个人的工作内容都一样。实验发现,把清洁工作看成事业的人使工作变得更有意义,他们把自己的工作看成治疗病人的重要一环,不仅主动提高工作效率,而且能预见到医生和护士的需求,进而主动改进自己的工作,助力医护人员投入更多的精力治疗病人。那些赋予工作更多意义感的清洁工将从工作中收获更多价值感、成就感,拥有更多心流体验的机会。他们不仅更尊重自己的工作,而且受到更多人的尊敬。而只把清洁当工作的人仅会完成分内工作。这个研究说明,相同的工作可以有很多不同的体验方式,认知重塑工作的价值,其实也是重塑工作体验。

(资料来源:[美]秦勒•本-沙哈尔,[英]安格斯•里奇韦. 高效的方法[M]. 王媛,译. 成都:四川人民出版社,2019.)

2)任务重塑。任务重塑是指主动改变执行工作时进行的活动的形式或数量,即对工作中任务的数量、种类与完成方式做出主动改变,如引入新任务以更好地发挥个人技能。任务重塑行为涉及员工对其工作任务的数量、类型、范围和流程等进行的自主性改变。

3)关系重塑。关系重塑是指在工作中自由选择与相关人员的交互模式,是在工作中与他人互动与交流做出的改变,如与兴趣、价值观相似的同事成为朋友。关系重塑行为涉及员工在工作中决定和期望与谁交往、愿意交往的频率及期望形成何种关系的思考与实践。

2. 其他维度划分

蒂姆斯等在2012年将工作重塑划分为增加结构性工作资源(如技能多样性)、增加社会性工作资源(如上级反馈)、增加挑战性工作需求(如开拓新任务)和减少妨碍性工作需求(如任务避免)四个维度。利阿纳等提出了个体重塑和合作重塑二维度。尼尔森(Nielsen,2012)等则提出了增加挑战性工作需求、减少社会性工作需求、增加社会性工作资源、增加量化的工作需求、减少阻碍性工作需求等五维度划分（见表 5-1）。

表 5-1　工作重塑维度与测量汇总

维度	学　　者	内　　容	举　　例
二维	Leana, Appelbaum, Shevchuk（2009）	个体重塑 合作重塑	"你多久会在课堂上引入新的方法来提高学习成绩？" "你多久会和同事一起改变一些你认为效率不高的工作程序？"
二维	Berg, Grant, Johnson（2010）	工作重塑 闲暇重塑	"任务扩展" "角色重构"
二维	Volman（2011）	任务重塑 关系重塑	"我自己让工作变得更具挑战性。" "我向同事寻求解决工作中的困难的建议。"
二维	Lichtenthaler, Fischbach（2016）	促进焦点工作重塑 防御焦点工作重塑	
三维	Tims, Bakker（2010）	寻求资源 寻求挑战 减少需求	"增加工作任务；为有趣的项目小组做志愿者；接替上司的工作。" "让同事协助完成任务；减少与要求苛刻的客户或同事的互动。" "寻求社会支持，加强工作自主权。"
三维	Petrou（2012）	寻求资源 寻求挑战 减少需求	"我请求客户对我的表现给予反馈。" "如果完成已有工作，我会寻求更多的任务。" "我努力确保工作情绪不那么紧张。"
四维	Tims, Bakker, Derks（2012）	增加结构性工作资源 增加社会性工作资源 增加挑战性工作需求 减少妨碍性工作需求	"我努力提高自己的能力。" "我会向上级请教。" "对某个项目感兴趣时，我会主动请求加入其中。" "在工作中，我尽量避免做艰难的决定。"
五维	Nielsen, Abildgaard（2012）	增加挑战性工作需求 减少社会性工作需求 增加社会性工作资源 增加量化的需求 减少阻碍性工作需求	"当有新任务出现时，我会去报名。" "我尽量避免与客户发生情感冲突。" "我请求客户对我的表现给予反馈。" "当没有太多任务时，我会帮助同事。" "我尽量保证自己的工作负荷较小。"

（资料来源：盖文娜. 内部平台化企业经营体整合对员工工作重塑的影响[D]. 华侨大学，2020.）

5.1.3　工作重塑的影响因素

影响工作重塑的因素有很多，主要可以分为个体特征、工作特征和社会情境三方面因素（见图 5-1）。下面介绍其中的重点内容。

1. 个体特征因素

工作重塑是员工自发的主动性行为，受到个人特质、动机、价值观等影响。

1）个人特质。巴克等运用积极人格理论，论证了主动性人格对工作重塑的正向作用。如自我效能水平决定了员工对自己的期望和执行能力的判断，自我效能感高的员工常常表现出积极主动的行为，更容易进行工作重塑。

2）动机。依据工作重塑的内涵，重塑工作不仅来自个体的兴趣、能力，也有可能来自需求，即个体被动机所驱动进行工作重塑。一般来说，具有高成就动机的个体追求成长和发展，并以积极结果最大化为目标，更可能主动进行工作重塑。

3）价值观。人们的职业价值观各不相同。具有明确职业目标，希望通过个人努力取得成绩的员工关注个人的职业发展空间，对职业规划和晋升空间有较为明确的预期，会重塑工作的意义，并通过重塑工作方式等获得更好的职业发展。

2. 工作特征因素

1）工作自主性。具有高工作自主性的组织或员工在问题解决、角色扩展及想法实施等方面更具有自主权，有利于进行工作重塑。如创业型公司处于初创期时，每个员工都可能身兼数职，有一定作主的权力，加之公司的流程制度没有大公司多，员工可以进行工作重塑，以决定如何保质保量地完成自己的工作任务。

2）工作反馈。工作中，上级或绩效的及时反馈可以让员工更充分地认识到自身的工作情况，激励员工不断自我调整，重塑工作边界和方法。相关研究也证明了上级发展性反馈对工作重塑具有正向影响。

3. 社会情境因素

1）组织政策。研究表明，组织支持感对工作重塑有正向作用。当外部环境与员工内部出现不平衡状态时，会使员工产生压力，并对工作重塑产生影响。当环境压力能够克服并对个人发展有益时，会触发员工去工作重塑。

2）领导风格与领导行为。领导者的管理风格是对员工最直接的影响因素。如果领导风格是追求愿景、追求员工关怀等，通过角色榜样使员工受到感染，就会促进员工进行工作重塑。

除了以上个体特征因素、工作特征因素、社会情境因素三方面影响因素，目前有关工作重塑的研究也涉及影响机制及对员工心理资源变量、行为与成就变量及工作（职业）态度变量等结果变量的影响，如图5-1所示。

5.1.4　工作重塑对组织发展的影响

工作重塑作为个人和组织行为的一种重要影响因素，对员工态度行为及组织绩效既有积极影响，也有消极影响。

1. 积极影响

工作重塑产生作用的前提不仅在于员工能力，还在于员工是否有足够的责任感，这种对责任的认知过程也必然会对工作重塑作用过程产生重要的影响。

1）工作重塑能够帮助员工发现工作的意义，增强员工的工作投入，有助于提高员工工作满意度、人岗匹配度及幸福感。例如，在实际生活、工作中，员工经常伴随工作重塑行为，尤其是带有创意性的工作，如设计、软件开发之类的工作都需要进行一定程度的工作重塑。

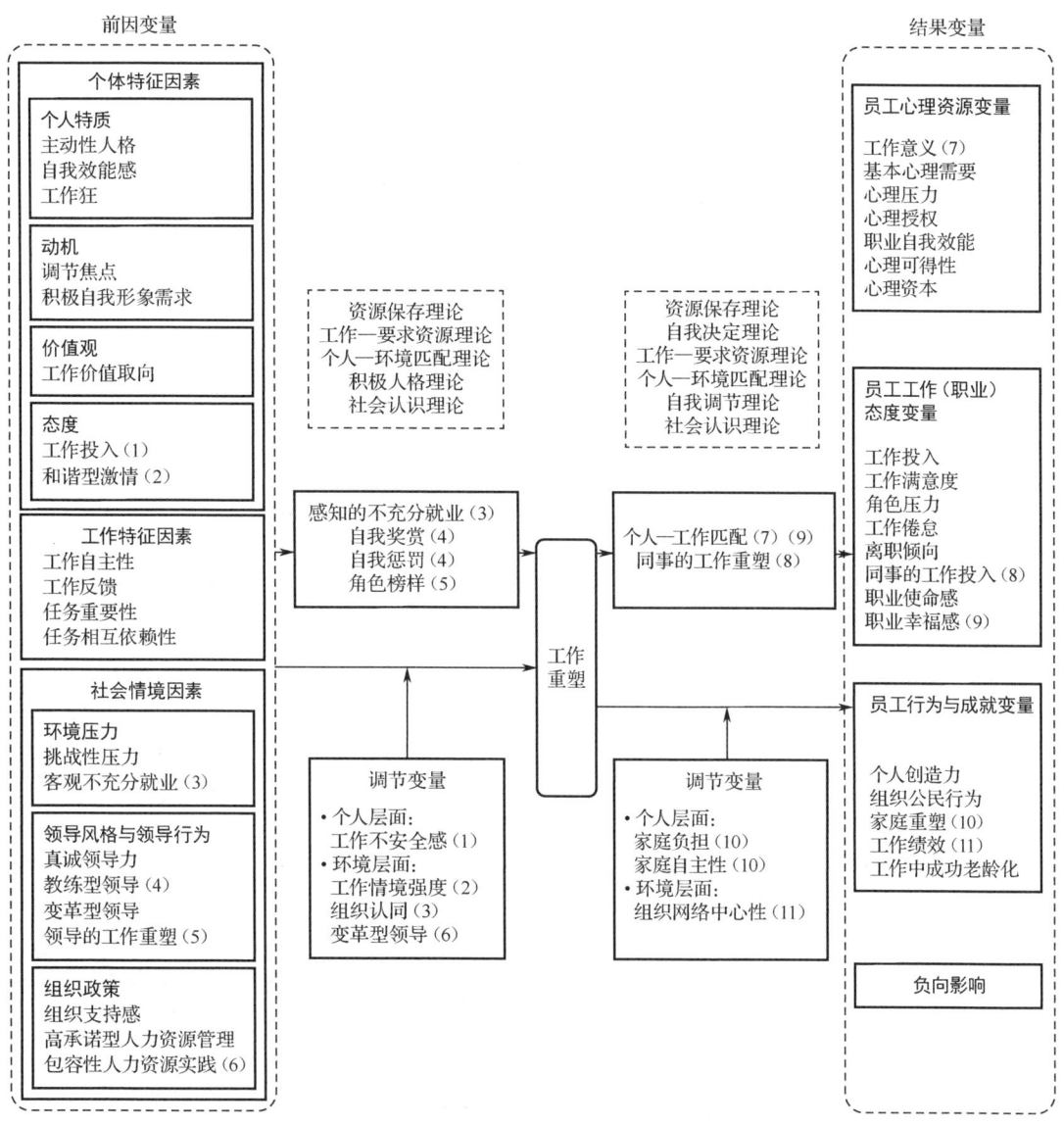

图 5-1 工作重塑的影响因素及结果变量研究

[资料来源：朋震，殷嘉琦. 工作重塑研究：二十年回顾与展望[J]. 管理现代化，2021（2）：111-116.]

2）工作重塑对提高员工的工作绩效、组织承诺、技术创新都有积极影响。自行进行工作设计能够增加员工对工作的兴趣、对组织的认同和工作激情，进而提高工作效率。尤其是随着数字化、人工智能的逐渐普及，人机协作、智能车间等数字场景对员工的知识技能提出了新的要求，工作重塑可能是某些行业员工未来工作的常态。

2. 消极影响

工作重塑影响并非都是积极的，也有可能产生负面影响。一方面，防御性的工作重塑反映了员工的退缩行为，其减少妨碍性工作需求或降低工作目标，可能对工作投入、工作绩效带来负向影响，并强化离职倾向。

组织行为学

另一方面，工作重塑不是万能药方，它需要一定的情境才能促进组织绩效的提升。当员工的工作重塑目标与组织不一致时，员工的工作重塑行为可能破坏组织的规则，为组织的管理带来混乱，妨碍组织正常发展。例如，航空制造类企业生产环节需要严格按照程序操作，一线员工进行工作重塑就是不合时宜的。

5.2 组织公民行为

组织就像一个小社会，员工就是社会中的公民，如果每位员工都能像公民一样爱护组织，尽责工作，善待彼此，那组织就会成为文明的小社会。

5.2.1 组织公民行为的含义

组织公民行为（Organizational Citizenship Behavior，OCB），可以追溯到切斯特·巴纳德在1938年提出的"想要合作的意愿"。

1. 组织公民行为的概念

卡茨（Katz）和卡恩（Kahn）于1964年最早发现组织公民行为。他们通过观察研究，发现组织中存在一种现象：组织并未提出明文要求，但员工却自发、无条件地做出有益于组织绩效的行为。他们认为，要确保组织有效运作，员工需要：第一，加入并留在组织中；第二，按照组织的要求承担角色内特定的工作；第三，有超越角色规范的创新性和自发性行为。他们强调第三种行为对组织的重要性。

贝特曼（Bateman）和奥根（Organ）于1983年正式提出了组织公民行为的概念。他们将组织公民行为定义为：一种有利于组织的角色外行为和姿态，既不是正式角色强调的，也不是劳动报酬合同引出的，而是由一系列非正式的合作行为构成的。它是组织员工与工作有关的自主行为，既与正式奖励制度无任何联系，又非角色内要求的行为，但能从整体上有效地提高组织效能。

奥根在1988年出版了《组织公民行为：好战士现象》一书，将组织公民行为定义为"在组织正式的薪酬体系中尚未得到明确或直接的确认，但就整体而言有益于组织运作成效的行为总和"。

综上所述，本书将组织公民行为定义为：组织公民行为是组织中员工体现出的角色之外、正式的薪酬体系中没有明确或直接确认的积极行为，该行为总体来说有益于组织运作成效。

2. 组织公民行为的主要特征

1）人们除了致力于组织规定的事项，还经常自动自发地付出额外的心力，从事一些直接或间接有利于组织的事情。

2）组织公民行为是组织成员自愿、自觉地表现出来的行为。

3）组织公民行为的出现与正式报酬并非直接相关，员工不会因为从事这些行为而获得奖赏，也不会因为没有从事这些行为而受到惩罚。

4）组织公民行为对于组织长期效能的提高及成功运作具有关键作用。

5.2.2 与组织公民行为相关的概念

1. 组织主人翁行为

我国学者杨百寅和梅哲群（2014）等结合中国特定的文化背景，认为员工的组织行为受到社会文化的深远影响。鉴于在中国管理实践中"家文化"氛围浓厚，杨百寅和梅哲群提出了"组织主人翁行为"的概念，认为组织主人翁行为包括六个维度，如学习进取、敬业奉献、忠诚正直、乐于助人、人际和谐、顾全大局等，探索中国文化背景下积极进取的正向行为。

2. 角色外行为

范·戴因（Van Dyne）、卡明斯（Cummings）和帕克斯（Parks）等于1995年把角色外行为界定为有益于组织的行为，它是自由决定的，并且超出现有的角色期望。角色外行为是与角色内行为相对而言的，角色外行为是指积极的、有益于组织的角色增强行为，是有利于组织发展的工作范畴以外的行为，它对组织有重大的积极影响。其特征是自主体现、自我测评，虽然可能无法得到组织的明确报酬或反馈，但能够对组织发展产生重要影响。

3. 亲社会组织行为

亲社会组织行为由布里夫（Brief）和摩托维德罗（Motowidlo）于1986年提出，把亲社会组织行为定义为当个体执行其在组织中的角色时，其对与之相互影响的另一个个体、团队或组织直接施加的，以提高个体、团队或组织福利为目的的一种行为。

亲社会组织行为是包括组织公民行为在内的较宽泛的助人行为，但是亲社会组织行为并非必然有利于组织。如揭发、检举和暴露一些有害的行为，能够对组织产生长远效益，但是也会扰乱工作场所的秩序。

5.2.3 组织公民行为的影响因素

组织公民行为的影响因素可归纳为个体因素和情境因素两个方面。

1. 个体因素

1）人口统计学特征。对于人口统计学特征，学者们主要研究了员工的性别、工作年限、职位层级等与组织公民行为之间的关系。例如，黄国隆和蔡启通（1998）发现年龄较大的员工常常表现出更多的组织公民行为；秦燕（2005）发现职位较高的员工比职位较低的员工表现出更多的组织公民行为。

2）人格特质。有学者认为，人格能够在一定程度上预测员工的组织公民行为。一般来说，责任感强的员工会表现出更多的组织公民行为，性格积极乐观的员工会拥有更多的组织公民行为。

3）个体感知。包括员工的工作满意度、组织公平感和组织承诺等。研究表明，组织公平感、工作满意度对组织公民行为具有良好的预测作用。学者樊景立（1997）等人在中国情境下发现分配式公平和程序式公平与现代文化价值观念较强的组织成员的组织公民行为有很大的相关关系，而且男性高于女性。

2. 情境因素

1）工作特征。学者波德萨克夫（Podsakoff）和麦肯齐（Mackenzie）分析发现，工作特征与组织公民行为有很大关联，如任务反馈、任务常规化及任务内在激励性都与组织公民行为的五个维度存在关系。其中，任务反馈和任务内在激励性与组织公民行为呈正相关关系，而任务常规化与其呈负相关关系。

2）组织特征。每个组织都有其既定的特征，这些组织特征与组织公民行为的关系较为复杂。如果组织具有内部管理系统完善、考核公正和薪酬管理透明等特点，员工会表现出较多的组织公民行为。

3）领导行为。大量研究发现，领导行为对组织公民行为的影响非常明显，如领导关心下属、支持变革都会促进员工更多地表现组织公民行为。如果直接上司业务是外行，做事风格刚愎自用，就会减少员工的组织公民行为。

5.2.4 组织公民行为与工作绩效的关系

1. 积极影响

组织公民行为的积极影响主要是指其对组织效能和个人效能产生的促进作用，一般包括组织和个人两个层面。

1）组织层面。第一，组织公民行为是一种自愿合作行为，能有效地协调团队成员和工作群体之间的活动，自觉维护整个组织的正常运行，促进生产效率提高。第二，能树立良好的组织氛围，增强组织吸引和留住优秀人才的能力，促进组织稳定发展。

2）个人层面。组织公民行为能够积极影响员工自身的工作绩效。一项以销售人员为研究对象的研究表明，员工的组织公民行为可以显著地正向预测上级对员工的业绩评价，而且这种预测效果比销售额对业绩评价的预测效果更好。

2. 消极影响

一般组织公民行为都被视为对组织有益的行为，但随着研究的深入，有学者指出，过分强调组织公民行为有可能为组织带来潜在危害。

1）虚假组织公民行为出现。学者博利诺（Bolino）等人认为，有些员工表现出组织公民行为，主要出于印象管理的动机，或者说个体的工具性动机。他们并非真心帮助他人或组织，而是为了给别人留下好印象，达到自己的某种目的，属于投机行为。例如，员工因为得知领导晚上可能来公司而有意放慢正常工作进度，拖延工作时间，造成晚上自愿加班工作的假象。

2）强制性组织公民行为出现。组织公民行为的界定强调员工从事组织公民行为应是自发、自愿的，如果组织将组织公民行为作为一种隐性考核指标，就可能使员工自身角色模糊，造成员工迫于组织压力而进行非自愿的组织公民行为。这会增加员工工作压力，减少员工创新的动力，乃至降低员工的工作绩效，甚至造成员工的工作、家庭冲突，带来员工离职等一系列问题，不利于组织的长远发展。

 小贴士

在实际工作中，组织公民行为通常被认为是有利于组织的行为，如主动加班、主动帮助同事、积极维护组织的声誉等。但是，目前越来越多的人注意到了组织公民行为的负面作用，如员工表现组织公民行为是因为知道组织的领导者喜欢这种类型的员工，为了讨好领导者才表现出组织公民行为，或者员工将组织公民行为作为一种升迁的手段，希望利用组织公民行为达到晋升的目的，而不是出于自愿表现出组织公民行为。这些出于利己动机或消极想法而非发自内心表现出来的组织公民行为可以称为伪组织公民行为。

（资料来源：谢开勇，等. 组织行为学[M]. 北京：清华大学出版社，2011.）

5.3 反生产行为

反生产行为（Counterproductive Work Behavior，CWB），最早来源于卡普兰（Kaplan）1975 年对员工越轨行为的研究。

5.3.1 反生产行为的含义

罗宾斯（Robinsion）等人于 1995 年阐述了把员工自发的对组织造成伤害的一系列行为作为一个整体研究的必要性。

福克斯（Fox）等人于 2001 年正式提出反生产行为这一概念，并将其界定为"故意对组织或其他成员造成伤害的行为"，认为该行为属于消极行为。

萨克特（Sackett）和德沃尔（Devore）于 2001 年指出，反生产行为是员工有意违背组织合法利益的行为。

斯佩克特（Spector）和福克斯于 2005 年将反生产行为定义为组织成员伤害或意图伤害组织或组织利益相关者（包括客户、同事、消费者、上级主管）的自主行为。该定义强调反生产行为的自主性和目的性，即反生产行为是员工自愿做出的，并非出于迫不得已的原因，而且不管个体的行为是否对他人或组织产生了实际的负面影响，只要个体的行为具有伤害他人的意图，就属于反生产行为。

张建卫和刘玉新（2009）认为，组织成员有意采取的只要客观上给组织或成员的有形财产或无形财产带来损失的显性或隐性行为都属于反生产行为，而不管是否违反组织的正式或非正式规范，也不管行为主体是否因此受到有形或无形的惩罚。

徐世勇（2009）认为，组织中成员做出的损害或旨在损害组织及其相关人员合理利益的自主行为，不管是否导致了客观的损失，只要个体的行为目的是损害组织或他人的利益，这种行为就是反生产行为。

综上所述，本书将反生产行为界定为：员工有意的和自发的，违反组织合法规定，对组织和组织成员利益构成威胁或带来消极影响的行为。偷窃、旷工、散布谣言、消极怠工等行为都属于反生产行为范畴。反生产行为既可以针对组织，也可以针对组织中的成员，范畴很宽泛。

> **小贴士**
>
> 曙光公司急于招聘人才，聘请小王等四位专家出笔试题，时间为三天。入驻当天，开完出题会后，专家组长 A 过来和小王商议出题方式和难度，临走时嘱咐小王：别急着出题。
>
> 小王负责出两套试题，小王会后当天下午就开始整理资料。按照出题要求，如果顺利，第二天中午前完全可以整理出两套试题。当天晚上 9 点左右，小王去会议室打印，在走廊里听到专家 B 和专家 C 的房间里都传出了电视的声音。
>
> 第二天早晨吃饭时，专家们谈论了点新闻时事后就各自回房间了。上午 11 点，小王就完成了出题，他觉得大家的进度应该都差不多，就等着组长召集审议试题。结果中午和晚上吃饭时，无人提出题的事情，还是谈论了点新闻之类的话题就回各自房间了。小王也就没有着急，觉得大家晚上肯定能出完题了。晚上 9 点 30 分，曙光公司人事部来了解出题情况，小王发现，大家都表示：要考虑很多因素，试题正在整理中，不好出，最快也得第三天中午才能出来。
>
> 小王觉得很奇怪，虽然自己加班了，但按照难度和题量，第二天晚上完成应该不成问题，显然大家都心照不宣地有意放慢了出题速度。小王明白，这明显"作秀"的行为是给企业看的，以便更好地与企业讨价还价，但对急于开展招聘工作的企业来说，确实没有益处。

5.3.2 与反生产行为相关的概念

在理论和实践中，人们常常看到员工的一些行为对组织的发展构成了阻碍甚至破坏，这些概念均与反生产行为有一定的相似性。

1. 工作场所攻击行为及暴力行为

巴灵（Barling，2009）认为，工作场所攻击行为是由员工引起的一些行为，有意对组织内个体或组织本身造成伤害，强调心理上受到的攻击。而工作场所暴力行为本质上更接近身体上的攻击行为。无论是工作场所攻击行为还是工作场所暴力行为，都是指向组织成员的行为。

2. 组织报复行为

组织报复行为带有一定的隐蔽性，是指组织成员在感知到组织的不公正后，针对组织或组织的管理者开展的一种惩罚性行为。组织报复行为的对象仅包含组织。因而，组织报复行为主要是针对感知到的组织不公平而做出的反应，与员工的个体特征相关。

3. 工作场所越轨行为

罗宾逊（Robinson）和班尼特（Bennett）认为，员工越轨行为是组织成员故意针对内部其他成员或组织本身做出的违反或对抗重要的组织规范，从而给组织内其他成员或整个组织的利益带来损害的行为。

张建卫、刘玉新（2009）认为，工作场所越轨行为强调员工对组织规范的违背，是从组织制度和规范角度进行的界定,并对工作场所攻击行为、越轨行为等进行了比较分析(见图 5-2)。不过,随着研究的不断深入,尤其是越轨创新行为等概念出现,部分学者认为,工作场所越轨行为不都是对组织有害的行为,具有双刃剑效果。

攻击	越轨	报复
对同事态度恶劣	在工作中对人行为粗鲁	给同事"冷遇"
工作中偷东西	未经允许从工作地点拿走东西	不经批准把材料拿回家
故意弄乱或弄脏工作地点或老板的财产	在工作地点乱丢乱扔东西	故意弄得乱七八糟
工作中编造或传播有危害的谣言	反复传播关于老板或同事的闲话或流言	散布关于同事的谣言
待在家里不去上班,没病却说生病	没有生病却声称生病	没有生病却声称生病
故意不理上级	对上级的指令置之不理	不服从上级的指令

图 5-2 工作场所攻击行为、越轨行为和组织报复行为的比较

[资料来源:张建卫,刘玉新. 企业反生产行为:概念与结构解析[J]. 心理科学进展,2009,17(5):1059-1066.]

> **小贴士**
>
> 新生代员工在成长环境、价值取向和职业追求上具有特殊性,这使其反生产行为也表现出很强的特殊性。通过跨时间段的数据比较,发现传统的反生产行为调查量表不完全适用于新生代员工。根据"指向性"和"逐利性"两个重要特征,可将反生产行为划分为四个维度,具体内容如图 5-3 所示。
>
>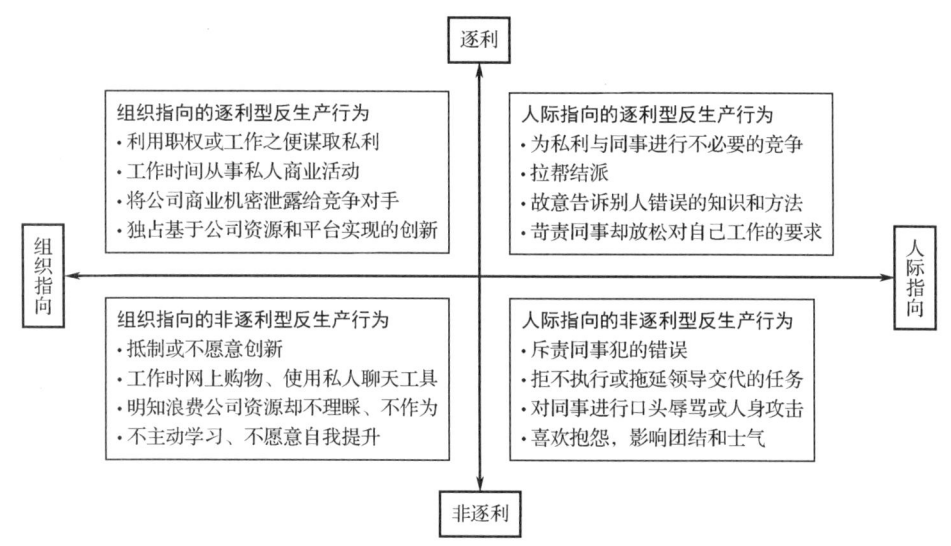
>
> 图 5-3 反生产行为的维度
>
> 因此,领导者需要根据新生代员工的特点有针对性地进行管理,可以从提升新生代员工的身份感和信赖感、加强新生代员工的压力和情绪管理、改变领导方式等方面开展消除新生代员工的反生产行为的工作。
>
> [资料来源:刘文彬,蒋元媛,唐杰. 中国企业新生代知识员工反生产行为的维度与分类研究[J]. 中国软科学,2021(3):175-182.]

5.3.3 反生产行为的影响因素

从反生产行为的形成过程来看，在个体因素和情境因素的作用下，个体经历了态度调整过程，最后表现出反生产行为，如图 5-4 所示。

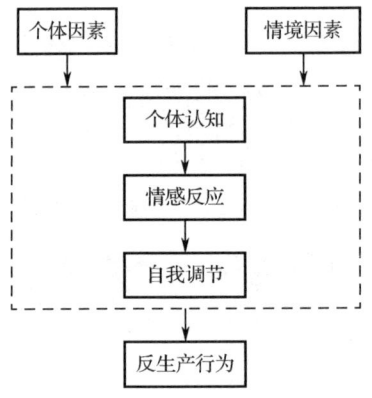

图 5-4　反生产行为的影响因素及形成过程

［资料来源：葛文. 企业员工反生产行为的影响因素及管理对策[J]. 管理观察，2019（26）：11-12，17.］

1. 个体因素

1）大五人格的影响。有关研究表明，大五人格不同维度对反生产行为有影响。尽责性和外向性与反生产行为存在负相关，当面临同样的工作压力时，责任心强、热情随和的员工通常在工作中表现出积极的一面。相反，责任心差、不善交流的员工易产生反生产行为。开放性和宜人性在工作压力和反生产行为之间起调节作用。

2）马基雅维利主义的影响。人格也会影响个体的反生产行为。高马基雅维利主义的个体更有可能出现反生产行为，因为高马基雅维利主义的个体注重实效，在通过操纵人际关系达成自己的目标的过程中，可能为了成功不择手段，不顾他人的利益和感受。

3）情感特质的影响。情感特质是影响员工产生反生产行为的一个重要因素。拥有消极情绪特质或易怒特质的员工会对工作中的挫折过于敏感而产生负面情绪，随着这种情绪的不断积累，负面情绪可能转化为抱怨、怠工或个体攻击等反生产行为。

此外，个体的自尊水平、道德水准等也会影响反生产行为。例如，低自尊水平与更多的反生产行为相联系；个体的道德水准与反生产行为显著负相关，道德水准越高，个体越不容易表现出反生产行为。

2. 情境因素

1）组织制度。组织制度会对员工的反生产行为产生影响，如当组织正式出台反偷窃管理政策时，员工偷窃的现象会明显减少。此外，组织的绩效考核制度也会对反生产行为产生一定影响，结果导向的考核方式比行为导向的考核方式更容易使员工产生反生产行为。

2）组织文化。不同的组织文化对员工的反生产行为产生不同的影响。研究表明，关怀导向的组织文化、规则导向的组织文化都能够抑制反生产行为中的工作怠惰，而在功利性较强的组织文化中，员工产生反生产行为的可能性较高。

3）工作任务特征。工作压力和任务困难性，甚至工作方式会使员工产生负面情绪，进而产生一定的反生产行为。例如，团队工作会使员工产生"搭便车"的想法；独立工作会使员工之间缺乏沟通合作，组织氛围压抑；而不受上级监督的工作可能使员工产生拖延、造假等负面行为。

4）领导风格。领导风格的差异、领导与成员的关系等在一定程度上会诱发或阻碍员工反生产行为的产生，对员工的反生产行为影响显著。管理者独断专行、不信任员工、上下级关系紧张等领导风格问题都可能引起员工不满意，认为缺乏公平，诱发反生产行为。例如，员工由于内心不满，对组织存在的问题保持沉默，不建言献策，该沉默就属于一种常见的反生产行为。

5.3.4 反生产行为对组织的影响

反生产行为对组织的影响存在两面性，不仅有消极影响，也有积极影响。

1. 积极影响

反生产行为的积极影响主要是从违背组织规则，但对社会或组织整体长远利益有益的角度进行分析的。沃伦（Warren，2003）肯定了那些违背企业合法利益，却符合社会利益的反生产行为对企业组织的长期发展的积极意义。伯克（Burke，2007）等指出，员工违背企业相关规则，却维护企业整体利益的行为是一种建设性偏差行为，可以帮助实现组织的高绩效管理。例如，在企业中员工告密、抵抗不良命令等行为虽然有违企业规定，但是对企业发展是十分有益的。

此外，组织员工出现偷窃、迟到早退及消极怠工等行为，对组织也是一种警醒，可以促使企业管理者从组织公平、企业工作分配设计及监督管理等方面进行自我反省、自我革新，进而对企业的长期发展带来积极影响。

2. 消极影响

反生产行为对组织的消极影响是显而易见的，如组织核心员工的离职将造成组织机密文件、相关技术等外泄，对组织的长期发展带来不可估量的消极影响。员工的反生产行为还可能恶化组织伦理氛围。组织中某些员工的反生产行为和态度将被其他人观察学习，传染扩散到整个组织，最终导致组织伦理氛围的恶化。

除了员工蓄意破坏、偷窃及造假等明显的反生产行为能为企业带来直接损失，员工有意拖延休息时间、传播小道消息、对组织存在的问题保持沉默等隐性反生产行为也同样会使企业隐性成本居高不下。

5.4 越轨创新行为

创新一直是组织发展的热点问题。近年来，学术界对越轨行为的研究更加丰富和立体，尤其是把越轨行为与创新结合起来进行研究。

5.4.1 越轨创新行为的含义

越轨创新行为最早是由奈特（Knight）于1967年提出的。他认为，越轨创新行为是企业内部的一种非正式创新途径，可视为创新行为的一种特殊形式。

奥格斯多费尔（Augsdorfer）等认为，越轨创新行为是以提高组织效率为目的，员工在管理层不知情的情况下秘密、自发地进行的一种创新行为。这一定义强调越轨创新行为的三个特征：自主性、基层性、隐蔽性。

迈纳梅利斯（Mainemelis）等强调越轨创新行为的违规性，认为越轨创新行为是员工违反领导已经明确要求停止实施的命令，仍然私下坚持创新的行为。即该行为是创新方案被决策者否决的情况下，员工为了组织的利益，私下完成创新方案的行为。

我国学者王弘钰等（2019）认为，越轨创新具有私下创新和违命创新两种具体表现形式。私下创新是指员工在创意尚未完善时受到领导阻碍，员工自主花费个人时间和精力予以改进并在创意成熟后公开的行为；违命创新是指员工的创意受到领导阻碍后，直接忽略领导的决策判断，自主开展创新实践。

综上所述，目前学术界普遍认同越轨创新行为是一种富有创造性、预期有益于组织的个体行为。本书将越轨创新行为界定为：越轨创新行为是组织缺乏平台或为了规避风险而要求员工停止创新项目，但员工为了组织利益利用自己的资源和时间私下进行和完成的创新实践，具有隐蔽性和违规性。

5.4.2 与越轨创新行为相关的概念

1. 前瞻行为

前瞻行为是指个体自发采取的、旨在改变自己或工作环境的行为。它以未来和变革为导向，能够对个体自身和环境产生积极的影响。前瞻行为具有以下三个特征。

1）自发性。非强制或不需要明确指示而主动采取的行动。
2）聚焦未来。通过关注来处理未来可能发生的问题。
3）变革导向。主动做出改变适应情境。

越轨创新行为是指遇到问题后主动寻求解决途径，而前瞻行为则主要强调先进行预测和评估，再做出调整。

2. 建设性越轨行为

加尔佩林（Galperin）于2012年提出员工建设性越轨行为概念，主要指员工为了促进组织发展而违背不合时宜的组织规则的行为。默滕斯（Mertens，2016）认为，尽管建设性越轨行为可能给员工自身的职业发展带来风险，但该行为能够促进组织的变革和创新。

建设性越轨行为是一种有意的为改变现状而挑战组织规则、领导权威的风险性行为，强调建设性，而越轨创新行为强调创新性。

5.4.3 越轨创新行为的影响因素

对越轨创新行为的研究主要集中在两个方面：一是越轨创新行为的影响因素，即回答"什么因素导致越轨创新及为什么会如此"的问题；二是越轨创新行为的作用，即回答"越轨创新行为带来了什么影响"的问题。下面是越轨创新行为的影响因素。

1. 个体层面因素

员工的创造力、人格特质、积极获取资源、寻求改变环境及自我引导的角色定位等方面对越轨创新行为具有较强的解释力。

奥格斯多费尔于 2012 年通过实证研究方法得出越轨创新行为人员的特征,如喜欢冒险、善于提出不同意见、喜欢与人沟通、性格乐观、思维敏捷、充满热情、对组织极其忠诚、对人友好、自信、充满能量等个体容易产生越轨创新行为。

杨刚、宋建敏等（2019）从个人特质角度出发,认为高创造力员工往往更看重结果,不会被现有的组织规则束缚,敢于打破现有边界,增加越轨创新行为产生的可能性。

王弘钰、崔智淞等（2019）认为,建设性变革责任感能够通过增强员工个人责任意识,从而增加越轨创新行为。而且个体的知识水平及学历等对越轨创新行为的产生也有一定影响。

2. 组织层面因素

1）组织的创新氛围。创新常常是在不确定性中孕育的活动,组织良好的创新氛围可能促使员工产生越轨创新行为。克里斯库洛（Criscuolo,2014）等从研发环境角度分析了员工越轨创新行为的产生与研发型组织比较宽松的研发环境相关。王弘钰和于佳利（2018）也发现,组织创新氛围可以直接提高员工借助非正式途径进行创新的热情,增加个人自信心,满足创新自我效能感,增加越轨创新行为。

2）工作自主权。违反组织规范涉及个人风险,因为越轨创新行为的结果是无法确定的。具有较高自主权的员工倾向于感知更多的潜在回报,并且愿意承担更多的风险,所以工作自主权较高能够推动越轨创新行为产生。

3. 领导层面因素

不同领导风格的管理者有不同的管理方式,其对下属也表现出不同的行为,领导风格、管理方式及态度对员工的越轨创新行为有一定影响。

1）积极的领导行为对员工越轨创新行为有显著正向影响,其鼓励员工进行积极探索。

2）消极的领导行为对员工越轨创新行为有负向影响,因为其经常用训斥、讽刺、侮辱甚至暴力的方式对待员工,这会使员工产生抵触等消极情绪。

3）领导的惩戒行为对员工越轨创新行为有负向影响。因为员工在被领导惩罚后不会更加积极地从事该项目,所以领导的惩戒行为对员工产生消极的影响。

4）领导的宽恕行为对员工越轨创新行为有正向影响。因为当领导选择对员工的越轨创新行为以宽恕态度对待时,员工一般不会放弃自己的越轨创新行为。

5）领导的奖赏行为对员工越轨创新行为有正向影响。因为领导对员工进行奖赏说明其对员工行为认可与支持,则员工会更积极主动地从事该项目。

5.4.4 越轨创新行为在组织中的作用

目前,关于越轨创新行为的作用,学术界尚未达成统一认识,主要有积极和消极两种观点。

1. 积极作用

1）越轨创新行为对组织及员工的绩效都有一定的提升作用。因为从事越轨创新行为的个体一般不会被组织的现有规则与惯例所束缚，可以提升个体创造力，使企业摆脱核心刚性的陷阱。该行为能为企业打造颠覆性的产品，引领行业未来。

2）越轨创新行为可以提升员工的能力。克里斯库洛（2014）认为，越轨创新会给员工带来积极影响，至少会带来员工能力的提升，尤其是员工探索性创新能力的提升。这种资源短缺可能成为挑战压力源，很可能导致员工将资源短缺转化为积极挑战，并以意想不到的和非常规的方式寻求更多原始解决方案，从而对员工的工作动机产生积极影响，促使其表现出更好的创意。

2. 消极作用

1）可能偏离组织目标，增加企业风险。

2）企业制定规则与制度，就是为了规范员工的行为，从而提高企业的绩效与竞争力。如果管理层纵容员工选择偏离组织战略的非正式行为，就会使组织内的创新项目脱离组织控制，加大组织风险，浪费组织资源，降低组织绩效。

3）越轨创新行为可能影响员工的工作能力，甚至降低员工绩效。越轨创新行为具有较高的风险，员工做出越轨创新行为后可能遭到上司的反对，工作中受到资源和规则的限制，再加上失败率较高，这些都可能给员工带来极大的工作压力。

尽管越轨创新行为的积极性研究还在探索中，但奥格斯多费尔也指出，超过八成的组织承认其内部曾经发生过越轨创新。越轨创新行为虽然会增加目标员工的挑战压力，但如果领导与员工目标相匹配，一致性高，对员工越轨创新的正向引导和影响无疑就会更显著。

 **小贴士**

对于越轨创新行为的作用，有学者进行了积极的探索，认为企业处于不同的发展阶段，越轨创新行为对企业的影响是不同的。王弘钰等（2019）、马跃如等（2022）认为，员工越轨创新成功不一定会对企业产生积极效果，员工越轨创新行为失败也不一定会对企业产生消极效果。员工的越轨创新行为对企业的影响取决于企业规模、企业类型、企业发展阶段及越轨创新行为的强度和边界条件等。要将彰显中华文化特色的传统性等边界条件与领导-员工目标的匹配度等控制变量纳入研究，并进一步探讨。不排除有时员工的越轨创新行为失败所带来的积极效果比越轨创新行为成功所带来的积极效果更为明显。

[资料来源：马跃如，梁璟鑫，郭小闻. 领导-员工目标导向匹配对员工越轨创新行为与创新绩效的影响[J]. 科技进步与对策，2022（17）：132-141.]

复习思考题

1. 简述工作重塑的含义。
2. 辨析与组织公民行为相关的概念。

3. 组织公民行为的主要特征有哪些?
4. 员工的反生产行为是指什么?
5. 越轨创新行为的影响因素有哪些?
6. 越轨创新行为会给组织带来什么样的影响?

思考与讨论

1. 在工作中,常见的员工自主行为有哪些?
2. 影响工作重塑的因素有哪些?
3. 谈谈组织公民行为在管理上的应用。
4. 如何有效管理员工的越轨创新行为?

第三部分 群体与团队

第6章
群体与团队合作

一滴水只有放进大海里才永远不会干涸,一个人只有当他把自己和集体事业融合在一起的时候才能最有力量。

——雷锋

本章学习目标

- 掌握群体的概念和类型;
- 了解群体的发展阶段;
- 能够运用群体行为特征解决群体冲突;
- 理解高效团队的影响因素。

思政导入

弘扬女排精神，为中华崛起而拼搏

世界杯排球赛、世界排球锦标赛和奥运会排球赛是代表世界最高水平的三个大型排球比赛。1979 年 11 月 26 日，中国奥委会恢复在国际奥委会席位（重返奥委会）仅一个月之后，中国女排就夺得了亚锦赛冠军，成为"三大球"中第一个冲出亚洲的项目。1981—2019 年，中国女排先后 10 次在世界女排三大赛上夺得冠军。中国女排的十冠王，不仅在中国三大球当中成绩最好，放眼世界体坛，在不到 40 年间十夺世界冠军，也是不多见的。

女排精神是几代中国排球人几经磨难、不断探索、共同缔造的结晶，中国女排精神的光芒，离不开团队精神。在人才青黄不接、球员基本功不扎实的困境中，女排团队积极挖掘人才力量，树立"大国家队"的理念。主教练郎平放弃国外优厚待遇，只身回国执教，"国家需要我，我就回来了"是她对中国女排团队精神的最好理解。全队上下齐心协力，为梦想而战，比赛中实施动态管理，根据需要排兵布阵，同时让更多的球员拥有上场的机会。祖国至上、团结协作、顽强拼搏、永不言败。女排精神是一面旗帜，是民族品格的缩影，是激励国人奋发图强的精神宝藏。

点评 女排精神不仅成为体育领域的品牌意志，而且演化成指代社会文化的一种符号，成为中华民族不畏强敌、顽强拼搏、永不言弃的精神象征，影响了几代人积极投身到改革开放和社会主义现代化建设的伟大事业当中。女排精神所蕴含的意义已经远远超越了体育的范畴，被视为融入各项事业中的宝贵精神财富，已经深深扎根在国人的心中，化作浓浓的爱国精神和集体主义情结，显示了强大的生命力和感召力，成为中华民族锐意进取、昂首前进的精神动力。在 21 世纪，女排精神仍具有巨大的现实意义和时代价值。

6.1 群体行为基础

个体之所以结合成为群体，是因为需要在群体中从事某种或某些共同活动。群体成员从事的共同活动把社会和个人联系起来，社会通过群体对其成员施加影响，个体也在社会的影响下得到发展。

6.1.1 群体的含义

并非所有人群的集合体都是组织行为学意义上的群体。个体之间如果不发生社会互动，不进行密切的社会性交往，如球场的观众、公园的游客、商场的顾客等，都不能称为群体。

1. 群体的概念

到目前为止，学术界对群体的概念尚缺乏统一的界定。

美国心理学家库尔特·勒温认为，群体成员彼此间相互依存是群体的本质特征。他认为，决定两个人是属于同一群体还是属于不同群体的，并非他们是否具有相似性，而

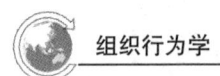

是他们的相互作用或其他类型的相互依存。因此，群体的定义不是在相似性基础上，而是在相互依存基础上的动态整体。

奥姆斯特德（Olmsted）认为，群体是相互联系、彼此顾及且具有显著共性的多数个体的集合，集体是个体在有限条件下的特殊组合。

社会心理学家西奥多·纽科姆（Theodore Newcomb）认为，一个群体的特点在于其成员具有某些共同的规范，应符合群体成员的共同知觉或共同利益。

综上所述，本书将群体概念界定为：群体（Groups）是指为了实现特定的目标，两个以上相互作用、相互依赖的个体的组合。群体成员在行为及心理上相互影响，行为上共同规范，是彼此间有共同需求的集合体。

应注意的是，如果同龄人之间、同职业的人之间发生了稳定的、相对密切的社会性活动，产生了有别于其他类型的社会共同体，这种统计学上的人群也成为社会学意义上的群体。

2. 群体的功能

1）满足需求。个体加入群体是为了完成某项任务或满足自己的社会需求。具体而言，个体可以通过结为群体满足安全需求、情感需求及价值需求。

2）实现目标。群体是为实现任务目标而建立起来的，其基本职能是完成群体任务。群体的主要功能之一就是在工作中通过分工和相互协作而努力完成群体任务，实现组织的共同目标。

3. 群体的类型

群体依据组合的不同分类标准，可以分为以下几种类型。

1）正式群体与非正式群体。按照群体构成的组织化、正规化的程度，可以划分为正式群体和非正式群体。

正式群体（Formal Group）是根据组织结构界定的，是根据任务需求确定工作内容的群体。在正式群体中，个体成员的行为由组织的共同目标确定，并且致力于实现总体目标。正式群体的组织化、正规化的程度相对较高，个体成员间的互动采取制度化、规范化的方式，如企业、事业机构、学校等。

非正式群体（Informal Group）是既没有正式结构，也没有行为限定的群体，是个体为了满足社交需求而在工作环境中自然形成的组合。例如，两个来自不同专业或班级的学生，定期在自习室共同学习，就是一个非正式群体。在非正式群体中，成员之间的互动虽然是非正式的，却能够显著影响成员的行为。

2）初级群体与次级群体。按照群体成员之间关系的亲密程度，可以划分为初级群体和次级群体。

初级群体又称首属群体或基本群体，是指个体间面对面互动所形成的、具有亲密的人际关系和浓厚的感情色彩的社会群体。典型的初级群体包括家庭、邻里、朋友和亲属等。初级群体反映个体之间简单、初步的社会关系，即初级社会关系。

次级群体又称次属群体或间接群体，是指个体为了特定的目标集合在一起，通过明确的规章制度组成有正规关系的社会群体。群体成员之间的感情联系相对不如初级群体，面对面的互动也相对有限。典型的次级群体如各类社会组织：企业、政府机构、学校等。

次级群体有不同成员规模。小的次级群体如一个班级、一个部门。在较大的次级群体中，总会出现一些较小的初级群体，如军队中的战友群、学校里的老乡群等。

3）内群体与外群体。按照个体成员对群体的心理归属程度，可以划分为内群体和外群体。

内群体是指个体之间有团结、忠诚、亲密及合作的感觉，在心理上自觉认同并归属其中的群体。成员之间有相互爱护、相互同情的感情，日常生活大多以内群体为中心。

外群体泛指内群体成员之外的其他个体的组合。内群体成员对外群体成员普遍抱有怀疑和偏见，甚至采取蔑视、仇视等敌对态度，在心理上无归属感。

> **小贴士**
>
> 社会心理学家西奥多·纽科姆在1961年做过一个实验：让性格特征相似的学生一起居住，也让性格特征相异的学生一起居住。纽科姆发现，性格特征相似的学生彼此更友善，而且容易成为好友；而那些性格特征相异的学生即使天天生活在同一个屋檐下，依旧难以相互喜欢并建立友谊。此外，大量的实验研究都证明了群体中人际吸引的相似性原则，相似会导致人际之间的吸引，群体中的个体会更容易相互接纳和喜欢。
>
> （资料来源：根据百度百科相关资料整理。）

6.1.2 群体的发展阶段

群体是动态发展变化的。群体行为是由群体发展所处各阶段的特征决定的。要管理群体，首先必须了解群体的发展规律。

1. 群体发展的五阶段模型

在众多群体发展理论中，美国俄亥俄州立大学教授布鲁斯·塔克曼（Bruce Tuckman）的观点被普遍接受。他认为，群体发展必然要经历形成、震荡、规范化、执行和终止五个阶段，如图6-1所示。

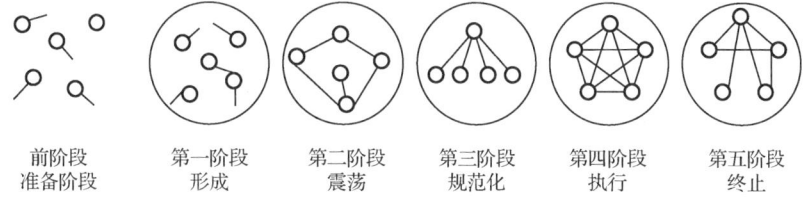

图6-1 群体发展的五阶段模型

（资料来源：孙丽君. 组织行为学[M]. 北京：高等教育出版社，2010.）

1）形成阶段。成员还不清楚在群体中如何行动，处于混乱的状态中。本阶段以群体在目的、结构、领导方面存在大量不确定性为主要特点。当成员把自己视为群体的一员思考问题并行动时，本阶段就结束了。

2）震荡阶段。成员虽然接受了群体的存在，却抵制群体领导者对个体成员施加的控制，并彼此产生敌意，在由谁控制群体的问题上发生冲突。布鲁斯·塔克曼称之为"风暴"阶段。本阶段结束时，群体内部会出现比较明朗的领导层级，群体成员在发展方向

上也达成了共识。

3）规范化阶段。群体进一步发展了密切的群内关系，同时开始形成凝聚力。个体对群体有较强的认同感，成员之间友爱和共同的责任感开始树立。当群体结构比较稳定，群体成员也对那些正确的成员行为达成共识时，本阶段就结束了。

4）执行阶段。群体结构发挥巨大作用，并得到广泛认同，群体成员开始把主要精力用于完成任务。良好的成员关系和对领导者的高度拥护有利于群体绩效的提高。

5）终止阶段。群体目标基本实现，成员不再关心工作业绩，而关心善后事宜，群体成员的反应差异较大。有的成员乐观，沉浸于群体的成就中；有的成员悲观，惋惜群体将被解散或自动消失，情绪低落。

2. 群体发展的间断-平衡模型

间断-平衡模型认为，群体发展有以下三个阶段。

1）第一阶段。群体成员在第一次会议上确立目标、明确任务、制订计划、确定领导，然后进入一段相对平稳的发展期。

2）第二阶段。目标转变后，群体按新制订的计划发展，经历新的平衡阶段。

3）第三阶段。最后一次会议后，成员执行任务的速度显著加快，直到完成。

间断-平衡模型主要描述的是临时性群体的发展变化，并不适合描述长期的任务群体和非任务群体。

3. 群体发展的四阶段理论

我国学者郑晓明认为，群体从建立到发展成熟的过程，会经历相互接纳、沟通与决策、激励与生产率、控制与组织四个发展阶段。

1）相互接纳。群体建立初期，成员间通过交流而相互熟悉，并逐步建立信任。

2）沟通与决策。群体成员在相互接纳对方后，开始规划群体的行为规范和行动章程，包括建立组织机构、制定规章制度、明确成员角色、分派组织任务等。

3）激励与生产率。群体的重点从成员间个人观点沟通转为群体组织行为，按照既定的群体目标各自执行被分配的任务，互相合作、共同努力。成员的受激励程度也日益增加。

4）控制与组织。为了达成目标，群体会对成员的活动进行组织和评估，对群体目标的达成过程加以控制，直至任务完成。

以上四个发展阶段会有不同程度的重叠，有时还可能几个阶段同时进行，或者返回前一阶段。并不是所有群体都会经历四个阶段。

6.1.3 群体的属性

群体属性能规范群体成员的行为，并且帮助解释和预测群体内的个体行为及群体绩效。

1. 群体属性的组成要素

群体属性由角色（Role）、规范和遵从（Submission）、地位（Status）、群体规模（Scale）、群体内聚力（Cohesiveness）这五要素组成。

1）角色。角色的定义包含三种社会心理学要素：角色是一套社会行为模式；角色是由个体的社会地位和身份决定的，而非自定的；角色是符合社会期望（社会规范、责任、义务等）的。即角色是占据某社会组织中特定位置的个体期望的一套行为模式，包括一定社会身份要求的一般行为方式及内在的态度和价值观基础。

2）规范和遵从。规范和遵从是指个体成员对群体要求的接纳及趋同。规范是指个体成员接受的群体要求标准，包括任务绩效、努力程度和忠诚度等内容。遵从是指个体成员接受群体的要求，使自己与规范的要求相符或一致，包括依从、认同与信奉等多种规范接受和服从水平。

3）地位。地位是指个体成员在群体中所处的位置、阶层或等级，包括个体基于社会属性的差别而在群体关系中的相对位置及围绕这一位置形成的权利和义务关系。群体中的位置通常是根据个体成员的贡献、声望、受教育或权力的高低形成的序列，与个体的特征有一定关联，如学历、经验、技能等。

4）群体规模。群体规模是指组成一个群体的个体成员人数的多少。群体规模应视群体任务的性质而定。任何群体都有最佳人数，也应有其上限和下限。

群体规模应遵循的原则：群体组成人数与个体人均效率的关系是获得最佳工作效率。群体规模有一个最佳值，群体规模越接近这个最佳值，成员的人均效率就越高。

5）群体内聚力。群体内聚力又称群体凝聚力，是指群体成员之间相互吸引并愿意留在群体中的程度，它包括群体对个体成员的吸引力和成员之间的吸引力。

内聚力高的群体一般具有以下几个特征：领导与成员之间的关系比较协调；成员参与共同活动；成员之间经常沟通；经常给予群体内其他成员肯定评价；成员满意度高；成员士气高昂等。

2. 群体的特征

群体中个体成员彼此之间相互关联和影响，有共同目标、规范和归属感。因此群体具有以下基本特征。

1）成员有共同的目标。共同的目标是群体存在的前提。个体成员有统一认同的任务目标，才能产生较强的工作动机。有了具体、明确的目标，个体成员在行动过程中才会自觉地对照目标进行自我检查、控制和管理，才能够调动积极性和工作热情，挖掘各自的工作潜力。群体成员在思想和行为上保持高度的一致性，才能凝聚士气，共同达成群体目标。

2）成员有共同的行为规范。共同的行为规范在某种情境下对个体成员的行为方式赋予群体期望。共同的行为规范能够对成员形成约束力，迫使个体成员的反应趋向一致。成员在交往过程中，通过心理与行为的相互影响或学习，产生共同的观念、信仰、价值观和态度。如果个体成员对某件事情的看法与群体中其他成员的看法不一致，他就会感受到很大的压力，驱使他与其他人保持一致。因此，共同的行为规范是群体存在的根本，将个体成员凝聚成一个集体。

3）成员有群体归属感。群体归属感是指个人意识到自己属于或应属于某个群体的认知。由于群体内聚力的高低不同，群体归属感表现的程度也有所不同。群体内聚力越高，取得的成绩越大，其成员的归属感也就越强，并以此感到自豪。

4）成员之间相互作用。群体中个体成员之间相互作用的关系主要体现于两种类型的行为：一种是个体成员对工作任务的行为，称为工作任务型；另一种是成员对个人的行为，称为人际关系型。这些作用有时发挥正面、积极的促进作用，有时则发挥负面的作用。

5）成员具有组织性。组织性是由群体建立的宗旨而产生的，带有明确的任务目标导向。群体的组织性表现在不同层次的权力和责任制度，还表现在对个体成员行为的管理。群体任务是通过管理、引导成员的个体行为来实现的，反过来又影响成员的行为，具有领导与服从的关系，以及伴随此种关系的内部权威。

> **小贴士**
>
> 群体规范是群体成员建立的行为准则。它可以是成文的（如《职业道德手册》），也可以是不成文的理念。群体规范起着约束成员行为的作用。作为群体的一员，每个人都被期望遵循群体规范，任何违背规范的行为都将受到排斥和谴责。一般群体对所谓的"叛逆者"会采取如下措施：开始，成员们会苦口婆心劝他回归集体的怀抱，但如果"叛逆者"执迷不悟，他就会被其他成员排斥，对他不加理睬，从心理上冷淡他。
>
> 对"叛逆者"的惩罚，可以使群体规范更加明确。任何群体都有规范，否则群体将难以存续。群体规范指导成员的行为朝向群体的目标。管理人员应该注意群体规范是否与组织目标一致，因为规范对成员的行为有很大的影响力。
>
> （资料来源：根据百度百科相关资料整理。）

6.1.4 群体决策

将众多不同的个体偏好总结成统一的群体偏好，并据此做出群体决策，是处理各种重大决策和分配问题的有效手段。群体决策是处理重大定性决策问题的有力工具。

1. 群体决策的含义

群体决策是群体成员共同确定决策的过程。将个体成员对某类事物的偏好归纳成群体偏好，对此类事物中的所有内容进行优劣排序。

群体决策包括备选方案和决策个体两个要素。备选方案就是供选择的内容，如选举中的候选人、文体竞赛中的选手等。决策个体是指参与决策的成员，如选举中的选民、文体竞赛中的评判员。当然，任意一项群体决策均应该不少于两个的备选方案和不少于两位的决策个体。我国各级人民代表的选举就是一个群体决策问题。投资项目的招标、文体竞赛的排名等都属于群体决策问题的范畴。

2. 群体决策的优点

1）能够群策群力，优化可行方案。由于决策群体的成员来自不同的部门、从事不同的工作、熟悉不同的知识、掌握不同的信息，成员的广泛参与有利于提高决策时考虑问题的全面性，提高决策的科学性。研究表明，在群体决策中，许多成员都比个人独立执行时更勇于挑战难关和承担风险。群体决策对成员的能力开发具有促进作用。

2）能够发挥专家的作用，应对日益复杂的决策问题。不同领域专家广泛参与，可以对决策问题提出专业性建议，有利于在决策方案贯彻实施之前发现问题，并提高决策的针对性。

3）能够提高信服力，有助于决策的顺利执行。由于决策群体的成员具有广泛的代表性，所形成的决策是在综合各成员意见的基础上形成的对问题趋同的看法，因而有利于有关部门或成员理解和接受，在实施中也容易得到有关部门的支持与配合。

3. 群体决策的缺点

1）决策效率低下。群体决策如果处理不当，就可能陷入盲目讨论的误区中，既浪费了时间，又降低了决策效率，从而限制了管理人员在必要时做出快速反应的能力。

2）存在从众压力。由于决策时追求观点的趋同，群体讨论的意见在少数服从多数等惯性模式下有可能被人数限制，不利于创新思维的产生。

3）决策责任分摊。由于群体决策中成员需要承担的责任被分摊，很多冒进的建议就会在不担责的情况下被提出，使群体决策有时会比个体决策更趋于冒险。

总体来看，在决策过程中，群体在信息收集的深度和广度上有很大优势，最终方案会获得群体内更多成员的支持和执行；但就决策效率而言，个体决策则更胜一筹。因此，在决定是否采用群体决策时，应权衡群体决策在效果上的优势能否超过在效率上的不足。

4. 群体决策的影响因素

1）决策责任。由于群体决策是个体成员进行的共同决策，参与决策者的责任分散，风险共担。即使决策失败，也不会由一个成员单独承担责任。如果权责不够分明，则群体决策不如个体决策谨慎，具有更大的冒险性。

2）领导作用。群体决策更容易受到领导者意见的影响，有可能出现决策目标偏向个人目标的情况，影响群体决策的结果。

3）文化价值观。个体成员的文化背景和价值观会反映在群体决策中。具有不同教育背景、经历的个体成员在收集信息和解决问题的思路上也有很大差异。

4）群体规范。群体思维与群体规范有关。当一个组织过分注重整体性，而不能持一种批评的态度来评价其决策时，就会出现群体就某事宜征集意见，因为群体成员感受到群体要求共识的压力而观点趋同。这时，个体的思路及判断力都会受到不同程度的影响。

> **小贴士**
>
> 某企业召开推选晋升高级工程师职称的人员的中高层会议。一共三个指标，五个候选人。会议开始前，总经理对这次晋升推选说了几个基本原则：第一，要看资历。工作年限长、即将退休的要考虑，这会影响他们退休后的生活质量。第二，要看为企业做的贡献，有积极贡献的要考虑。第三，要看工作绩效。总经理说完之后，让大家表态。
>
> 大家对照几个晋升人选，很快就明白了总经理的意思。五个候选人中，A、B两人公认绩效突出，在研发方面贡献很大，有多项专利，帮助企业拿下了几个大项目，是企业的绝对技术领军人物。但其余三人就不一样了，C、D两人都具有一定的科研能力，虽然并不是很突出，但与E相比，业绩明显占优。E是企业的老员工，已经58周岁，再过两年就退休了。这些年E业绩平平，但也满足了晋升的基本底线。
>
> 在讨论环节，副总经理、制造部部长先后发言，提出推荐A、B和E，并综合谈了各自的观点。其他部门负责人虽然有不同意E晋升的，但由于企业的主要领导和核心人物都推举E了，剩下的人也都表态同意。最后E毫无争议地和A、B两人同时被推选为高级工程师。

6.2 群体行为特征

群体行为是指群体中成员行为统一于组织目标所产生并引起的行为。由于受到其他成员的影响和相互作用，由成员各自的心理特征导致的个体在群体中表现出来的行为方式与个体独处的情况有所不同。

6.2.1 群体偏移

群体偏移（Groupshift）是指群体成员中已存在的倾向性得到加强，一种观点或态度从原来的群体平均水平加强到具有支配性地位的现象。例如，进行群体讨论的时候，会出现原来群体中大部分人所持的观点得到加强的现象。即原先群体中大部分人支持的意见，讨论后会更加成为主导观点，得到更多的支持，而原先群体中被反对的意见，讨论后其被反对的程度也更强。

1．群体偏移的原因

1）群体偏移是信息的作用。当群体中一种观点获得最大程度认可的时候，这种信息对其他成员造成影响，使某些群体成员被说服，从而改变他们的观点，转向支持这种有说服力的观点，因此使一种观点在群体中偏移。

2）群体偏移是社会比较的结果。根据社会比较理论，在群体讨论中，人们会与其他人比较观点，为了不显得突出，比较的结果往往是他们会转变自己的观点，最终使其观点看上去和其他成员的观点一致。

3）两种观点的整合。20世纪80年代中后期，以上两种解释开始整合。研究者倾向于认为信息和社会比较的共同作用促使群体偏移发生。社会比较会促使人们强化所持观点的论据信息，而论据信息的呈现不仅使呈现者更加坚定，而且影响了其他成员的意见，使他们最终转向这个观点，导致群体偏移发生。

2．避免群体偏移的主要措施

1）如果群体领导公正无私，鼓励群体成员提出不同的意见，群体成员就会提出更多解决问题的方法，并进行更多讨论。

2）在讨论初期，群体领导应该避免表现出对某种方案的偏向，因为这样做会限制群体成员对这个问题提出批评性意见，使群体很可能把这种方案作为最终的选择方案。

3）群体与外界的隔离会使内部可选择和可评价的方案减少。

长期以来，北美洲地区和其他许多国家的法律体系坚持的一个基本信念是：两人的智慧胜于一人。这一点在陪审团制度中表现得最为明显。现实中许多决策是由群体、团队或委员会做出的。

6.2.2 角色期待

角色期待（Role Expectation）是指群体和社会对某种角色应表现出特定行为的期待。个体的角色行为是否符合他所处的地位和身份，取决于个体遵从其角色期待的程度。

1. 群体角色

成员在群体中都有各自特定的行为模式，即角色。群体成员有三种典型的角色：自我中心角色、任务角色和维护角色。

1）自我中心角色。自我中心角色是指群体任务中通常以自我为中心的成员。这类成员包括：阻碍者，指那些总是在群体通往目标的道路上设置障碍的人；寻求认可者，指那些努力表现个人的成绩，以引起群体注意的人；支配者，指那些试图驾驭别人，操纵所有事务，而罔顾对群体业绩的影响的人；逃避者，指那些对群体漠不关心，似乎自己与群体毫无关系，不做贡献的人。

2）任务角色。任务角色是指群体中以群体任务为导向，努力达成群体目标的成员。这类成员包括：建议者，指那些给群体提建议、出谋划策的人；信息加工者，指那些为群体收集和筛选有用信息的人；总结者，指那些为群体整理、综合相关信息，为群体目标服务的人；评价者，指那些为群体筛选方案，协助群体决策的人。

3）维护角色。维护角色是指加强群体团结和忠诚的成员。这类成员包括：鼓励者，指那些热心赞赏成员对群体做出的贡献的人；协调者，指那些解决群体内冲突的人；折中者，指那些协调群体中的不同意见，帮助成员确定被普遍认可的决策的人；监督者，指那些保证每个成员都有发表意见的机会，鼓动寡言的人，而压制支配者的人。

任务角色和维护角色在群体中都具有积极作用。每个群体不仅需要完成任务，而且需要始终维持群体的发展。而个体成员的任务角色和维护角色正是为了达到这两个目的。研究发现，任务角色、维护角色和群体绩效之间有正相关的关系。

2. 角色规范

角色规范也称角色期待内容，是指群体对处在某个岗位上的成员角色都有特定的行为要求，并为他们规定了行为规范和准则。角色规范是在社会生活的长期发展中形成的，它规范和约束了成员的行为，以保证群体任务的顺利执行。

1）应明确角色期待。对于任何角色，群体期待都是客观存在的。有的存在于文化习俗中，有的存在于规章制度中，还有的存在于法律、法规条文中。不同的角色期待相互联系，相互交织，形成复杂的期待网络。这些网络对于群体的正常存续和发展，以及构建基本的群体诚信水平是至关重要的。作为成员，需要将群体对角色的期待内化为对个体自己的主观要求，对应该做、必须做、不能做的事心中有数。

2）应致力于角色实践。作为个体成员，要努力使自己的角色行为与群体期待相一致，不断纠正角色实践中的偏离倾向。例如，诚信是通过行动来验证的，言而无信是当今社会诚信缺乏的主要表现，言而无信的实质是当事人在明确角色期待的情况下角色实践的失败行为。

3）应协调角色冲突。任何个体都有多种社会属性，总会同时担当多种角色，而不同的角色又各有其角色期待。不同的角色期待可能产生不一致的要求标准甚至对立，这就会使个体成员在角色实践中出现困惑而产生角色冲突。例如，社会中的非诚信行为，有时不是行为人刻意行骗，而往往是身处角色冲突中，难以兼顾，出现对某个角色期待的实践倾斜。这就要求个体正视角色冲突的现实，进一步提高协调自身角色冲突的水平，合理实践不同的角色期待，从而适应多样化群体角色的要求。

6.2.3 心理契约

心理契约（Psychological Contract）是美国著名管理心理学家施恩教授提出的一个概念。他认为，心理契约是成员以个体与群体的关系为前提，以承诺和感知为基础，个体和群体间彼此形成的责任和义务的各种信念。

1. 心理契约的含义

心理契约是成员个体以自己与群体的关系为前提，以承诺和感知为基础，自己和组织间彼此形成的责任和义务的各种信念。本书对心理契约的界定为：心理契约通常是存在于群体和个体成员之间的无形、内隐的期望，是在群体各层级之间、各成员之间广泛存在的没有正式书面规定的心理期望。

2. 心理契约的过程

心理契约的主体是成员在群体中的心理状态。成员的工作满意度是群体心理契约管理的重点和关键。心理契约管理的目的，就是通过人力资源管理提高成员的工作满意度，并进而实现成员对群体的强烈归属感和对工作的高度投入。

群体想要实现对人力资源的有效配置，必须全面介入心理契约的 EAR 循环，通过影响 EAR 循环来实现对成员的期望。所谓 EAR 循环，是指心理契约的建立（Establishing，E 阶段）、调整（Adjusting，A 阶段）和实现（Realization，R 阶段）的过程。

在 E 阶段，群体应了解成员的期望，并使成员明确群体及其所在部门的现状及未来一段时期的发展情况，从而建立一个合理预期，为趋同预期而努力工作。

在 A 阶段，心理契约建立在对群体未来预测的基础上，当现实与预测产生偏差时，必须及时调整。群体应与成员有效沟通，特别是发生重大改变以致引起成员的心理剧烈波动时，高层的及时沟通能减轻成员的心理负担，降低负面影响。

在 R 阶段，群体应及时了解实现程度，关注成员的合理预期在多大程度上已变为现实，明确未实现是成员的能力问题，还是群体管理方面的问题导致的。

虽然心理契约只存在于成员的心中，但它能使群体与个体在动态的条件下保持良好、稳定的关系，使成员视自己为人力资源开发的主体，将个体的发展充分整合到群体的发展之中。所以，只有充分把握心理契约，参与员工 EAR 循环过程的始终，群体才能创造出持久的、充满活力的组织。

3. 心理契约的特点

1）心理契约的主观性。心理契约的主观性是其核心特点，由成员主观感知。心理契约的内容是个体对相互责任的认知，是一种主观感觉，而不是相互责任的事实本身。由于心理契约主要建立在成员对群体状态的个人感知基础上，个体对与群体之间的关系有自己独特的见解。因此，个体的心理契约可能与雇佣契约的内容不完全一致，也可能与其他个体的理解不完全相同。

2）心理契约的动态性。心理契约在成员与群体的关系发展过程中是动态变化的。正式的雇佣契约一般是稳定的、很少改变的，但心理契约却处于一种不断变更与修正的状态。任何有关群体任务方式的变更，无论是物理性的还是社会性的，都会对心理契约产生影响。成员在一个群体中工作的时间越长，心理契约涵盖的范围就越广。在成员与群体的关系中，相互期望和责任的隐含内容也就越多。

3）心理契约的责任性。心理契约关注成员与群体的相互责任，在已有承诺的基础上，双方都对彼此间的关系进行了投资，并期望得到积极的产出。心理契约是在雇佣关系中，群体与成员事先约定好的、内隐的各自对双方怀有的各种期望，如对薪酬的期望、对晋升机会的期望等。同时，双方又对彼此承担对责任和互惠义务的承诺。

4）心理契约的相互性。群体的存续与发展需要依靠成员的共同努力和持续不断的贡献，以维持群体的成就和取得进一步的成功。心理契约的双方在相互作用中形成了契约关系，成员或群体单方面都是无法形成心理契约的。

4．心理契约的维度

心理契约是复杂的心理结构，受个体、群体、经济、政治和文化因素的影响。心理契约的主体类型包括交易契约与关系契约，内在契约与外在契约，交易责任、培训责任与关系责任这三个维度。

1）交易契约与关系契约。成员与群体之间的契约因素包括高额报酬、绩效奖励、提升和发展等与物质交换有关的契约项目，称为交易契约。其他因素包括长期工作保障、职业发展、培训等与社会情感交换有关的契约项目，称为关系契约。

2）内在契约与外在契约。内在契约涉及雇主所做的与员工工作性质有关的承诺，如工作自我选择、自主决策、自我控制、从事挑战性工作、提供组织支持、参与决策、有发展机会等。外在契约涉及雇主所做的与员工工作完成有关的承诺，如灵活的工作时间、安全的工作环境、有竞争力的工资和奖金。

3）交易责任、培训责任与关系责任。与相同行业员工有相同的报酬、相同的福利，报酬与责任挂钩，随着生活水平的提高增加工资等与经济物质有关的组织责任，称为交易责任；必要的工作培训，新知识、新技能培训和组织支持等与员工知识和能力增长有关的责任，称为培训责任；长期工作保障和良好职业前景等与员工个人前途有关的责任，称为关系责任。

5．心理契约的作用

心理契约是雇佣契约的有效补充，在劳动关系的构建中发挥着重要作用。

1）减少不安全感。正式的书面契约不可能包括雇佣关系的所有方面，而心理契约正好填补了雇佣契约的空白。

2）塑造员工行为。员工会将自己对组织的责任与组织对员工的责任进行比较，并根据结论调整自己的行为。雇佣双方虽然不公开讨论心理契约，但心理契约却是员工行为与态度的重要决定因素。

3）实现个人价值。心理契约使群体与成员在动态的条件下保持良好、稳定的关系，使成员视自己为人力资源开发的主体，将个体的发展充分整合到群体的发展之中，使成员感觉到自己对群体发展是有影响的。

6.2.4 群体冲突及管理

为了使群体达成任务目标和满足个体需要，必须建立个体成员和群体之间良好、稳定的关系。但是不同个体存在各种差异，不同群体也有不同的目标和规范要求，对问题有不同的理解和处理方式，这就会产生不一致或不能相容。

1. 群体冲突的含义

群体冲突（Groups Conflict）是指在群体之间公开表现出来的敌意和对竞争活动的干涉。群体冲突主要是由组织协调不同群体的任务分工和在这些群体之间的激励方式造成的。

群体冲突在群体间和群体内是客观存在的。冲突的产生在群体间可能成为组织变革的契机，促使组织重新审视任务目标或对任务重新排序，寻求更优的协同方式，使管理者及时发现工作中的现实问题，进而采取措施。群体内由于发生冲突，成员更关心任务目标的达成，管理者在压力下领导作风会更加专断。冲突也有可能造成信息沟通不畅、使成员关系恶化等。冲突往往带来冲击，使组织不满足于现状，从而走向革新。因此，群体冲突既有破坏性，又有建设性。

2. 群体冲突的原因

群体冲突最常见的原因是不同群体之间的工作协调问题。

1）群体依赖的程度。是指一个工作群体为了完成任务必须依赖其他群体完成任务的程度，以及任务之间相互承接、相互依赖的程度。

2）群体的职能和任务目标差异。各种目标的难易、技术含量和衡量标准等有所不同。例如，研究与开发部门需要和鼓励组织的松散性、社团性和非正规性，而这些如发生在制造部门中，将造成组织功能失调。

3）奖赏制度。组织监控群体绩效和分配资源的方式是产生群体冲突的一个主要原因。当围绕稀少的资源展开竞争时，群体之间就会发生冲突。

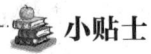 小贴士

合作的意义

2004年6月，拥有NBA历史上最豪华阵容的湖人队在总决赛中的对手是14年来第一次闯入总决赛的美国东部球队活塞队。赛前，很少有人相信活塞队能够坚持到第七场。从球队的人员结构来看，湖人队是一个由巨星组成的"超级团队"，科比、奥尼尔、马龙、佩顿，每个成员几乎都是最优秀的，再加上传奇教练禅师对其整合，在许多人眼中，这是20年来NBA最强大的一支球队，要在总决赛中将其打败，只存在理论上的可能性。然而，最终的结果却出乎所有人的意料，湖人队几乎没有做多少抵抗便以1:4败下阵来。湖人队的失败有其理由："OK组合"相互争风吃醋，都觉得自己才是球队的老大，全然没有配合；而马龙和佩顿只是冲着总冠军来的，根本就无法融入整个团队。糟糕的人际关系使湖人队缺乏团队凝聚力，这样的团队如同一盘散沙，战斗力自然也就大打折扣，最终走向失败。

（资料来源：根据百度百科相关资料整理。）

---

3. 适度群体冲突的必要性

群体冲突会在一定程度上妨碍群体机构与成员的运转，但如果能保持在合理的程度

并局限于有限的关键事件，冲突则能使组织更有效地运行。

1）在群体态度方面。群体冲突过多时，应强调双方的相互依赖性及冲突带来的损失；群体冲突过少时，应强调双方的竞争关系和各自的立场。

2）在群体行为方面。群体冲突过多时，应强调双方统一意见和合作互利；群体冲突过少时，应强调各自的任务特点和绩效目标。

3）在组织结构方面。群体冲突过多时，应强调规章制度的约束力，突出群体的共同目标；群体冲突过少时，应强调双方的任务职责。

4．群体冲突的控制

控制群体冲突的策略很多，主要集中在对发生冲突的群体任务和群体成员的管理方面。

1）回避。忽视冲突或将冲突问题搁置；放慢运行节奏以抑制冲突；不公开问题以避免正面冲突。管理者以回避的态度保持中立，虽不能解决问题，但可以暂时缓解矛盾，以寻求有效方法。

2）竞争。为了维护己方利益，通过施加压力迫使对方放弃坚持。管理者通常利用降级、解雇等方式使对方屈从，以解决冲突。这种策略在应对危机或双方实力相差很大时有效。

3）迁就。重视对方的利益并以对方的意见为主导，积极传递改善关系的意愿。迁就能避免冲突升级，但是当冲突的实质涉及合作、资源和责任共担时，会被视为软弱。

4）妥协。冲突双方的群体目标都是在现有条件下获利最大。发生冲突时，双方都做出适当让步，以避免陷入僵局。妥协有助于保持良好的人际关系，但也可能影响组织的长期任务目标。

5）合作。通过积极沟通理解对方的需求，双方在分析冲突背景的基础上，寻求解决问题的方法，在平等互利的前提下寻求双方获利的可能。合作有利于增进群体之间的积极情感，也有可能彻底解决冲突。

一般而言，策略的选择取决于冲突对群体任务完成的关键程度及冲突需要解决的紧急程度。

6.3 团队管理与建设

团队管理（Team Management）是指在组织中，按照个体成员的工作性质、能力组成各种小组，参与组织各项决定和解决问题等事务，以提高组织生产力和达成组织目标。

6.3.1 团队的含义和类型

团队是由相互协作的个体成员组成的正式群体。在团队里，不仅成员的个体行为需要控制，群体行为也需要协调。

1．团队的概念

管理学家斯蒂芬·罗宾斯认为，团队（Team）是由两个或两个以上相互作用、相互依赖的个体，为了特定的目标，按照一定的规则结合在一起的组织。

团队成员具有共同的目标，并且在管理者的带领下互相信任、精诚合作。团队的核心是协同合作。成员能够齐心协力，为了共同的目标努力，具有向心力。通过团队内部形成的观念的力量、氛围的影响，去约束、规范、控制团队成员的个体行为。通过成员在长期的实践中形成的习惯、信仰、动机、兴趣等文化心理，以及对群体意识的培养，沟通人们的思想，引导成员产生共同的使命感、归属感和认同感，逐渐强化团队的凝聚力。

综上所述，本书将团队的概念界定为：团队是由基层和管理层成员组成的一个共同体，它合理运用每个成员的知识和技能协同工作，解决问题，达到共同的组织目标。

2. 团队的构成要素

1）目标（Purpose）。团队有既定的目标，为团队成员导航，使成员明确要努力的方向。没有这个目标，团队就失去了存在的价值。

小贴士

自然界中有一种昆虫很喜欢吃三叶草（也叫鸡公叶），这种昆虫在吃食物的时候都是成群结队的，第一个趴在第二个的身上，第二个趴在第三个的身上，由一只昆虫带队去寻找食物，这些昆虫连接起来就像一节一节的火车车厢。科学家做了一个实验，把这些像火车车厢一样的昆虫连在一起，组成一个圆圈，然后在圆圈中放了它们喜欢吃的三叶草。结果它们爬得精疲力竭也吃不到这些草。

这个例子说明，在团队中失去目标后，团队成员就不知道往何处去，最后的结果可能是饿死，这个团队存在的价值就要大打折扣。

团队的目标必须与组织的目标一致，还可以把大目标分成小目标，具体分到各个团队成员身上，大家合力实现这个共同的目标。同时，目标还应该有效地传播，让团队内外的成员都知道这些目标，有时甚至可以把目标贴在团队成员的办公桌上、会议室里，以此激励所有人为这个目标去工作。

（资料来源：根据百度百科相关资料整理。）

2）人（People）。人是团队构成的核心力量。团队目标是由成员达成的，所以人员的构成是团队的重要部分。一个团队中，成员有不同的职能，如计划、实施、协调、监督和评价等。不同的人通过分工来达成各自在团队中的任务目标，在人员配置上也需要考虑成员的能力、经验等因素。

3）定位（Place）。一方面是团队整体的定位，即在发展过程中团队所处的阶段和水平；另一方面是成员个体的定位，是成员在团队中的岗位分配、级别和承担的责任等。

4）权限（Power）。管理人员在团队中的权力大小与团队所处的发展阶段相关。团队越成熟，领导者拥有的权力相应越小。在团队发展的初期阶段，领导权则相对比较集中。此外，本书中的团队权限还包括团队在组织中拥有的决定权和组织的规模、业务类型限定的团队的数量与授权等。

5）计划（Plan）。团队的计划一方面是为了达成最终的任务目标而采取的行动方案，另一方面是具体的执行程序，以保证任务目标的顺利达成。

3. 团队的类型

一般根据团队存在的目的和拥有自主权的大小，将团队分为三种类型：问题解决型团队、自我管理型团队、多功能型团队。

1）问题解决型团队（Problem-Solving Team）。团队的核心目标是提高生产质量、提高生产效率、改善成员工作环境等。团队中成员就工作程序和工作方法相互交流、提出优化建议，对管理企业的质量行之有效，但团队成员在参与决策方面的权限不高。

2）自我管理型团队（Self-Managed Work Teams）。也称自我指导型团队，成员的责任范围包括控制工作节奏、决定工作任务的分配、安排工间休息等内容。团队内部实行自我管理、自我负责、自我领导、自我学习的运行机制，共同实现团队目标。

3）多功能型团队（Cross-Functional Teams）。团队由来自不同领域的人员组成，成员等级相同，任务执行中互相交流信息，共享资源，共同解决所面临的问题。团队在实现隐性知识共享的过程中扮演着核心角色。同样，也可以使每个成员在交流与沟通的同时，增长跨专业的知识和经验。

6.3.2 团队与群体的关系

群体是为实现特定目标而组合到一起并形成互动和相互依赖关系的两个或更多的个体，而团队是通过成员的共同努力能够产生积极的协同作用的正式群体。

1. 团队与群体的区别

团队和群体有着根本性的区别，主要表现在以下几个方面。

1）领导方面。群体有明确的领导者；而团队在形成和发展阶段有领导者，但发展到成熟阶段，很可能成员共享决策权。

2）目标方面。群体的目标必须与组织保持一致，而团队中除了与组织相同的总体目标，还可以产生各自的目标。

3）协作方面。协作性是群体和团队最根本的差异。群体的协作性一般是中等程度的，有的群体成员还会有消极、对立的情绪。而团队的协作性较强，有一种齐心协力的气氛，成员间相互配合、共同工作。

4）责任方面。群体的领导者权限很大，承担的责任也比较集中。而团队中除了领导者要负责，每个团队成员也负相关责任，成员间相互作用，共同负责。

5）技能方面。群体成员的技能可能相同，也可能不同。而团队成员的技能是相互补充的，成员间角色互补、相互合作，从而达到整个团队的有效整合。

6）结果方面。群体的绩效是每个个体的绩效相加之和；而团队的绩效是由成员相互合作共同取得的。

2. 群体向团队的过渡

团队首先是一个群体。由群体发展到真正的团队需要一定的时间磨合，需要一个稳定的过程。在美国，每年 NBA 大赛结束后，常常从各优胜球队中挑出最优秀的队员，组成一支"梦之队"赴各地比赛，以制造新一轮高潮，但结果总是令球迷失望——胜少负多。其原因在于他们只是一个群体，而非真正意义上的团队。虽然他们都是最顶尖的篮球选手,但由于平时分属不同球队,无法展现出默契、协作的团队精神,不能形成有效的团队攻击力。

从群体发展到团队需要以下几个阶段。

第一阶段,由群体发展到伪团队,也就是所谓的假团队。例如,从各优胜球队中挑出最优秀的队员,组成一支"梦之队",就是建立了伪团队。在该阶段,成员虽有共同目标,却各行其是,成员间缺乏必要的配合与默契。个体成员没办法发挥其效能,群体绩效低下。

第二阶段,由假团队发展到潜在的团队,这时已经具备了团队的雏形。合理分派成员,发挥成员的优势技能,加强合作。该阶段已经属于潜在团队的范畴。

第三阶段,由潜在的团队发展为一个真正的团队,它具备了团队的一些基本特征。成员具备明确的协作意愿和协作方式,从而产生了真正的内心动力,促进团队成功。

经过以上三个阶段的发展,群体形成了真正的团队,完成了由群体向团队过渡的过程。

6.3.3 创建团队的过程

创建团队一般需要经历成立、震荡、规范化、高产和调整五个阶段。

1. 成立阶段

团队成立首先要考虑团队的定位问题,形成团队的内部结构框架。其次要建立团队与外界的初步联系和团队运作的制度体系。最后应建立团队与组织外部的联系与协调的关系,如建立与顾客、企业协作者的联系,努力与社会制度和文化取得协调等。

在一个组织中,组建团队通常有两种可能:一是建立以团队为基础的组织,即以团队为整个组织的运行基础;二是在组织有限的范围内或在完成某些任务期间采用团队的形式。该阶段的特点是团队的目的、结构、领导都不确定,团队成员各自摸索团队可以接受的行为规范。当团队成员开始把自己视作团队的一员时,该阶段就结束了。

2. 震荡阶段

团队成员在相互熟悉之后开始逐渐表达出自己的感受,同时也会表现出拒绝和不满的态度,从而给工作带来"动荡"或冲突。如果冲突不能够及时解决或进一步扩散、升级,那么即使小的矛盾或冲突,也可能发展成整个团队的动荡。

震荡阶段的团队常常表现出:团队成员的期望与现实脱节,出现不满情绪;成员产生挫折感和焦虑感,对团队目标能否达成失去信心;团队中人际关系紧张,冲突加剧;对领导权不满,遇到突发问题时,个别成员甚至会挑战领导者;团队的生产力持续遭受打击等。

团队管理者首先应采取措施安抚人心,以便缓解冲突;其次可以鼓励团队成员对有争议的问题发表自己的看法,在团队间进行积极有效的沟通;再次要建立团队的工作规范,管理者要以身作则;最后管理者要适时调整角色,适度对团队授权,鼓励团队成员参与决策,提高成员的自主性和积极性。

3. 规范化阶段

经过震荡阶段,团队开始逐渐走向稳定和成熟。团队成员产生了强烈的团队认同感和归属感，团队表现出一定的凝聚力。团队成员的人际关系由分散、矛盾逐步走向凝聚、合作，彼此之间表现出理解、关心和友爱，并再次把精力转移到工作任务和团队目标上，关心彼此的合作和团队的发展，并开始建立工作规范和流程，团队的工作特色逐渐形成，成员的工作技能也有所提高。

该阶段是团队文化建设最有利的时期。团队管理者可进一步培养成员互助合作、敬业奉献的精神，增强对团队的归属感，促进团队共同价值观的形成，并鼓励团队成员为共同承诺的团队目标尽责。该阶段团队面临的最大问题是团队成员害怕遇到更多冲突而不愿正面提出自己的建议。应通过提高团队成员的责任心和建立成员之间的信任感，营造自由、平等的氛围。

4. 高产阶段

团队在高产阶段的表现为成员具有一定的决策权，自由分享组织信息；成员信心强，具备多种技巧，能协力解决各种问题；团队内部采用民主的方式进行平等沟通，化解冲突，共享资源；成员有成就事业的高峰体验，有完成任务的使命感和荣誉感。

高产阶段的团队，管理者应思考和推动创新，更新业务流程与工作方法；提出更具挑战性的团队目标，鼓励和推动成员不断成长；管控任务的进展，通过承诺而非管理达到更佳效果；肯定团队的整体成就，认可成员的个人贡献。

5. 调整阶段

随着任务的完成，很多团队都会进入调整阶段。团队可能有以下几种结局。

1）团队解散。为达成某项特定任务而组建的任务型团队会伴随任务的完成而解散。在该阶段，团队成员的反应差异很大。有的乐观，沉浸在团队的成就中；有的伤感，为在团队中建立的合作关系不能再继续而感到惋惜。

2）团队休整。例如，某些集团公司的执行委员在完成阶段性工作任务之后，会开始休整而准备进行下一个项目周期，其间可能有团队成员的更替，即可能有新成员加入，或原有成员流出。

3）团队整顿。对于业绩表现差的团队，进入调整期后可能被责令整顿，整顿的内容主要是优化团队规范。

> **小贴士**
>
> 北京时间2022年2月6日晚，女足亚洲杯决赛在印度举行。中国女足在上半场落后2球的情况下，连进3球，补时绝杀韩国女足，时隔16年再次站上亚洲之巅。至此，中国女足已经9次夺得亚洲杯桂冠，当之无愧地成为本项赛事中最成功的球队。中国队在收获冠军的同时，也拿到了2023年澳大利亚和新西兰女足世界杯的入场券。夺冠之后，国人为之感动和振奋，中国女足的相关话题也迅速刷屏网络。
>
> 在女足身上，我们看到了竭尽全力去拼搏的精神，这种精神我们在女排队员身上也同样可以看到。"女足精神"和"女排精神"，我们可以统称为"组织的精神"，女排和女足呈现出来的组织精神，就是"让平凡的人做出不平凡的事"的精神，这种精神就是要给每个人的长处以充分的发挥空间，肯定和奖励卓越的表现，让个人的卓越表现对组织其他成员产生建设性贡献。因此，好的组织精神应该强调人的优点，即强

调他能做什么，而不是不能做什么，必须不断改进团队的能力和绩效；把昨天的优良表现当作今天的最低要求，把昨天的卓越表现当作今天的一般水准。对组织精神杀伤力最大的莫过于一味强调员工的缺点，忽视他们的长期付出和成长。

[资料来源：彭信之. 从中国女足看高效团队的内核[J]. 人力资源, 2022(7):25-27.]

6.3.4 高效团队的影响因素

高效团队（The High Performance Team）是指工作效率相对于一般团队更高的团队，其特点为有明确的目标，赋能授权。团队的高效与否一般与绩效紧密相关。

1. 高效团队的界定

哈克曼和森德斯特伦（Sundstrom）对团队绩效（Team Performance）进行了广义的概括，认为团队绩效是团队实现预定目标的实际结果。

诺尔德（Nord）认为，团队绩效主要包括团队对组织既定目标的达成情况；团队成员的满意度；团队成员继续协作的能力等。

本书将高效团队界定为：高效团队是指发展目标清晰、完成任务前后对比效果显著增加、工作效率比一般团队更高的团队。

2. 高效团队的影响因素

1）外界条件。影响团队绩效的外界条件包括丰富的资源、领导和组织结构、信任的氛围与合理的激励制度等。

（1）丰富的资源。在达成团队目标的过程中，需要依靠群体之外的资源的支持，包括及时的信息、先进的技术、充足的人员和行政支持等。

（2）领导和组织结构。高效团队的领导者为成员提供支持和指导，为团队指明方向，开发成员的潜力并适时鼓舞士气。但根据团队的类型，领导并非必需因素。

（3）信任的氛围。高效团队的成员必须彼此尊重和团结，能够促进相互合作。团队整体也应该营造信任的氛围，使成员敢于承担风险并精诚合作。

（4）合理的激励制度。针对不同岗位设计相应的绩效考评和奖惩制度，对成员的业绩贡献给予正确评价和激励，提高成员的工作满意度。

2）团队组成。团队组成是指团队配置的相关变量，包括团队规模、成员能力、角色分配和成员适应性等。

（1）团队规模。有效规划团队的组建规模，使成员在完成任务的过程中既能发挥各自的效能，又不至于压力过大或人员冗余。

（2）成员能力。团队绩效很大程度上取决于成员的知识、技能和能力。高效团队的成员需具备相应的能力和专长，也必须具有健全的人格和职业操守，以及高度的责任心。同时，团队领导者的能力也是必要的。

（3）角色分配。不同团队的需求有所不同，构建团队时应首先确保必要的角色配置。有能力和经验的成员应配置在核心，以保证团队任务完成。

（4）成员适应性。团队成员应具备较高的个体素质和团队协作能力，在团队任务中互相支持、彼此帮扶，以保证团队的高效运作。

6.3.5 高效团队的建设

高效团队的成员在有效的领导下相互信任、沟通良好、积极协同工作。

1. 加强团队设计

可以借助常见的管理工具简化团队建设工作。提升团队成员的自我认识，明确团队成员具有的优势和劣势、对工作的喜好、处理问题的方式、基本价值观差异等；通过这些分析，最后在团队成员之间形成共同的信念和一致的对团队目的的看法。团队内部各个成员也应有明确的岗位职责描述和行为准则，以建立团队成员的工作标准，以及高效的团队运行规则。

2. 提升成员素质

团队成员的选拔，不仅要注重技能和经验，还要兼顾其人格和价值观是否能够快速融入团队。同时增加成员的学习机会，鼓励成员创新和开拓，营造积极向上的团队氛围。成员的培养应全面考虑知识、技能、品德、志趣等综合素质，兼顾团队文化的建设和成员的凝聚力，使团队整体能在竞争中发挥优势，回避威胁，提高迎接挑战的能力。

3. 增强领导才能

优秀的团队管理者，首先，必须有高远实际的任务目标和敏锐的判断力，能够带领团队高速发展；其次，应以身作则，发挥榜样和带头作用，使成员能够安心追随；再次，明确任务的质量、范围、工期、成本等目标约束，并进行战略规划；最后，合理分配各团队成员的角色和责任，灵活授权、及时决策，充分发挥团队成员的积极性和创造性。

4. 畅通沟通渠道

管理层与团队成员、团队成员之间的良好沟通有助于提高团队的工作效率。良好沟通使管理者高效指导团队成员的行动，奠定团队信任的基础，也是团队精神在领导与团队之间的体现；成员可以避免和消除误解，精诚合作，打造团队内部协调平衡、群体互动的运动发展态势。同时，良好沟通可以引导团队成员调整心态和准确定位，使成员的个人目标与团队目标结合起来，保证团队的执行力。

复习思考题

1. 什么是群体？群体有哪些主要类型？
2. 群体的特征是什么？群体的发展主要经历了哪几个阶段？
3. 群体属性的组成要素主要有哪些？
4. 群体决策的含义是什么？群体决策有哪些优缺点？
5. 群体行为主要有哪些？
6. 团队的含义是什么？团队有哪些主要类型？
7. 高效团队的建设需要兼顾哪些方面？

思考与讨论

1. 你觉得哪些群体冲突的控制方式在工作中有效？
2. 你认为团队与群体的区别是什么？在管理中有哪些异同点？

第 7 章
组织中的沟通

一个人必须知道该说什么,一个人必须知道什么时候说,一个人必须知道对谁说,一个人必须知道怎么说。

——现代管理之父 彼得·德鲁克

本章学习目标

- 掌握沟通的概念及过程;
- 理解口语沟通和非口语沟通的概念及应用;
- 重点掌握运用平衡理论以实现有效沟通;
- 了解沟通中常见的问题及应对措施。

思政导入

在演讲类节目《我是演说家》的舞台上，我们听到了不少振奋人心的演讲。下面是《国强则少年强》演讲稿节选。

100多年前，梁启超先生曾说，今日之责任，不在他人，而全在我少年。少年强则中国强。100多年后的今天，其实道理反过来是一样的，中国强则少年强，中国强则中国少年强。

因为强大的国家能赋予一个少年强大的安全感，基于安全感，他可以自由地选择他想生活的地点、职业、状态，乃至心情。他是轻装上阵去看这个世界，又理直气壮地回到自己的家园。

有一句话是这样说的：如果你觉得活得很舒服，那是因为有很多人在默默地为你付出；如果你觉得很安全，那是有很多人在为你承担风险。他们是边疆官兵、维和部队、外交官、公共服务行业的人，为了你和我更强的安全感在不懈努力。

但即便有不懈努力的他们，我们的国家还有很多不完美的地方。我们也有自己的不安全感，所以在这个意义上，今日之中国固然强，但今日之中国少年唯有更强。

祖国未来在于少年，少年强则国强，中国强则中国少年更强，中国强，就是因为少年强！

（资料来源：《我是演说家》许吉如演讲稿）

点评 《我是演说家》第三季，《国强则少年强》这篇演讲火爆网络，全网播放量2.3亿次，保持着单篇演讲播放量最高的纪录，被《人民日报》评为"值得反复看的演讲"。

这篇演讲用娓娓道来、不疾不徐的演讲风格，严谨的逻辑推理，诙谐的开场白，亲身经历的比较案例深刻阐述了国民安全感的核心主题：中国强大，则国民安全感更强，能拥有更多选择的机会。弱国无外交，落后就要挨打。因此，中国少年要努力使国家变得更加强大。在历史的长河中，国与个人始终是难以分割的整体。家国两相依，个人命运总与国家兴衰、民族前途休戚与共、息息相关。没有国家繁荣发展，就没有个人的幸福安宁。祖国的未来在于年轻的一代不忘初心，砥砺前行！

7.1 沟通的基础

生活中需要沟通，没有人可以离开沟通。沟通是组织中最重要的过程之一，它对个人、群体和组织都会产生重要的影响。管理的过程就是沟通的过程，沟通无处不在。

7.1.1 沟通的含义

1. 沟通的概念

在《新华字典》的解读中，"沟"为流水道，"沟通"就是使河水通达。

弗雷（Frey）指出：沟通是人们借助语言或非语言符号创造和分享意义的过程。

组织管理学家切斯特·巴纳德认为：沟通是把一个组织中的成员联系在一起，以实现共同目标的手段。

我国学者康青认为：沟通是人们通过语言和非语言方式传递并理解信息知识的过程，是人们了解他人思想、情感、见解和价值观的一种双向的互动过程。

综上所述，本书将沟通定义为：人们在交流过程中通过某种途径或方式互相传递信息、分享知识、交流思想观点等，以达到相互了解、理解和信任。

通常情况下，沟通既是分享，也是共享。沟通的本质是人与人之间思想上、信息上的交流和交换，人们可以通过不同方式表达自身的意愿，并获取相应的信息，最终实现思想、信息扩大和传递的目的。

2. 沟通的类型

按照不同的角度，沟通可以分成很多不同类型。

1）按照沟通的功能，可分为人际沟通与管理沟通。沟通是人类的本能，与衣食住行一样是基本需求。人际沟通是人与人之间的信息交流过程，属于本能的、经验型的及以性格为基础的沟通。而管理沟通是具有科学性、有效性与理性的沟通，是组织内部和组织之间采用言语、表情、文字等多种方式彼此进行的思想、意见等方面的交流，以实现对信息的共同理解和认识，取得相互之间的了解、信任，从而调节组织管理行为。

2）按照沟通的正式程度，可分为正式沟通与非正式沟通。正式沟通往往指以原则和管理制度为依据，通过正式渠道进行信息传递和交流。非正式沟通往往指没有通过正规的沟通渠道和网络进行的信息交流。

3）按照沟通方式，可分为语言沟通与非语言沟通。语言沟通包括口头语言沟通和书面语言沟通，非语言沟通包括声音语气（如音乐），肢体动作（如手势、舞蹈、武术、体育运动等），表情（如眼神、微笑、皱眉等）。最有效的沟通是语言沟通和非语言沟通的结合。

7.1.2 沟通的过程

沟通的过程是指沟通的信息在发送者和接收者之间传递的过程。

沟通是一个循环往复的过程，它的起点是发送者，终点是接收者，当接收者接收到信息时，通过反馈其想法，又转化为信息的发送者。图 7-1 描述了一个基本的沟通过程模型，包括七个要素。

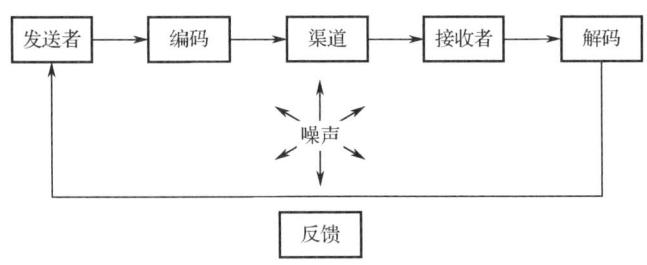

图 7-1　沟通过程模型

1）发送者。指拥有某个想法或主张，希望将信息传达给另一方的人，是信息的主动发送者，如演讲者、管理者、上访者等。

2）编码。指发送者把自己头脑中的想法转化（加工）成接收者能够理解的一系列传统符号的过程，如考虑是文字还是语音表达等。

3）渠道。指发送者将信息传达给接收者的途径，如通过邮箱发送邮件、打电话沟通、当面沟通等。

4）解码。指在接收信息之前，接收者需将渠道中加载的信息翻译成他理解的形式，如认真倾听，努力理解对方表达的含义。

5）接收者。指接收并解释信息的个人，虽然没有传达的主动权，但是有信息接收的决定权，如被访谈者、听众等。影响接收者的因素有理解能力和偏好、教育程度、听力、兴趣、价值观等。

6）反馈。指接收者把接收到的或理解的信息再返回给发送者，如回邮件、回答对方的询问、批示等。

7）噪声。指在信息传递的过程中妨碍人们沟通的各种因素，如环境的温度、隔音效果、时间点的选择等都会影响沟通的效果。

综上所述，沟通的过程就是发送者将自己的信息进行编码，加工成对方能够理解、而且能够传递出去的各种符号，通过有效的渠道传递给接收者，而接收者收到信息后形成自己的理解，再把自己的想法反馈给发送者的一个闭环过程。

7.1.3 口语沟通

1. 口语沟通的含义

口语沟通全称为口头语言沟通，是指运用口语表达的方式进行信息的传递和交流。口语沟通是组织管理中常用的一种形式。人们借助口头语言的表达方式彼此传递不同的信息、情感和思想。

2. 口语沟通的类别

口语沟通包括正式口语沟通和非正式口语沟通。人们没有计划的日常聊天为非正式口语沟通，而各种场合的线上线下会议、演讲、报告等为正式口语沟通。

3. 口语沟通的优势

1）可以迅速、及时进行沟通，并运用肢体动作等非语言沟通方式进行信息的强化。例如，一些重大事项，信息发送者可以迅速召集会议，布置任务，同时可以通过表情、手势、语言的停顿和重音等更好地表达信息的关键点。

2）能够直接观察到反馈，并根据接收者的反馈情况及时进行编码和途径的调整。这样有机会补充阐述及举例说明；有助于建立共识与共鸣；能确定沟通是否有效；有助于改善组织中的人际关系。

4. 口语沟通的劣势

1）口语表达受到的干扰因素较多，可能达不到有效沟通。例如，有时由于环境噪声的影响或信息发送者和接收者自身的原因，造成词不达意或误解，短时间内无法沟通清楚。

2）沟通信息不能及时保存。人们常说：口说无凭。口语沟通不利于信息的准确保存。特别是与很多人双向沟通时，效率较低。因此，组织中重要的口语沟通常常需要辅助文字材料。

 **小贴士**

口语沟通的注意事项

第一，提高信息发送者发送信息的质量。在口语沟通中应注意：吐字清晰，音量适中；语言简练、准确，用词得当；双向沟通（在沟通过程中可以随时暂停，询问对方"有什么地方没有听清楚"）；态度诚恳，营造和谐的沟通气氛，耐心回答对方提问；眼睛看着对方。

第二，提高信息接收者聆听的技巧和理解力。在口语沟通中应注意：集中精力，全神贯注地听；真诚对待讲话者，不要带有戒备心态；认真理解对方所讲的话，默默地用自己的语言复述对方讲话的内容，如有必要，可以用自己的语言向对方提问"你刚才的那段话意思是不是……"或请对方进一步明确所讲内容并举例说明；耐心倾听对方讲话，不要打断对方或过早地做出评价。

（资料来源：根据百度百科相关资料整理。）

7.1.4 非语言沟通

非语言沟通是沟通的另一个重要途径，其和语言沟通是相辅相成的关系。

1. 非语言沟通的含义

非语言沟通是相对于语言沟通来说的，非语言沟通是人类在语言之外进行沟通时的所有符号。非语言信息是通过身体姿态、面部表情、仪表服饰、语音语调等产生并传递出去的。其主要特点如下。

1）无意识性。一个人的非言语行为更多的是一种对外界刺激的直接反应，基本都是在不知不觉中反应的。例如，在组织活动中，如果和自己不喜欢的人站在一起时，人们会下意识保持一定距离。

2）情境性。和语言沟通一样，非语言沟通与所处的情境是配套的，在不同的情境中，同样的非语言符号意义也会不一样。例如，眼睛是心灵的窗口，交谈时眼睛看着对方脸上不同的部分，表达的内涵不同。盯着对方额头和眼睛沟通，表示非常严肃，向对方施加压力；看着对方眼睛或鼻子区域沟通，则是正常的人际沟通的目光，相对比较友好。

3）可靠性。人与人之间的非语言沟通更能真实地将人的想法表露无遗，使对方清楚地明白自己所想。例如，某些人在演讲时，表面上很自信，其实他的手在潜意识作用下可能按到桌角，这时大家就能看出他紧张了。正如弗洛伊德所说，没有人可以隐藏秘密，如果他的嘴唇不说话，则他的指尖会说话。

小贴士

英国心理学家阿盖依尔（Aguilar）等人认为，当语言信息与非语言信息代表的意义不一样时，人们相信的是非语言信息代表的意义。语言信息受理性意识的控制，容易作假，非语言信息则不同，大都发自内心深处，极难压抑和掩盖。

4）独特化。非语言信息与说话人的性格、气质息息相关，每个人都有其体现个性特征的独特身体语言，人们时常从一个人的形体表现来解读他的个性特征。例如，经常在公开场合发言的人，在表达自信的时候，辅助的笑容、手势语言、表情等运用得比较多。

2. 非语言沟通的常见形式

1）体态语言。体态语言是以身体动作表示意义的沟通形式。例如，人们见面相互点头、握手或拥抱，就是用体态语言向对方致意，表示问候和欢迎。人们在交谈时身体略向前倾，不时点头，偏头倾听等，表现出对说话者的尊敬和礼貌。

2）脸部表情。脸部表情是身体语言的一种特殊表现。眼神与目光接触能表达许多语言不易表达的复杂而微妙的信息和情感。微笑更是进行沟通、表达诚意、解除心理戒备的秘密武器。研究表明，在解释相互矛盾的信息的过程中，许多细微复杂的情感都能通过面部种种表情传递，并且能对口语表达起解释和强化作用。

3. 非语言沟通与语言沟通的关系

在组织的沟通中，非语言沟通与语言沟通相辅相成，既紧密相关，又各自具备自己的特点。

语言沟通在信息编辑发出时开始，主要通过声音或文字等渠道传递信息。语言沟通是结构化的表达，信息发送者初期通过编码对词语进行控制，但信息一旦通过渠道传递出去就会留下痕迹，无法收回。

非语言沟通是连续的，通过声调、视觉、嗅觉、触觉等多种渠道传递信息，绝大多数是习惯性的和无意识的。在沟通中，非语言沟通是加强语言沟通效果的重要手段，在信息发出后可以酌情根据需要进行修订。例如，先点头表示赞同，随后又摇头微笑等，有部分赞同及无可奈何的寓意。在一些特殊情境下，非语言沟通甚至可以代替语言沟通，给对方以暗示或表示尊重。例如，初次见面，身体前倾、紧握对方双手，就可以很好地展示出个人良好的礼仪修养和对对方的尊敬和欢迎。

> **小贴士**
>
> 唐代诗人白居易的《琵琶行》中写道："感我此言良久立，却坐促弦弦转急。凄凄不似向前声，满座重闻皆掩泣。"诗句描述了琵琶女被诗人的话语触动，用"良久立""促弦弦转急"的动作和"凄凄"的琴声，表现出双方交流中琵琶女心绪的变化，此时无声胜有声，完美、有效地表达出"本是天涯沦落人，相逢何必曾相识"的感叹。

7.2 有效的人际沟通

人作为社会的个体，在组织中与周围的事物发生着这样或那样的联系。良好的人际沟通对个体的职业发展影响非常明显。

7.2.1 理解和运用平衡理论

平衡理论（Balance Theory）是美国心理学家海德在 1994 年提出的，关系到人际交往如何进行调整、保持愉悦，是人际沟通的一个基础理论。

1. 基本含义

海德认为，人的心理活动是人与社会因素在相互作用中实现动态平衡的过程。一个人与另一个人建立关系，往往是通过某些事情形成的。

平衡理论与费斯廷格（Festinger）的认知失调理论很相似，但认知失调理论主要强调自身态度不受外界干扰进行调整；平衡理论重视人际关系对态度的影响，更强调一个人对某认知对象的态度常常受他人对该对象态度的影响。

平衡理论的核心观点是：假设人们对某对象的认知是相似的，人们之间的关系也是平衡的。一旦人们的认知出现分歧，个体就会有紧张感，并努力改变认知，与他人保持一致，以产生恢复平衡的力量。

平衡理论认为，人际交往中，人们会用一种平衡的方式自发地调整他们的好恶。当两个人互相喜欢对方，而且发现他们在很多方面相似时，人际关系表现为平衡，情绪上表现为愉悦。当两个人相互喜欢对方，但发现他们在一些方面具有差异，结果就是失衡（Imbalance），这时的情绪是不快的。

2. 理论模型

海德的平衡理论常用 P-O-X 模型解释，如图 7-2 所示。其中，P 代表某认知主体；O 代表他人；X 代表人或事物（第三方）。"+"表示肯定，"-"代表否定。判断的原则是：平衡的结构必须三角形三边符号相乘为正；不平衡的结构必须三角形三边符号相乘为负。在这个关系中，O-P 关系是强关系。

海德指出：如果三种关系从各方面看都是肯定的，或者两种是否定的、一种是肯定的，则存在平衡状态。相反，如果三种关系都是否定的，或者两种是肯定的、一种是否定的，则存在不平衡状态。如图 7-2 所示，三角形中 1、2、3、4 是平衡状态，5、6、7、8 是不平衡状态。

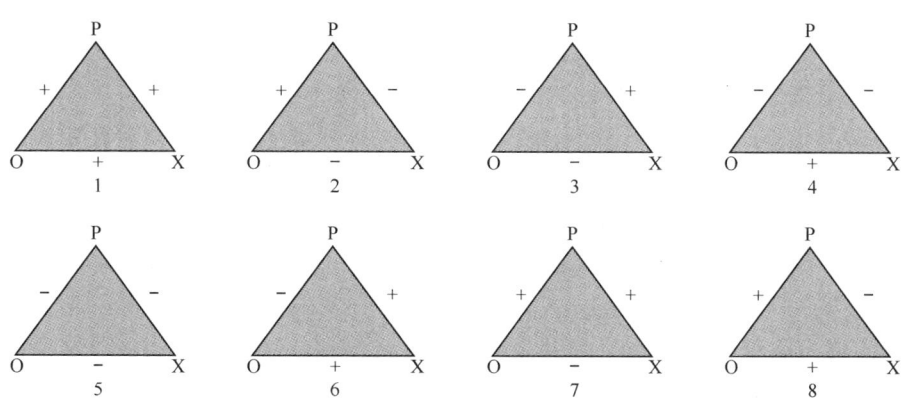

图 7-2 海德平衡理论 P-O-X 模型

以图 7-2 中三角形 1 举例：P 喜欢听歌剧（X），同时 O 也喜欢听歌剧。于是 P 对 O 可能就有好感及积极的情感评价，极有可能建立良好的人际关系。

以图 7-2 中三角形 3 举例：P 和 O 两个人不认识，P 喜欢打篮球（X），而 O 不喜欢打篮球，两个人原本可能不会有太多的人际往来，但如果 P 想加强与 O 的关系，则要么说服 O 喜欢上篮球，要么说服自己篮球并不是那么重要。

以图 7-2 中三角形 7 举例：P 和 O 是很好的朋友，但是现在 P 主张去学习游泳（X），并且让 O 也一起去，但是 O 不想学习游泳。这时，P 可能就会感到不舒服及产生紧张、焦虑。为了处理好两个人之间的关系，P 就要尝试说服 O，使他喜欢上游泳，或者 P 改变自己对游泳的看法，回到平衡状态。

3. 理论贡献和不足

平衡理论 P-O-X 模型存在于我们生活的中不同方面，只要存在人际关系，就存在平衡理论，如亲子关系、亲密关系、同事关系、朋友关系等。平衡理论是人际交往的基础，也是人际沟通中的基础理论，可以为我们的人际交往沟通提供一定的指导。但该理论只是说明了方向，并没有指出强度，在人际关系中还需做到具体问题具体分析。

7.2.2 学会有效倾听

倾听是人际沟通过程中一个重要的环节。倾听不仅是给予信息发送者的尊重和认同，也是沟通有效反馈的必要途径。

1. 有效倾听的含义

倾听是指在交谈过程中，一方接收对方的语言和非语言信息，了解信息并做出反应的过程。

倾听的高级阶段则是有效倾听。其不仅仅包括集中注意力，而且包括身体、情感和智力融合在一起，寻找信息的意义和理解的过程。信息接收者不仅在听，而且会给信息发送者适当的反馈，表示理解发送者的意图，这可称为有效倾听。

2. 有效倾听的障碍

沟通是管理的灵魂，而倾听正是沟通的关键，因此有效倾听决定了管理效率。然而倾听的障碍无处不在，它可能存在于人与人之间，部门与部门之间，内部与外界之间。导致倾听障碍的主要因素如下。

1）来自发送者的障碍。发送者的个性特征、组织情境都会构成信息的发送障碍。例如，教育背景差、表达能力和习惯不良、隐瞒信息等都会使信息不完整。

2）来自接收者的障碍。在倾听过程中，信息接收者选择性倾听、沟通习惯（是否经常打断对方）、个人理解能力及刻板印象、首因效应、印象管理等，都会影响倾听效果。

3）双方显著的经验知识差异障碍。当信息发送者进行编码和信息接收者进行解码时，通常在自己的经验知识范围内进行整理。如果沟通双方存在明显的经验知识差异，除非发送者和接收者自觉调整、适应，如换用对方能够理解的语言或方式进行表达或提问，否则就可能效果不佳，甚至无效倾听。

4）沟通中的背景及噪声。倾听中可能遇到很多干扰因素，如周围各种噪声、时间的长短限制等，这些都会影响倾听的效果。

3. 有效倾听的技巧

1）学会换位思考。在倾听过程中，以信息发送者为导向，从对方的角度去思考，以"对方想要表达什么""对方表达后希望得到的反馈是什么"作为倾听的起点，以平衡理论为基础，调整自己的喜好，努力与对方建立起良好的人际沟通关系，达到有效倾听的目的。

2）欣赏和尊重对方。培养相互间的欣赏和尊重，做一个耐心的听众，这是良好沟通的基础。信息接收者在倾听过程中要注意将肢体语言、表情等信息积极反馈给信息发送者，以鼓励对方精确表述。

3）遵循TPO原则，减小噪声的不利影响。礼仪上强调的TPO原则（Time是时间，Place是地点，Occasion是场合，简称TPO）同样适用于有效倾听。选择合适的时间、地点和场合进行沟通，尽可能减小噪声的干扰，确保沟通顺利进行。

> **小贴士**
>
> 一次，卡耐基应邀参加一次聚会。在那里，他碰到一位女士，这位女士知道卡耐基是一位著名的演说家，曾经去欧洲旅行演讲，于是便走过来对他说："你好，卡耐基先生，我很想让您给我讲讲您曾经去过的那些地方，以及那里迷人的风光。"
>
> 他们找了个沙发坐下来，这位女士告诉卡耐基她和丈夫刚刚从非洲旅行回来。
>
> "非洲！"卡耐基顿时显得兴奋起来，"一定是趟开心之旅！我一直想去非洲看看，可遗憾的是我只在阿尔及尔待了24小时，其他地方的风光都没有领略过。您真是太幸福了！我真羡慕您。您给我说一说您的非洲之旅吧。"
>
> 就这样，这位女士一口气讲了45分钟，而再也没有问过卡耐基关于他去欧洲的事情。后来，她还和其他人讲，卡耐基是一个很健谈的人。事实上，在两人的沟通过程中，卡耐基基本没有说过几句话。
>
> 对此，卡耐基分析："她并不想听我说的故事，她需要我听她讲她去过的地方，以及见过的风景，这样她就能找到更好的自我感觉。"
>
> （资料来源：根据百度百科相关资料整理。）

7.2.3 人际沟通实训

1. 沟通能力自我测试训练

沟通能力自我开发与提升是成功人际沟通的基础。如果说，普通人际沟通中，信息发送者和信息接收者通常是两个独立的个体。那么，沟通能力自我测试就是一个"主我"的评价过程，这个过程是通过与客体的沟通及反馈的信息，对自己的沟通能力进行研判和反思。下面是沟通能力自我测试训练。[1]

1）沟通能力自我测试。

- 我经常问他人对自己的看法，了解自己的优缺点，促使自己进步。
- 当别人给我提反面意见时，我不会感到生气或沮丧。

---

[1] 丁宁. 管理沟通：理论、技巧与案例分析[M]. 北京：人民邮电出版社，2016.

- 我非常乐意向他人开放自我，与他人共享我的感受。
- 我很清楚自己在收集信息和做决定时的个人风格。
- 在与他人建立人际关系时，我很清楚自己的人际需要。
- 在处理不明确或不确定的问题时，我有较好的直觉。
- 我有一套指导和约束自己行为的个人准则和原则。
- 无论遇到好事还是坏事，我总能很好地对这些事负责。
- 在没有弄清楚原因之前，我极少感到生气、沮丧或焦虑。
- 我清楚自己与他人交往时最可能出现的冲突和摩擦的原因。
- 我至少有一个以上能够与我共享信息、分享情感的亲密朋友。
- 只有当我自己认为做某件事是有价值的时，我才会要求别人这样去做。
- 我会较全面地分析做某件事可能给自己和他人带来的结果，再做决定。
- 我坚持一周一次，在只属于自己的时间和空间中去思考问题。
- 我定期或不定期地与知心朋友随意就一些问题交流看法。
- 在每次沟通时，我总是听主要的看法和事实。
- 我总是把注意力集中在主题上，并领悟讲话者表达的思想。
- 在听的同时，我努力深入思考讲话者所说内容的逻辑性和理性。
- 即使认为听到的内容有错误，我仍能克制自己继续听下去。
- 在评论、回答或不同意他人观点之前，我总是尽量做到用心思考。

2）评价标准。
- 非常不同意/非常不符合（1分）。
- 不同意/不符合（2分）。
- 比较不同意/比较不符合（3分）。
- 比较同意/比较符合（4分）。
- 同意/符合（5分）。
- 非常同意/非常符合（6分）。

3）自我评价。将20道题目选项得分相加，再与以下三个标准分进行比较。
- 比较自己的得分与最大可能得分（120分）。
- 比较自己的得分与班里其他同学的得分。
- 比较自己的得分与由100名管理学院和商学院学生组成的标准群体的得分。

与标准群体比较，如果你的得分是100分或更高，你具有优秀的沟通技能；92～99分，你具有良好的沟通技能；85～91分，你的沟通技能较好，但有较多地方需要提高；84分或更低，你需要严格地训练自己以提升沟通技能。

在自我沟通的过程中，还会存在很多障碍，如缺乏自我认知、没有明确的人生目标和理性思考不足等。养成良好的自我沟通习惯，可以使自己保持心情愉快，同时坚定自己的人际交往沟通信心。

2. 倾听训练[1]

形式：集体参与。时间：5～10分钟。道具：任何一则包含一些数字或确切事件的

---

[1] 谢玉华. 管理沟通[M]. 大连：东北财经大学出版社，2013.

新闻。场地:室内。目的:演示说明大多数成人的倾听效率只有50%。

1)第一步,倾听训练过程。事先从报纸或杂志上摘录一篇2~3段的文章,不要进行任何介绍,在课堂上很不经心地向学生提起:"也许你们中很多人几天前已经看到了这则报道。"大声朗读这篇文章。结束后,你会看到学生们毫无兴趣,露出十分厌倦的表情。这时,你拿出一个精致的礼品,说:"好,针对刚才大家都听到的报道,我要提出几个问题。谁能全部答对,就能赢得这个礼品。"然后问5~8个问题,如文章涉及的名字、日期、地点等。看看是否有人能全部答对。

2)第二步,思考并分析。这是关于有效倾听的训练,提问请学生思考。

(1)既然大家都听到了这篇文章,为什么很少有人能记得非常清楚?

(2)为什么我们会听而不见呢?我们该如何提高自己的倾听能力?

(3)如果一开始就告诉大家仔细倾听就有机会赢得奖品,大家会不会听得更认真?为什么?没有奖品刺激时,我们应当如何保证更好地倾听?

3)第三步,新材料倾听训练。学生回答问题后,再找两篇文章进行学习目的强调,然后分组进行倾听训练,使学生掌握有效倾听训练的步骤。

7.3 组织的有效沟通

沟通是组织管理的灵魂。组织的有效沟通意味着各类组织的管理者需要不断提高沟通的有效性,改善管理职能,激活组织成员沟通行为,尽快使组织适应外部环境的变化。

7.3.1 组织沟通概述

1. 组织沟通的含义

关于组织沟通,学术界目前比较公认的含义是:在一定的组织结构环境中,组织成员的知识、信息及情感的交流过程。组织沟通具有明确目的,一方面为组织的整体战略服务,另一方面确保组织与内外部环境相匹配。因此,组织沟通既涉及战略方面的控制,也涉及如何在创造力和约束力之间获取或达到一种平衡。

2. 组织沟通的类型及作用

组织沟通一般分为两大类:内部沟通和外部沟通。

1)组织内部沟通及作用。组织只有通过内部沟通才能实现有机配合和协调,并保证完成各项任务。沟通可以说是组织管理的基础,组织内部沟通的成效决定组织的运作效率,也影响组织中部门职能和个体才能的发挥。

组织内部沟通在组织管理中起到传递组织信息、征求员工意见、激励成员绩效、约束内部成员行为及塑造企业独特文化等作用。

组织内部沟通通常包括上行沟通、平行沟通、下行沟通等不同类别。上行沟通是指由下级向上级传递信息,如员工向管理者汇报工作、反映问题、建言献策、表述自己的态度等。平行沟通是指同级之间传递信息,如员工之间的交流、同一层级不同部门的沟通等,主要用于不同部门的协调。下行沟通是指由上级向下级传递信息,如组织的上级领导向下级发布命令和指示。

2）组织外部沟通及作用。组织外部沟通构成了组织有机的外部社会关系，它与组织内部沟通紧密相连。组织外部社会关系包括政府、社区、竞争对手、媒体、服务对象、股东、供应商等，组织需要与这些外部社会关系保持良好的沟通与信息交流，才能树立起良好的形象。

组织外部沟通不仅有助于组织获得充分的外部支持，提高知名度，而且是组织回馈社会的重要途径。例如，高校的校友会就是高校与毕业并分布在社会各界的校友之间建立的良好的外部沟通关系。

> **小贴士**
>
> 某企业人事经理调查客服部员工小刘的离职原因时了解到，小刘最近一次绩效面谈发生在各部门上报绩效考核结果的前一天下午。小刘反映，他当时正参加一个客户会议，被主管谢经理叫了出来，当场就做绩效面谈。面谈中，谢经理列举的好几个工作中出现的关键事件都是不利于他的，而且根本没有再申辩的机会，谢经理就给他的绩效考核结果打了个C。这让他感到非常不公平。
>
> 人事经理随后走访了客服部主管谢经理，谢经理解释："那天下午我突然想起是公司绩效面谈的最后一天，就马上找他过来了。但实际上前一周已经通知他了。等我找他时，他先是说没时间准备，可公司布置的事怎么能不做呢。然后他就态度不好，我刚说了他几句，他就反驳，说他在这个季度里没做过那几件事。可平时我都记录在案的，怎么可能没做？我再对他讲了几句他平时的工作失误，他就只是愤怒和沉默，我想至少他应该给我一些积极的回应才对。平时他还挺不错的，但是在这次面谈中似乎很不高兴。最后我说，我给你打个C，下次你一定要好好干，把毛病都改正，争取干得出色。可他却说，打C就打C，显得非常不满，然后就离职了。"小刘的离职原因与自己有关吗？谢经理有些纳闷。

7.3.2 组织内部沟通常见问题和应对措施

组织内部沟通的过程经常受一些因素的干扰或影响，使传递的信息失真，导致沟通不能顺利进行，并且这些干扰都会影响组织管理的效率，妨碍组织目标的实现。

1．组织内部沟通常见问题

1）组织上下级之间存在交流障碍。一方面，管理风格问题。上级注重自己的权威，这就在无形中与员工形成沟通障碍，导致上级对员工的情况不够清楚，使沟通不准确、不完整；另一方面，通常上级要求员工在规定的时间内完成工作任务，从而产生了时间压力，限制了员工沟通能力的发挥。

2）组织不同部门或同级之间存在沟通障碍。由于不同部门的利益不同，组织缺乏资源整合，再加上各部门员工之间由于具有不同的文化背景、不同的处事风格及沟通方式，可能产生沟通不顺畅的问题。如果组织缺乏鼓励分享的组织氛围，就会形成部门之间和员工之间的沟通壁垒，堵塞沟通渠道。

3）激励机制缺失导致组织成员缺乏安全感。安全感是信息发出者和接收者的沟通基础，如果组织不能形成有效的激励机制，管理者和员工之间缺乏信任，员工就会缺乏安全感，即使看到组织问题也会沉默以对，缺乏建言献策的主动性，在沟通中就会产生消极或抵触的情绪,影响沟通的效果。

2. 克服组织沟通障碍的途径

组织沟通障碍可以发生在沟通过程中的任何一个环节。一般来说,克服组织沟通中的障碍,要重点关注以下几方面。

1)从组织层面。

(1)建立良好的组织沟通模式。顺畅的沟通是组织活力的有力保障。提升组织沟通效率需要从内部创建和改善沟通的环境及机制。在组织内部构建统一的沟通风格和行为模式,将一些概念性东西固定下来,在组织内形成员工理解的组织话语,使组织文化得以渗透和传播,形成良好的组织文化氛围,减少组织沟通的障碍。

(2)拓展组织正式沟通渠道。建立多渠道的沟通方式,以确保不同思想、性格的员工可以通过可行的渠道向管理者反映问题。组织要建立稳定、合理的信息传播途径,以便控制组织内部的横向及纵向信息流动,使各部门及员工都有固定的信息来源,防止小道消息误导员工。

2)从管理者层面。

(1)明确沟通目的。作为信息的发出者和接收者,无论是管理者还是员工,在沟通时一定要知道自己要做什么,明确沟通的内容和需要达到的目标。如果目标不明确,表达没有重点,也就很难达到有效沟通的目的。

(2)了解沟通对象的需求。人能集中注意力的时间很短,在很短的时间里,无论是讲解组织战略,还是讲解规章制度,首先要了解沟通对象的需求是什么,什么表达方式是有效的。只有有的放矢进行沟通,才能吸引对方的兴趣,进行有效的沟通。例如,华为公司创始人任正非在阐述组织的战略调整和末位淘汰的重要性时,面对一线基层员工,仅高度浓缩成九个字:"减人、增效、涨工资!"通俗易懂,让一线员工都能理解组织战略裁人和自身利益之间的紧密关系。

(3)学会倾听和积极反馈。管理者学会倾听,可以使员工共享信息,了解组织的真实情况;良好的反馈有利于员工建言献策;管理者的倾听和反馈能激发员工的组织公民行为和越轨创新精神,有效地克服组织沟通中存在的障碍。

> **小贴士**
>
> 周恩来在26年的新中国总理生涯中,一直分管外交工作。他以决策人、指挥者、实践家三位一体的身份,以非凡的才能、智慧与精力,为新中国的外交事业做出了杰出贡献。
>
> 1955年4月19日,周恩来在万隆会议上作补充发言。据当时的中国驻印度尼西亚使馆外交官黄书海介绍,万隆会议有三个危机,但都被周总理化解了。第一个危机是克什米尔公主号暗杀事件,当时如果周总理决定不参加,那就没有万隆会议的外交风采;第二个危机是会议一开始,其他国家代表就对中国代表团群起而攻之,周总理现场起草发言稿,第一句话是"中国代表团是来求团结的,不是来吵架的",第二句话是"中国代表团是来求同的,而不是来立异的",现场的紧张气氛立刻被扭转过来;第三个危机就是开会后要拿出什么成果。

> 周恩来总理在坚持原则的基础上，与其他国家妥善处理分歧，取得了良好的沟通效果。
>
> （资料来源：周恩来总理的外交智慧，深圳新闻网，2022-07。）

7.3.3 组织中不同类型的沟通

1. 面谈

管理的过程就是沟通的过程，而面谈是组织招聘甄选、培训开发、绩效考核、领导控制等必不可少的重要内容。

1）面谈的含义和类型。面谈是指任何有计划的和受控制的，在两个人（或更多人）之间进行的，参与者中至少有一人是有目的的，并且在进行过程中互有听和说的谈话。

面谈的特点：一方面是有计划地交谈；另一方面是有计划地了解一些关心的信息，并且舍弃了无关的信息。因此，面谈区别于一般的无目的交谈，也不同于谈判、会谈等交互式的正式沟通。

按照不同的视角，面谈有多种类型：按内容，可以分为咨询、座谈、招聘面试、绩效考核等类型；按模式，可以分为结构化、非结构化及半结构化等类型。

通常情况下，面谈中一方会有计划地把内容和形式有机结合起来，以便更好地了解对方的信息。以招聘面试为例，我国的公务员考试常用结构化试题，而企业招聘更多运用非结构化或半结构化试题。

2）面谈的过程。

（1）营造沟通氛围。面谈的主要目的是营造一种开放式、分享式的氛围，奠定双方良好沟通的基础，促进建立良好的合作关系。

（2）有计划地设计问题。为了得到所需的信息而进行的编码过程，关键在于选择合适的问题。例如，针对不同对象，是运用封闭式、开放式还是探寻式等类型的问题。

（3）选择渠道发出信息。运用合适的方式提供信息，帮助面谈者将重心放到他们可能从未考虑过的问题上，帮助对方以全新的视角看待当前的情况，鼓励对方进行沟通，了解对方信息及新想法、新探索。

3）给予反馈，结束面谈。在确认对方已经完全理解并且回答所需要的信息后，确认信息的准确性和完整度，给予对方积极的反馈。

 **小贴士**

关于员工想离职从商的面谈

2019 年 1 月 14 日，某公馆场所系统负责人接到指挥中心班长罗某的消息：指挥中心刘某在过年前后可能离职。得到消息后，负责人立刻安排刘某进行面谈。考虑到刘某会因为罗某把离职消息透露给负责人而产生不满，带来团队内不必要的麻烦，负责人并没有直接询问刘某离职的事，而是从了解日常工作生活开始面谈。通过面谈，刘某表现出想出去做生意的想法。但刘某自己没有从商经验，也没有明确的目标去做什么生意。得到信息后，负责人从公司的福利待遇和发展前景入手，对刘某进行宣讲，同时对现在放弃工作从商的利弊进行分析。双方讨论了一番后，刘某有了较明晰的认识，基本上打消了离职从商的念头。面谈之后，相比之前，刘某的工作态度和积极性都有明显提升。

2. 面试

面试的类型越来越多样化，可以分为结构化面试、半结构化面试和非结构化面试，以及文件筐、无领导小组讨论等多种方式。下面以结构化、非结构化和半结构化面试特点为例加以说明。

1）结构化面试。是指按照招聘职位的胜任特征要求，采用专门的题库和评价标准，通过考官小组与应考者面对面的言语交流等方式，评价应考者是否符合招聘岗位要求的面试方法。

一般结构化面试有 2～3 道题，主要按照面试者回答问题的逻辑性、创新性、语言表达、仪态仪表等进行考核，设置不同分数比重。

结构化面试包含一系列与工作相关的问题，这些问题对应具体的工作岗位。一般结构化面试包含以下几种典型的问题。

（1）工作价值观问题，如为什么要到我们企业应聘？

（2）人岗匹配问题，如说说你的优缺点。

（3）分析问题，如对这句话你怎么理解？

（4）解决案例问题，如遇到某类突发问题，你怎么解决？

2）非结构化面试。面试问题带有随机性，覆盖面广，没有标准答案。面试官会提问一些探究性、开放性的问题，鼓励面试者尽可能多地讲话，以考核面试者的观点和综合分析能力。例如，某著名广告公司在招聘策划岗位时，面试时有个开放性问题："下水道的井盖为什么是圆的？请给出至少两种解释。"某咨询公司面试题："香港有多少只老鼠？"这些问题没有标准答案，根据招聘人才的特点，主要考核面试者是否思维严谨、具有创新意识等。

3）半结构化面试。其面试规范化程度介于前两者之间，可以看成简化了的结构化面试。半结构化面试时间因公司、候选人数量和岗位而异，一般每人 5～10 分钟，形式大部分是多对一面试——几位考官面试一个面试者。考官会根据面试者的简历及面试中的问题有针对性地发问。问题比结构化面试更加多样，并伴随追问。例如：你为什么来应聘我们公司？你还应聘了其他哪些公司？

3. 绩效面谈

绩效面谈是指组织根据员工本周期的绩效表现，由人力资源部或部门负责人与员工进行面对面的交流和评价，双方共同寻找问题出现的原因，并提出有效措施的面谈活动。

1）绩效面谈的含义及原则。绩效面谈是管理者对员工进行的面对面的确认和交流，基本是一对一形式。绩效面谈可以分为三类：初期的绩效计划面谈、中期的绩效指导面谈、后期的绩效考评总结面谈。这里的绩效面谈主要指后期的绩效考评总结面谈：管理者将员工的绩效表现通过正式的渠道反馈给员工，让员工对自己的工作情况有一个全面理解和认识，目的是通过面谈提高个人绩效水平，改善组织成员之间的关系。

有效的绩效面谈应该把握以下四个原则。

（1）直接具体原则。管理者与员工的沟通内容以员工的工作为主，不能抽象地泛泛而谈，要准确地评价员工的工作情况。

（2）互帮互助原则。面谈一方面可以表达管理者对员工的看法，另一方面也可以在谈话中深入员工内心，及时发现存在的问题。通过面谈的方式，使有困难的员工得到最大程度的帮助。

（3）以工作为本原则。管理者在进行绩效面谈时应该以员工的工作情况为核心，而不应该去讨论无关的事情。

（4）相互信任原则。只有上下级关系融洽，管理者和员工之间才能更好地沟通；只有营造良好的沟通氛围，才能在面谈的时候彼此信任。

2）绩效面谈的前期准备。

（1）选择恰当的面谈时机。选择合适的时间进行绩效面谈对绩效面谈的结果有很大影响。管理者应该提前通知下属面谈的时间，尽量避开临近下班和非工作时间。同时，合理把握面谈的时间，不应过长或过短。

（2）选择恰当的面谈地点。绩效面谈场所一般选择比较正式和安静的办公区域，如办公室或小会议室。

（3）提前准备面谈需要的资料。管理者在面谈之前应充分了解下属的工作状况。参与面谈的下属也应该提前整理好事实依据，以便显示出自己的业绩状态。

3）绩效面谈的过程。

（1）开场白。开始绩效面谈时，管理者应该向面谈对象简要说明面谈的目的和基本程序。管理者可以从轻松的话题入手，消除下属的紧张情绪，使下属能够在面谈中更好地表达自己真实的想法。

（2）面谈的实施。一般情况下，在绩效面谈前，管理者首先应该对员工本周期的绩效进行了解和评价，优点要肯定。对于下属存在的问题，要让下属清楚自己还需要改进的地方，帮助下属不断完善自己，激励其取得更好的绩效。

（3）面谈的结束。当面谈的目的已经达到或由于某些原因无法取得进展时，应当采取积极的方式适时结束面谈。在绩效面谈的结束阶段，管理者要肯定下属的能力，增强下属的信心，激励下属以积极饱满的热情投入工作中。结束后，要善于反思，总结提升绩效面谈的经验技巧，对下属提出的问题要重视，及时找出解决办法。

4. 组织沟通训练

沟通是连接组织成员以实现共同目标的一种手段。研究表明，70%的组织管理错误是由沟通不畅造成的。下面是几个组织沟通训练的例子。

1）训练1。截至2022年年底，T公司总经理信箱共收到匿名投诉信5封，投诉司机班服务差，包括接不到客户、门难进、脸难看、话难听等，结果考核小组年底扣了司机班5分。但司机班一年来只发生过一次小交通事故，比去年有很大进步，加了6分。行政部杨经理要与司机班赵班长进行一次年终绩效面谈。

杨经理：来，刚从上海跑车回来吧，辛苦了。

赵班长：还好，听从领导吩咐，客户是我们的衣食父母。

杨经理：今年司机班安全方面做得不错，资料上好像只有一起小交通事故，全年没有大的事故发生，很不错呀！

赵班长：本来可以避免的，就是那一天，不知道哪个冒失鬼，要转弯也不打方向灯，结果小李来了个急刹车，把对方的车屁股碰了一下，保险杠凹进去了。

杨经理：这一年来，大家都很辛苦，能做到大的安全事故为零，这个成绩很好。你有没有采取什么好的措施呀?

赵班长:措施有啊,每天上班前开早会,大家集中在一起大吼一声"安全第一",然后考核,出事故的车要扣分,挨批评,回来站墙角5分钟,不能说一句话(站墙角是意思意思,主要是加强安全意识)……

杨经理:我听说,公司出公车,保安拿到出车单时,会对司机说一声"注意安全",有这样的事情吧?

赵班长:有,还是为了安全。平时我们也互相提醒不要开车打电话,不要加塞,不要酒后开车,不要……这些都经常反复提醒。

杨经理:做得非常好,这是成功的经验,明年要继续保持。但是我们司机班也有问题,被考核小组扣了5分,你知道吗?

赵班长:谁那么黑啊,我们这么辛苦,是什么问题呀?

杨经理:有"客户"投诉我们说,门难进、脸难看、话难听,你看这是投诉单。这是怎么回事呀?

赵班长:这……其实也不是我们故意的,因为开车辛苦,有时难免会发发牢骚,与他们争两句,王总反复强调加强客户意识,我们做得还不够。

杨经理:是啊,公司里的大家是同事关系,更是客户关系,我建议你,在司机班既要表扬一年来不出事故,也要让大家加强客户意识,以免有争论,不能再让公司内部人员投诉了。

赵班长:好,我回去一定提到这点,叫大家练习微笑,露八颗牙齿(用手指撑开嘴角,做微笑状)……

杨经理:有问题不怕,只要改正就好,相信大家也一定会改进服务态度的。就这样吧。

赵班长:谢谢经理,我走了。

启示:从本案例可以看出,杨经理先从赵班长的优点谈起,再谈缺点,这样的过程使沟通顺理成章,符合个性特点,降低了双方的心理障碍,有利于改进绩效。请同学们分角色表演,看看是否有更好的沟通方式?

2)训练2。在炎热的8月,你们乘坐的小型飞机在撒哈拉沙漠失事,机身严重撞毁,将着火燃烧。飞机燃烧前,你们只有15分钟时间,从飞机15件物品中挑选5件物品。飞机中物品如下:手枪、大砍刀、每人4公斤水、薄纱布、当地航空图、化妆镜、太阳眼镜、塑料雨衣、降落伞、每人4公升伏尔加酒、指南针、长外套、食盐片一瓶(1000克)、沙漠中可以食用动物的书、手电筒。

请7名同学做评委,全班其余同学分成若干个由不同角色组成的5人小组完成任务,规定完成时间15分钟。考虑沙漠的情况,按物品的重要性,你们会怎样选择呢?讨论后,按以下训练步骤[1]思考。

(1)步骤一:每组分析该小组成员之间的沟通经历,并思考以下问题。

第一,小组领导者是谁?是如何产生的?

第二,每位成员对小组的贡献及各自的作用如何?

第三,小组一开始是如何计划的?后来是如何调整的?小组成员的认同度如何?

---

[1] 康青. 管理沟通[M]. 北京:中国人民大学出版社,2018.

第四，小组做决策的模式是怎样的？你认为有何改进之处？

第五，小组成员在沟通中存在哪些障碍和问题？是如何解决的？你认为这些障碍和问题对完成小组任务有多大影响？

第六，对于合作满意度和完成任务情况，小组成员作何评价？

（2）步骤二：每组总结分析和评价过程，派代表以口头形式到前面交流。

（3）步骤三：评委投票计票，选出最佳解决方案，评委主席代表评委发言，说明原因。

启示：本案例属于头脑风暴和无领导小组讨论，观察小组中角色的分配及沟通效果。

3）训练3。请8～12名学生依次向后座传递一句话"在学校门口，有一位穿白色连衣裙、黄色鞋子、系红色纱巾的女士在等你"。注意：传递时不要让第三人听到。当这句话传递到最后一位同学那里时，看看发生了什么变化？出现这种情况是什么原因？

启示：训练后分析组织中公开、固定沟通渠道的重要性。

复习思考题

1．沟通过程的要素有哪些？
2．口语沟通和非口语沟通的特点是什么？
3．有效倾听的障碍有哪些？结合自己的实践，谈谈有效倾听的技巧有哪些？
4．绩效面谈的作用是什么？如何进行有效的绩效面谈？
5．组织内部沟通中常见的问题有哪些？如何克服组织内部沟通中的障碍？

思考与讨论

1．你认为沟通的实质是什么？管理者在沟通中需注意什么？
2．你认为在实际工作或生活中会遇到哪些沟通障碍？应如何有效克服这些障碍？

第 8 章
领导力

领导就是要创造一种方式，让人们致力于做杰出的事情。

——卢卡斯数字公司首席执行官　艾伦·基斯

本章学习目标

- 掌握领导理论的类别及内涵；
- 重点掌握不同领导风格特征及其适用性；
- 了解新型领导理论及其对现实问题的分析；
- 了解领导力研究面临的挑战。

思政导入

全球著名权威咨询机构 GlobalData 发布的 2023 年《NFVI/电信云基础设施竞争力评估报告》中，对全球电信云平台厂商从架构、电信级能力、管理、市场、性能、专业服务等维度进行了全面评估。华为凭借其业界领先的电信云解决方案和成熟商用案例，再次以全维度满分获得 Leader 评级，连续四年蝉联 NFVI（Network Functions Virtualization Infrastructure，网络功能虚拟化基础设施）领域全球领导者。

华为技术有限公司 1987 年创立，三十年来始终坚持稳健经营、持续创新、开放合作的经营理念，这与其创始人、现任华为技术有限公司董事、CEO 任正非的管理风格和管理理念密不可分。43 岁开始创业，不惑之年获得成功。任正非的经历非常励志。早期军队的生活养成了任正非踏实严谨、工作认真的工作作风。在创业初期，条件艰苦，环境恶劣，危机重重，他和员工同甘共苦，为了洽谈某国外合资项目，任正非率领一个十多人的团队入住酒店套房，和大家一起打地铺休息。2000 年在华为位居全国电子百强首位时，他能够居安思危，写下著名的《华为的冬天》。

多年来华为顶住了多种风险压力，克服各种困难坚持自主创新，从管理创新、技术创新、人才创新到产品创新。华为创始人任正非始终低调务实，不忘初心，其企业家情怀和顽强拼搏的精神感动了很多人。

点评 领导者的管理风格和理念是个人性格、知识水平、能力素养、实践经验等多种要素的综合产物。作为华为的创始人，任正非理性而充满自信，面对霸权不屈不挠，在稳定人心、维护企业平稳运转中发挥了积极的作用。从更大的意义上讲，任正非以一位中国企业家的身份，用实际行动重新定义了中国企业家精神。他的创业故事激励着无数企业家拼搏奋斗。他和他缔造的企业一样沉稳低调，历经沉浮坎坷，却最终披荆斩棘，登上了个人意志和时代的巅峰，为中国企业面对外部压力如何保持韧性和定力树立了榜样。

8.1 领导与领导者

8.1.1 领导的含义

作为生活中的日常用语，领导有名词和动词两个不同的词性。作为名词，领导常常表达上司、上级、说话有权威等内涵，是领导者的简称。作为动词，其含义是率领、引领。

作为专业术语，领导有各种不同的解读，主要内容如下。

- 领导是一种行为。领导就是能够带来相应的举动和反应的行为。
- 领导是一种与众不同的角色。组织理论认为，一个组织系统需要不同的角色。
- 领导是用来整合其他成员的角色，以促进组织活力的一个角色。
- 从领导学来看，领导是一种使他人服从的艺术。领导是对集体的愿望和意图及领导者希望达成的目标进行的一种融合。
- 科学管理之父泰勒认为，领导是影响人们自动为达成组织目标而努力的一种行为。

- 社会学家马克斯·韦伯认为,有效的领导是一种魅力,它具有的某种精神力量和个人特征,可以对许多人施加个人影响。
- 管理学大师彼得·德鲁克认为,有效的领导应该能完成管理的职能,即计划、组织、领导与控制。
- 管理学大师斯蒂芬·罗宾斯把领导界定为一种能够影响一个群体实现愿景和目标的能力。

综上所述,本书将领导界定为:一种施加影响力的过程,是领导者为实现组织的目标而运用权力向其下属施加影响力的一种行为或行为过程。

8.1.2 领导者与管理者的区别

领导者和管理者是两个经常容易混淆的术语。英文中领导者和管理者有明显区别:Leader 和 Manager。管理的基本职能是计划、组织、领导和控制,领导是率领、引导,是影响力,是施加影响的过程。管理有按照规则监管和约束的意思,如何做领导带有创造性,有"率领和引导"的意思。明确"如何做"是管理方式,而指出"做什么"是领导方式。组织实际运行中,领导和管理往往交织在一起,同等重要,缺一不可。

美国哈佛大学商学院教授约翰·科特(John Kotter)认为,领导者的主要工作内容是对不断变化的环境做出反应,通过开发未来的前景而确定前进的方向;而管理者的主要工作内容则是面对各种复杂问题,通过制订与实施计划来达成目标。

加拿大学者罗伯特·豪斯(Robert House)认为,管理者使用正式等级中既定的权威来要求组织成员遵从自己管理层的工作,包括实施领导者提出的愿景和战略,促使组织员工协调合作,以及从事日常事务。

美国组织行为学家斯蒂芬·罗宾斯指出,组织提供给管理者某些政治权利,但并不能保证他们可以实施有效的领导。在一个组织内部,领导者可以通过正式任命的方式产生,也可以从群体中自发产生。

综上所述,本书认为,领导者更偏向于影响力和过程,指关注整体、有创新精神、负责战略部署的人;管理者更多从管理职能角度界定,即在正式组织中经合法途径担任一定管理职务、履行特定管理职能、肩负某种管理责任、能更有效地实现组织目标的人。领导者与管理者的区别如表 8-1 所示。

表 8-1 领导者与管理者的区别

领 导 者	管 理 者
善于创新	善于约束
起源	复制
追求发展	因循守旧
集中于人	集中于系统和结构
激发信任	信赖控制
远视的	短视的
询问什么和为什么	询问如何和何时
关注整体	关注基本情况

续表

领 导 者	管 理 者
首创	模仿
挑战地位	接受地位
自己的主人	典型的好战士
做正确的事	正确地做事

(资料来源：谭家君，王义龙. 组织行为学[M]. 武汉：湖北科学技术出版社，2016.)

8.1.3 领导者的权力与影响力

权力和影响力是领导者研究中经常相伴出现的词汇。两者既有相关性，又有各自的侧重点。

1. 权力概念及分类

关于领导者的权力，有不同理论观点。

罗宾斯认为，权力（Power）是指某人 A 能够影响某人 B 并且命令 B 按照 A 的意愿行事的一种能力。领导者的影响力与权力有密切的关系。领导者发挥对下属的影响力不仅需要自身的能力，还需要被赋予的合法权力。

马克斯·韦伯将权力分为法理、传统及威信三种类型。法理权力的基础就是权力的合法性。

心理学家弗兰奇（R.P.French）和雷文（B.Rwen）将权力分为五种：合法权、奖励权、强制权、专长权和参照权。在五种权力中，合法权、强制权、奖励权主要取决于个人在组织中的地位，为正式的权力；而专长权和参照权主要由个人素质决定，来自个人的人格特征及拥有的专业技术和知识等，为非正式的权力。

2. 领导者影响力概念及分类

领导者的影响力主要体现在以下三方面：第一，有追随者或下属。第二，拥有影响追随者的能力。第三，领导行为具有明确的目的，可以通过影响下属来实现组织目标。

领导者的影响力来源可能是正式的权力，即组织中的管理职位，我们称之为职权性影响力，也称权力影响力；也可能是非正式的权力，我们称之为非职权性影响力，来自组织的政治结构之外，也称非权力影响力。

现实中，领导者的影响力经常是权力影响力和非权力影响力的有机结合。纵观古今中外，无论什么样的战略部署，领导者都有追随者跟随其实现目标。

> **小贴士**
>
> 领导力是对他人产生影响的过程，影响他人做本来他不会做的事情。领导力就是影响力，而不是操纵力和控制力。
>
> 华为创始人任正非认为，领导的职责是给别人找活儿干，让别人玩儿命干，帮别人干成事，为别人多发钱！

8.2 有代表性的领导理论

领导理论的发展可以分成四个阶段：特质理论、行为理论、权变理论和新型领导理论。

8.2.1 特质理论

1. 特质理论的概念

关于领导特质理论的概念，到目前尚没有定论。主要观点如下。

1）早期学者的研究偏重于研究人的先天素质或禀赋，认为领导者的素质是与生俱来的，带有一定的唯心主义色彩。如古希腊的柏拉图和亚里士多德，以及中国的儒家代表者孔子等，他们认为人的领导素质是先天自有的，一些人生而治人，而另一些人则生而治于人。

2）心理学家吉普（C. A. Gibb）偏重于领导者个人心理素质和外部特征的分析。他认为，领导者应该具备七种心理素质和外部特征：善于言谈、外表英俊、才智过人、自信、心理健康、喜欢支配他人及外向而敏感。

3）管理学家德鲁克在《有效的管理者》中指出了五种有效领导者的特质，并指出这些特质是可以通过后天学习掌握的：有效领导者善于系统安排与利用时间；致力于最终的贡献，不是为工作而工作，而是为成果而工作；重视发挥同事的上级和下级的优势；集中精力于关键领域，确定优先次序，做好最重要和最基本的工作；能做出切实有效的决定。

4）美国俄亥俄州立大学斯托格迪尔（R. M. Stogdill）将领导者特质总结为五种身体特征、四种智力特征、十六种个体特征、六种与工作有关的特征和九种社会特征。

5）美国普林斯顿大学鲍莫尔（Baumol）认为，领导者需要具备十个条件：合作、决策、组织、授权、应变、求新、负责、风险、尊重他人、品德。

综上所述，本书对领导特质理论的界定是：成功的领导者应该具备一些其他人不具备的特质（Traits）和技能（Skills），而这些特质和技能是遗传和学习的共同结果。生理特征（如身高、外貌等），个性特征（如内外向、自信等），社会特征（合作性、人际关系等），能力与技能（智商、知识等）都是与领导力有关的特质。

> **小贴士**
>
> 任正非的企业家精神照亮了中国企业。1987年以来，华为仅有2002年销售收入负增长，还是因为坚决不做小灵通，攻坚3G。华为对方向、节奏、分寸的把握，背后是任正非本人的思想高度和成熟度。任正非是思想家，用哲学指导企业实践的思想家——企业家是任正非的社会角色，华为是他的实践范围；他的思考范围和影响范围远远超出了华为。
>
> ——华夏基石管理咨询集团首席顾问吴春波

2. 第五级领导

领导特质理论在发展的后期出现了第五级领导的概念。它是由美国管理专家吉姆·柯林斯（Jim Collins）于 2001 年在领导特质理论的基础上提出的。第五级领导是指领导者除了是能力精干的人、乐于奉献的团队成员、能干的管理者和富有成效的领导者，还要具备第五级的品质：卓越领导，即谦逊的品质和坚定的职业意志（见图 8-1）。

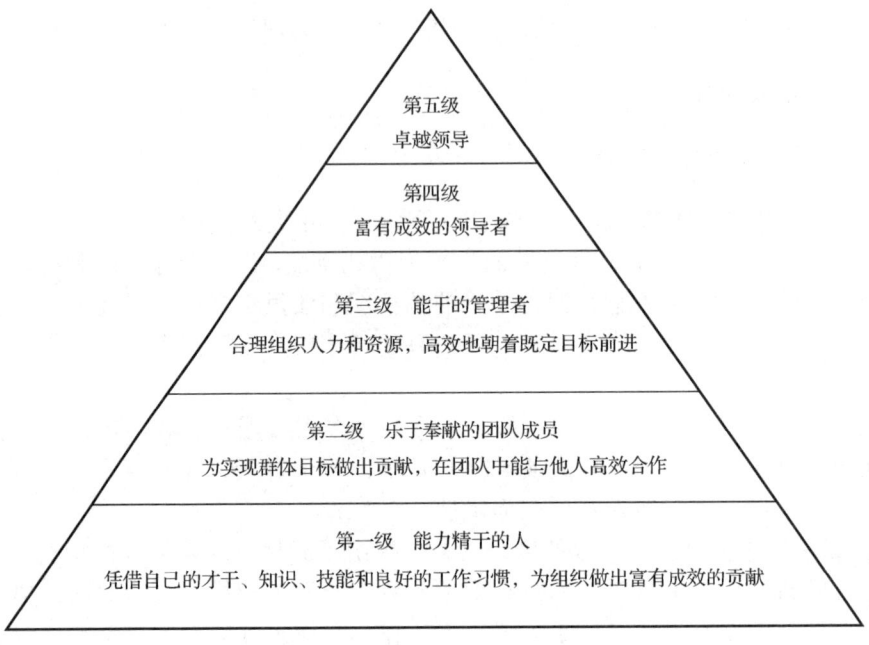

图 8-1　第五级领导

1）谦逊的品质主要表现为：领导者表现出强烈的谦虚心态，回避别人的恭维，不自吹自擂。领导者行为方式是从容而坚定的，主要依靠卓越的高标准，而不仅仅靠个人魅力来激励员工。领导者总是将注意力放在组织发展上，而非着眼于自身。领导者在分摊责任时更多地进行自我反省。

2）坚定的职业意志主要表现为：能创造最出色的成果，帮助组织从优秀到卓越。无论面临多大的困难，都会展现出毫不动摇的决心。打造拥有持久生命力的组织文化和愿景。成功时，把成绩归功于他人、团队和外部因素。

小贴士

谦逊的品质

谦逊实际，平等待人。周恩来总理的领导作风充分体现了中华民族谦逊实际的作风。"活到老、学到老"是他终生不渝的座右铭。他既学习书本知识，又学习实践知识；既学习前人的间接经验，又学习当代人的现实经验；他持之以恒地从同志、朋友甚至敌人那里汲取着无穷的智慧。他严于律己，从不掩饰自己的缺点，不掩饰自己的错误。

周恩来身居党和国家最高领导层级数十年，但他始终把自己当作普通劳动者，当作人民公仆。他无论对什么人，从不摆架子，从不以领导自居，在他身上看不到官气的影子。

（资料来源：根据百度百科相关资料整理。）

3. 总结

迄今为止，有效领导者究竟应该具备哪些素质尚无定论。第五级领导可视为领导特质理论的高阶阐述。相关研究表明，具备某些特质确实能够提高领导者成功的可能性，但领导的有效性不仅仅取决于某人所具备的个人特质，即使个体展现出某些特质，也并不能说明他一定能够成为带领其群体实现目标的成功者。即使如此，领导特质理论阐释的有效领导者应具备的基本素质，对于领导者在实际工作中如何发挥作用和完善自我也具有一定的指导作用和借鉴意义。

8.2.2 行为理论

领导理论发展的第二阶段是行为理论。行为理论主要包括库尔特·勒温的领导风格理论、四分图理论、领导方格理论等。

1. 勒温的领导风格理论

领导风格理论（Average Leadership Style，ALS）是由美国心理学家勒温于20世纪30年代提出来的。勒温等人发现，领导者通常具有三种不同的领导风格：专制型、民主型和放任型（见图8-2）。勒温认为，这三种不同的领导风格会产生三种不同的团体氛围和工作效率。

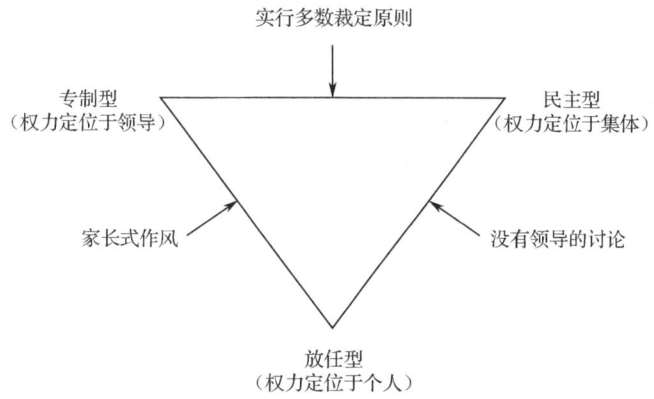

图 8-2 勒温的领导风格理论

1）专制型。领导者注重工作目标，仅仅关心工作的任务和工作的效率，对团队成员漠不关心。

2）民主型。领导者负责在成员之间进行调解和仲裁。团队的目标和工作方针都尽量征求大家的意见，获得大家的赞同。

3）放任型。采取无政府主义的领导方式，领导者缺乏关于团体目标和工作方针的指示，对工作和团体成员的需要都不重视，工作效率低，人际关系淡薄。

尽管在实际的组织与企业管理中很少有极端的领导风格，但勒温的领导风格理论注重领导者对下属绩效的影响，为后来领导风格的连续性、多样性及情境因素奠定了理论基础。

2. 四分图理论

四分图理论主要由美国俄亥俄州立大学和密歇根大学的研究结论得出。由于研究内容相近，且研究时间几乎是同一时期，往往统称为四分图理论（见图8-3）。

图8-3 四分图理论

1）俄亥俄州立大学研究。本研究出现在20世纪40年代末，以俄亥俄州立大学商业研究所教授斯托格迪尔为首的学者把领导行为分为结构维度和关怀维度。

结构维度：领导者更愿意界定或构建自己和员工的角色，包括对工作、工作关系和目标制定规则等，具有高结构行为特点。领导者为员工分配特定的任务，要求成员维持特定的绩效标准，遵守规定。

关怀维度：领导者关注和尊重员工的想法和感情，具有高关怀行为特点。领导者会帮助员工解决私人问题，友善且平易近人，公平对待所有员工，表达出欣赏和支持。

2）密歇根大学研究。20世纪40年代末，密歇根大学调查研究中心将领导行为划分为两个维度，称为员工导向和生产导向。

员工导向：领导者重视人际关系，会考虑到下属的个人兴趣，并承认人和人之间存在异同。

生产导向：领导者更强调工作的技术或任务事项，主要关心的是员工完成任务的情况，并把群体成员视为达到目标的手段。

3. 领导方格理论

领导方格（Leader Grid）理论是美国行为科学家罗伯特·布莱克（Robert Blake）和简·莫顿（Jane Mouton）于1964年在《管理方格》一书中提出的，领导方格理论有时也称管理方格（Managerial Grid）理论。

领导方格理论充分概括了俄亥俄州立大学研究的关怀维度和结构维度及密歇根大学研究的员工导向和生产导向维度，以9×9矩阵形式，生成了81个领导类型的细分位置，如图8-4所示。

领导方格理论改变了以往理论中绝对化的观点，指出关心工作和关心人这两种领导方式可以进行不同程度的结合。但领导方格理论更多地为领导风格的概念化提供了框架，并没有澄清在领导方面的困惑。

领导特质和行为理论对判断领导者是否高效无疑是重要的，但不能保证组织一定成功。例如，某些领导者可能拥有某些领导特质或行为，这些领导者即使离开了原组织，组织依然受益于该领导者的贡献。而有的领导者离开原组织，其影响力呈现减小趋势。

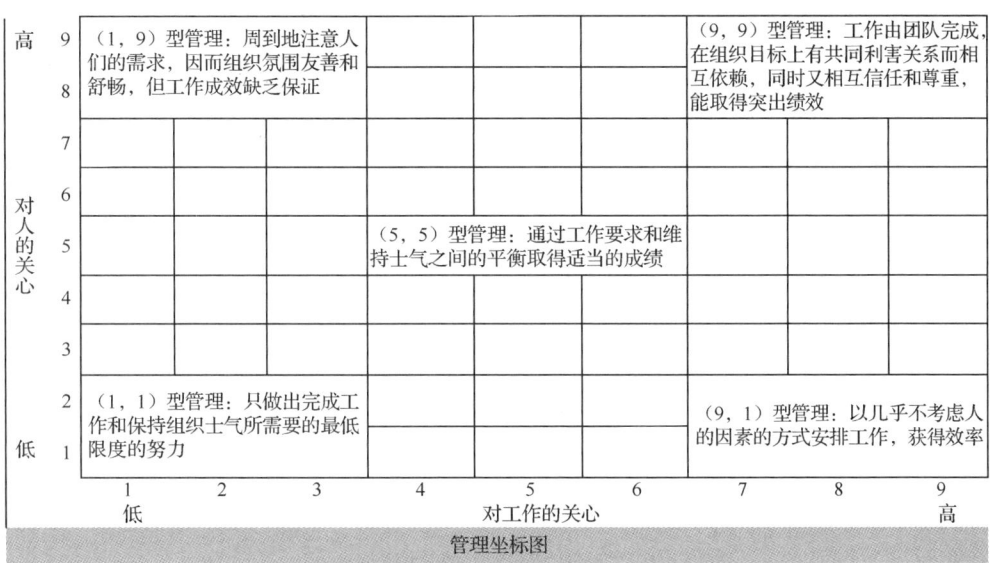

图 8-4 领导方格

>  小贴士
>
> 任何一支部队都有自己的传统。传统是什么？传统是一种性格，是一种气质！这种传统与性格，是由这种部队组建时首任军事首长的性格与气质决定的。他给这支部队注入了灵魂。从此不管岁月流逝，人员更迭，这支部队灵魂永在。这是什么？这就是我们的军魂！我们国家进行了 22 年的武装斗争，从弱小逐渐走向强大，我们靠的是什么？我们靠的就是这种军魂，靠的就是我们的军队广大指战员的战斗意志。纵然敌众我寡，纵然身陷重围，但是我们敢于亮剑，我们敢于战斗到最后一人！
>
> （资料来源：电视剧《亮剑》中李云龙在毕业典礼上的讲话。）

8.2.3 权变理论

权变理论更多关注下属及内外部环境等因素对领导者效能的影响。目前，权变理论主要包括费德勒权变模型、豪斯的路径-目标理论、领导生命周期理论和领导方式连续统一体理论。

1. 费德勒权变模型

费德勒权变模型是由美国著名心理学家和管理学家弗雷德·费德勒（Fred Fiedler）提出的。该理论是一种视具体情况而变的领导方式，认为领导有效性取决于领导风格和领导者对所处情境的控制程度（见图 8-5）。

1）确定领导风格。费德勒认为，个体领导风格是稳定不变的。他设置了最难共事者问卷（Least Preferred Co-worker Questionnaire，LPC），用 LPC 分数高低测量和判断个体是任务取向还是关系取向领导风格。LPC 得分高者，为关系取向型。LPC 得分低者，为任务取向型。如果 LPC 分数处于中间状态，为中间型，很难被划入任务取向型或关系取向型进行预测。

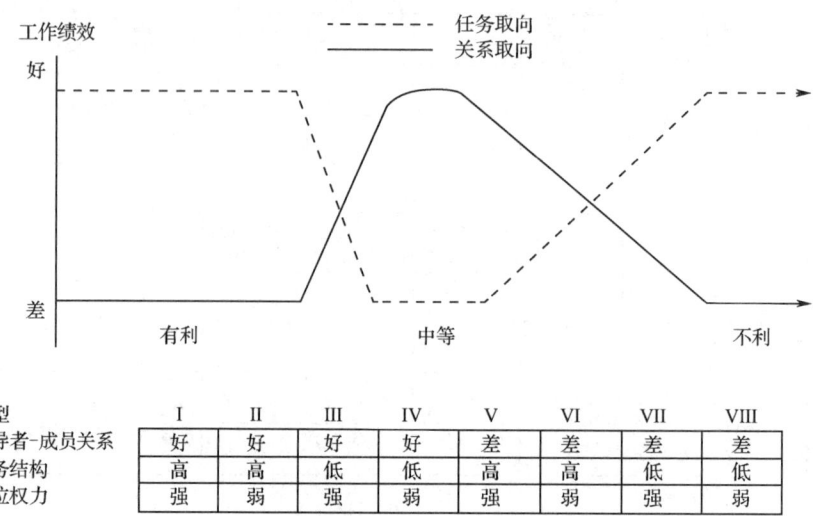

图 8-5　费德勒权变模型

2）界定情境因素。第一，领导者-成员关系，指被领导者对其领导者的尊敬、信任和愿意追随的程度。第二，任务结构，指下属担任的工作的明确程度，即工作任务的程序化程度。第三，职位权力，指领导者权力和权威是否明确、充分，如对雇用、解雇、纪律、晋升和增加工资的影响程度。

3）领导者情境的匹配。了解个体的 LPC 分数并评估三项情境因素后，费德勒模型表明：当两者相互匹配时，会取得最佳的领导效果。在对领导者最有利和最不利的情况下，采用任务导向效果比较好。在对领导者中等有利的情况下，采用关系导向效果比较好。

费德勒权变模型将领导行为和情境的影响结合起来。费德勒提出了一些改善领导者-成员关系、任务结构和职位权力的建议，强调为了领导有效需要采取什么样的领导行为，为研究领导行为提供了新方向。但也存在模型中权变变量实践在应用中过于复杂和困难，很难具体评估等问题。

2. 豪斯的途径-目标理论

途径-目标理论是由加拿大多伦多大学教授罗伯特·豪斯（Robert House）提出的。途径-目标理论认为，领导的有效性是以能激励下属达到组织目标并在其工作中使下属得到满足的能力来衡量的。为此，豪斯确定了四种领导行为和两类情境变量（见图 8-6）。

领导行为：指示型领导、支持型领导、参与型领导和成就导向型领导。

情境变量：环境的权变因素（任务结构、权力系统和工作群体变量）、下属的权变因素（控制倾向、任务能力和权力主义）。

途径-目标理论的基本假设是：环境的权变因素和下属的权变因素对领导风格与领导绩效之间的关系有调节作用。当任务不明或压力过大时，指示型领导会带来更高的工作绩效和满意度。当下属完成结构化任务时，支持型领导会带来更高的员工绩效和满意度。而当任务结构不清时，成就导向型领导会提高下属的满意度和工作绩效。同理，认知能力强或经验丰富的下属对参与型领导更满意。据此，豪斯认为：没有最适合的领导风格，领导者的领导行为应依情境而变。

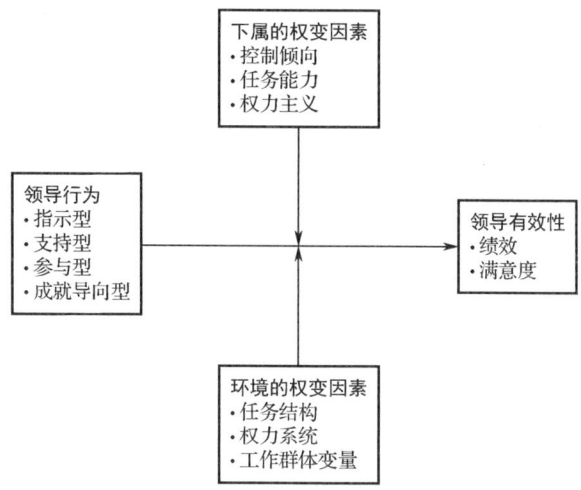

图 8-6 途径-目标理论

与费德勒领导风格的稳定性观点不同,豪斯认为领导者风格是灵活的,同一领导者可以根据不同情境表现出其他领导风格。但由于途径-目标理论调节变量过多,理论复杂,这一理论的有效性有待继续检验。

3. 领导生命周期理论

领导生命周期理论是由美国学者卡曼(A. K. Korman)提出的。领导生命周期理论指出:有效领导者采取的领导形态和被领导者的成熟度有关。

成熟度是指下属心理和人格上的成熟,包括下属具有成就感、负责任的愿望与能力、具有工作与人际关系的经验和受教育程度。

领导生命周期理论主要阐明,对不同的对象应采取不同的领导方式。当下属成熟度高于平均水平时,应采用低关系、低工作;当下属处于初步成熟时,应采用高关系、高工作或高关系、低工作;当下属成熟度低于平均水平时,应采用低关系、高工作(见图 8-7)。

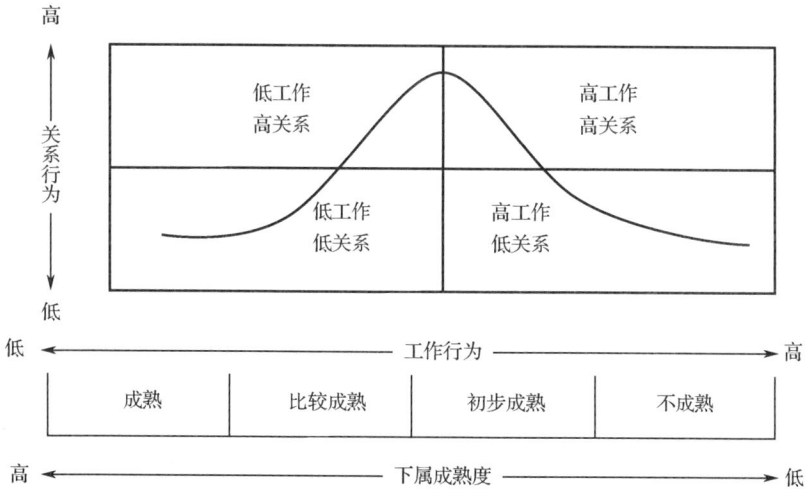

图 8-7 领导生命周期理论

领导生命周期理论的贡献在于提供了一个简单而易于理解的模型，阐明了不存在万能的领导方式。领导者应该根据下属的成熟度、责任心及担当来选择不同的领导方式。但员工的成熟度很难量化，这也是该理论很难推广的主要原因。

4. 领导方式连续统一体理论

领导方式连续统一体理论是行为学家坦南鲍姆（R.Tannenbaum）和施密特（W.H.Schmidt）于1958年在《哈佛商业评论》中首次提出的（见图8-8）。

该理论认为，领导行为是包含各种领导方式的连续统一体，独裁和民主仅是两种极端的领导方式，两者中间还存在多种领导方式。

领导方式与领导者运用权力的程度和下属在做决策时享有的自由度有关。图8-8的最左端是独裁型的领导方式，最右端是民主型的领导方式，这是两个极端。在管理工作中，领导者运用权力的程度和下属享有的自由度是一方扩大另一方缩小的关系。

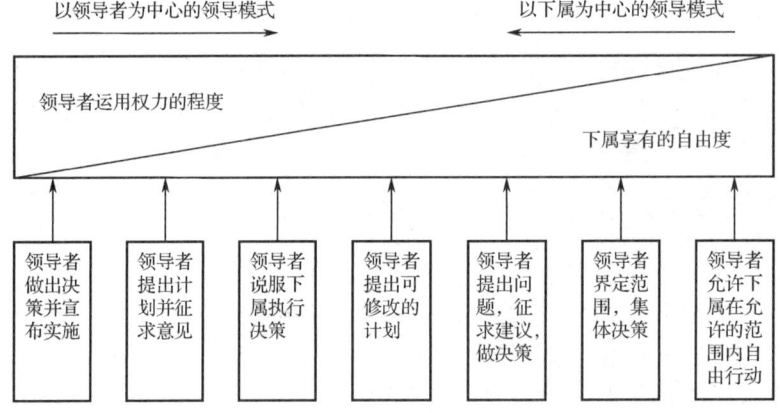

图 8-8 领导方式连续统一体理论

坦南鲍姆和施密特首次提出在研究领导方式时要考虑多种因素，其构思反映出领导模式的多样化，比较符合实际工作的真实情形，是对勒温的领导风格理论的拓展。

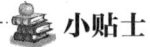 **小贴士**

领导风格与环境的匹配

罗琼临危受命，担任某全球食品饮料公司的一家分公司的经理。当时分公司正陷入严重的危机，连续六年完不成指标，最近一年亏损严重。管理团队士气低落，彼此抱怨，毫无信任。总公司给罗琼的指令是明确的：必须扭亏为盈。上任伊始，罗琼意识到，必须在短时间内展示自己高效的领导能力，并且与管理团队建立融洽与信任的关系。同时她也明白，当务之急就是要有人告诉她问题出在哪里。因此，她首要的任务就是听取关键人员的意见和想法。

上任第一周，她与管理团队的每位成员共进晚餐和午餐，目的是让每个人都理解公司目前的处境。当时，她的用意与其说是理解每个人如何诊断问题，不如说是理解他们本人。同时，她还尽力帮助团队成员实现个人梦想。例如，有一位经理总是得到负面反馈，他向罗琼吐露了烦恼。大家对他的意见很大，抱怨他没有团队精神，但是他自己却不这样想。罗琼看出他是一位很能干的管理人员，对公司很有价值，于是就与他达成了一项协议：一旦他的行为看起来有违团队精神，罗琼会悄悄地告诉他。在三天的外出会议期间，罗琼继续与员工们一对一促膝谈心。此时她的目的是建设团队，号召大家为当前出现的危机献计献策。她在这时使用的领导风格是鼓励大家畅所欲言，表达自己的困惑与不满。

最终结果是工作氛围焕然一新，员工不断创新，他们谈论公司的远景目标，并争相表达自己愿意为这一明确的新目标奋斗。她仅仅上任七个月，公司的利润就达到5000万美元，超过了全年利润指标。

从本案例可以看出，领导者掌握的领导风格要与内外部环境相匹配。掌握多种领导风格的领导者，可以根据需要创造良好的工作氛围和工作业绩。

8.2.4 新型领导理论

近年来，国内外关于领导理论的研究热点主要集中在领导-成员交换理论、交易型领导、变革型领导、家长式领导等新型领导行为细分领域。

1. 领导-成员交换理论

领导-成员交换理论（Leader-Member Exchange，LMX）是由乔治·格里奥（George Graen）和乌勒·比恩（Uhl-Bien）于20世纪90年代首先提出的。该理论认为，领导者与不同的下属会有远近亲疏的交换关系，应该把领导方式研究的重点放在领导者与下属的相互关系上。

1）领导-成员交换理论的概念。格里奥和比恩（1995）撰文指出：受制于时间、精力及资源的有限性，领导者在工作中会采用不同的管理方式，与不同的下属建立起亲疏远近不同的关系。即领导者对一部分下属更为信任和关照，除了相应的物质奖励，这部分下属还享有工作上的更多自主性，拥有更多晋升机会等。这部分下属属于"圈内人"（In-group Member）。而其余下属与领导者更多局限在正式的工作关系范围之内，这部分下属常被称为"圈外人"（Out-group Member），如图8-9所示。

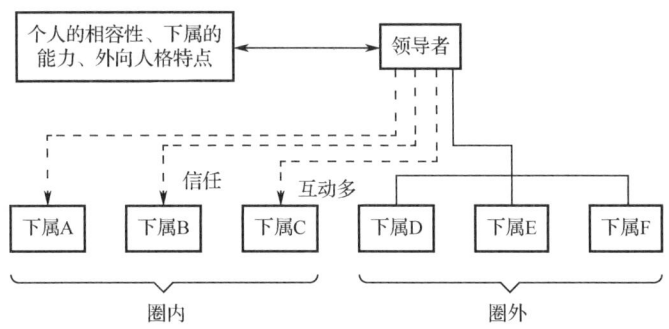

图8-9 领导-成员交换理论

2）领导-成员交换理论的测量。学术界对领导-成员交换理论结构维度观点不一致，使用的测量工具大约有几十种，主要分为单因素、多因素量表，如表8-2、表8-3所示。目前运用比较广泛的是格里奥和纳沃科（Graen&Novak）提出的LMX-7量表。

表 8-2 LMX 单因素量表

量表名称	提出者	年	题目数
LMX-2	Danserean	1975	2
LMX-4	Graen&Cashman	1975	4
LMX-5	Graen，Liden&Hoel	1982	5
LMX-7	Graen&Novak	1984	7

表 8-3 LMX 多因素量表

量表名称	提出者	题目数	测量维度
归因/期望量表	Dienesch&Liden（1986）	20	情感、忠诚、贡献
LMX 三维度量表	Gerras（1992）	24	情感、忠诚、贡献
LMX 三维度量表	Schriesheim（1992）	6	情感、忠诚、贡献
LMX 四维度量表	Liden&Maslyn（1998）	12	情感、忠诚、贡献、专业尊重
LMX 四维度量表	王辉	16	情感、忠诚、贡献、专业尊重

2. 交易型领导

交易型领导（Transactional Leadership）理论由詹姆斯·伯恩斯（James Burns）于 1978 年首先提出，并于 1985 年由巴斯（Bass）完善和发展。

1）交易型领导的含义。交易型领导基于社会交换理论，认为领导者与下属之间的关系是一种现实的契约行为，目的在于交换特定有价值的事物。

巴斯（1985）认为，交易型领导确立和明确目标，要求完成工作绩效，并以承诺奖励的方式来激励追随者。交易型领导以奖赏的方式领导下属，当下属完成特定的任务后，便给予承诺的奖赏，整个过程就像一项交易。

2）交易型领导的主要特征。

（1）领导者通过明确角色和任务要求，指导和激励下属向着既定的目标努力。领导者向员工阐述绩效标准，明确自己希望从员工那里得到什么，如果满足了领导者的要求，员工将得到相应的回报。

（2）以组织管理的权威性和合法性为基础，依赖组织的奖惩来影响员工的绩效。

（3）强调工作标准、任务分派，重视任务的完成，强调员工的遵从。

交易型领导强调员工与领导者之间的关系是互惠的，是基于经济、政治及心理的价值互换。

3）交易型领导的测量维度。交易型领导常被划分为三维度和四维度。

（1）三维度。最初指"权变奖励"和"例外管理"两个维度。后来，例外管理被细化为积极例外管理和消极例外管理。因此，广泛应用的三维度是指权变奖励、积极例外管理和消极例外管理三个维度。

权变奖励指领导者给予员工适当的奖励与避免使用处罚，以增加员工工作的诱因。积极例外管理指领导者事先阐明标准，工作中注意观察下属的表现，事前采取行动去纠正偏差。消极例外管理指领导者在下属完成任务后才进行干涉。当下属犯错误或没有达到标准时会责备下属，属于"东西不坏不修理"的类型。

（2）四维度。在权变奖励、积极例外管理和消极例外管理三个维度的基础上，增添了自由放任式领导，这是由巴斯和阿沃利奥（Bass&Avolio）提出的。自由放任式领导方式的典型特征就是忽视问题和逃避责任，漠视下属的需要，对任务、相应责任和下属消极默许，属于不作为的领导方式。

4）交易型领导的评价。对于交易型领导理论的有效性及适用性，目前国内外学术界观点不一致。时勘、李超平（2005）、陈国权（2008）、刘晖（2012）等学者认为其比较符合中国国情，具有正向显著性影响。该领导方式是否能够充分调动员工工作的积极性和开发员工的创造性尚存在争议。

3. 变革型领导

1）变革型领导（Transformation Leadership）的含义。变革型领导理论也是首先由美国学者伯恩斯（1978）提出的。伯恩斯认为，变革型领导是以理想和道德价值观为契机，激励员工为组织的利益而投入工作中，不断提高自身价值，使下属为团队、组织和更大的政治利益超越个人利益，最终达到"最佳自我"的状态。

巴斯于1997年进一步发展了变革型领导理论。巴斯认为，变革型领导者具有领导魅力和坚定的意志。该类领导能够描绘出组织的美好愿景，鼓励员工更加注重组织的利益，同时帮助员工提高技能，从而激励员工努力超越自身利益，挖掘新潜能，去帮助组织获得超出预期的成果。

2）变革型领导的特征。

（1）领导魅力（Charisma/idealized Influence）。领导者能使员工产生崇拜、尊重和信任。

（2）感召力（Inspirational Motivation）。领导者向员工勾勒组织愿景与蓝图，描述目标，使员工感到工作富有意义和挑战性，激发员工的自豪感、忠诚与尊敬及对工作的使命感。

（3）智能激发（Intellectual Stimulation）。启发员工发表新见解，从新的角度或视野寻找解决问题的方法与途径，鼓励员工采用新方式完成任务。

（4）个性化关怀（Individualized Consideration）。领导者关心员工，倾听并关注他们的需要，鼓励他们学习，并为他们提供指导。

3）变革型领导理论的评价。变革型领导重点在于变革特色，其具有多维性、权变性。变革型领导更加强调领导者的个人影响力而非职业权力。其有效性受到广泛认可，是近十年领导力理论研究的热点。

 小贴士

变革型领导与交易型领导理论的有效性

巴斯发展的交易型领导和变革型领导理论是领导理论研究的新范式，但它们的概念、构成和作用却可能因国家文化的不同而不同。

国内外学者都把研究的重点放在变革型领导理论上，大量研究已经证明变革型领导的有效性，而关于交易型领导的研究结果却不确定，出现了不一致。不过，近年国内部分学者开始对以愿景激励等为特色的变革型领导在我国组织中的有效性提出质疑，其中以时勘等为代表的国内学者提出"加强对交易型领导的研究可能更适合中国

的客观现实"的理论观点，张丽华等学者在以公务员为样本的实证分析中也发现交易型领导比变革型领导作用更显著。因此，这两种领导方式中国本土化的理论和实证分析还有待进一步研究。

（资料来源：刘晖.交易型领导和变革型领导对员工行为影响研究[D].沈阳：辽宁大学，2013.）

4. 家长式领导

20世纪80年代末，我国台湾学者郑伯埙等人构建了一套较为完整的领导理论体系——家长式领导（Paternalistic Leadership）。

1）家长式领导的含义。家长式领导是指组织领导者用父亲对待孩子般的方式来治理和控制国家或组织的规则和系统。家长式领导作为一种将仁慈和森严的纪律与权威融合在一起的领导风格，其有效性已被证实。相关研究也表明，家长式领导在华人组织中能够发挥节约成本、增强战略柔性、降低离职率、提高员工的组织认同度与忠诚度等积极作用。

2）家长式领导的测量维度。郑伯埙等人将家长式领导概括为三个维度：德行、威权及仁慈。家长式领导要求领导者关注下属的工作，提高下属的福利待遇，把保护下属作为自己的责任和义务。一方面，家长式领导像家长一样给予下属业务上的指导和生活上的关心和爱护；另一方面，深受儒家思想和法家思想影响，家长式领导强调等级和威权，要求下属对领导遵从。

3）家长式领导的评价。作为一种本土化的领导方式，家长式领导的效能已经被证实，但在不同的情境中体现出的效能也有所不同，尤其是对新生代员工的管理，目前存在不一致的结论。需要注意的是，家长式领导不仅存在于华人社会，一些具有集体主义和高权力距离文化特征的国家和地区，如印度、墨西哥、日本、土耳其等，也存在家长式领导。

8.3 领导力与决策

8.3.1 领导授权

领导授权作为一种有效的组织管理方式，在强化员工责任感、激发员工动机、提升工作绩效的同时，还可以增强员工幸福感，实现组织与员工的共赢。

1. 领导授权的含义

领导授权指领导者将自己的部分职务权力授予下属或职能机构，为被授权者提供完成任务所必需的客观条件，以便下属和职能机构能够自主行动和处理某些业务。

1）领导授权是完成领导任务、实现现代领导目标的需要。

2）领导授权能够锻炼被领导者的能力，增强他们的责任心，调动他们的积极性、主动性与创造性，有助于锻炼、提升和发展下属。

3）领导授权能够改善上下级的关系，使之更融洽，从而营造一种团结合作、奋发向上的组织气氛，有利于改善和提高整个组织的效能。

2. 领导授权的类型

领导授权根据工作内容的重要性程度、上下级的水平与能力等综合情况，可分为充分授权、不充分授权、制约授权和弹性授权等形式。

1）充分授权。又称一般授权，是指上级在下达任务时，允许下属自己进行决策，并能进行创造性工作。充分授权又可细化为三种情况：柔性授权，即领导者给出一个框架，下属可随机应变，灵活而有创造性地处理工作。模糊授权，即授权者阐明工作所要完成的任务和需要达成的目标，被授权者自己选择完成任务的路径。惰性授权，即领导者将自己不愿意或不知道如何处理的事务交给下属处理。

2）不充分授权。又称特定授权，是指上级对于下属的工作范围、内容、目标和路径等都有详细规定，下属需要严格执行这些规定。

3）制约授权。又称复合授权，是指上级将某项任务分解授给两个或多个下属或职能部门，下属或职能部门互相制约，以防出现问题。

4）弹性授权。又称动态授权，是指在完成任务的不同阶段采用不同的授权形式。

3. 领导授权的原则

领导授权行为是领导对不同下属采取的差异化授权行为。

领导授权行为通常被视为一种积极的领导行为类型。领导者授权要适当、可控，同时要定期对下属进行考核，对下属的用权情况给予客观的评价，并与下属的切身利益结合起来。具体原则如下。

- 明确授权的工作内容。
- 选择适合授权的对象。
- 正式授予权力并明确责任。
- 坚持请示汇报制度，及时检查监督。

> **小贴士**
>
> 某公司某车间岗位设置如下：车间主任一名，工人若干名。车间主任今年29岁，是正规院校本科相关专业的毕业生。工作态度端正，尽职尽责，管理有思路，外围员工也认可这个车间的工作。但是，本车间人员却始终不认可这位主任，意见很大，车间整体工作受到阻碍。通过调查了解，虽然这位主任吃苦耐劳，工作尽心尽力，但他在管理方法上存在一些问题——授权问题。这位主任在日常工作中大事小事，事必躬亲，过分强调基层管理人员"身体力行"，不知道授权，导致形成了"领导干，工人看"的局面，员工有抵触情绪。
>
> 作为管理人员，要有合理的定位，根据管理需要恰当授权。尤其是高层管理者，若想真正通过下属实现预期目标，一定要学会授权。在我国，由于传统观念的影响，管理者往往认为下属的能力不如自己，授权给他们唯恐把事情办砸，所以整天忙得不可开交，成效却不显著，甚至遭到下属的反对或抵触。
>
> （资料来源：《组织行为学》编写组. 组织行为学[M]. 北京：高等教育出版社，2019.）

8.3.2 领导决策

决策（Decision Making）是领导者最基本、最重要的职能。从组织行为学的角度看，领导活动的过程，也就是领导者做出决策、执行决策与评估决策的过程。因此，决策是领导活动的核心，领导者的决策关系着组织的生存与发展，是组织能否基业长青的关键所在。

1. 领导决策的含义

领导决策是指领导者在领导活动中，为了实现某个组织目标，采用科学的决策方法和技术，从若干个有价值的方案中选择一个最佳方案，并在实施中加以完善和修正，以实现领导目标的活动过程。领导决策可以从以下几个方面理解其具体含义。

- 领导决策是有明确组织目标的领导的特殊行为。
- 领导决策是与领导职能相关并承担严肃责任的领导行为。
- 领导决策是凝聚职位权力、个人权力的综合性信息行为。
- 领导决策是带有一定价值取向的行为。
- 领导决策是有限理性的行为。
- 领导决策是广泛存在的、具有一定科学性和艺术性的行为。

2. 领导决策的组成要素

领导决策贯穿于领导活动的全过程。每个领导者都应当高度重视领导决策，全面掌握领导决策的原则、程序和方法，在充分掌握相关信息并对有关情况进行深刻分析的基础上，用科学的方法拟定并评估各种决策方案，从中选定最优方案，进而做出科学的、正确的决策，以达到最佳的决策效果。

领导决策一般由决策者、决策目标、决策备选方案、决策环境和决策后果五个要素组成。

- 决策者。决策是决策者做出的实践行为。
- 决策目标。决策目标是领导决策所要达到的目的。
- 决策备选方案。领导决策实际是一种选择方案的活动。
- 决策环境。决策环境是领导决策面临的时空状态，即决策情势。
- 决策后果。决策后果是一项决策实施后产生的效果和影响。

3. 领导决策的程序

1）提出问题，确定目标。领导者在决策前需要明确目标。这既是领导者的重要职责，也是领导者进行科学决策的关键环节。

2）收集信息，拟订方案。领导决策要做到正确、有效，需要集思广益。

3）寻找达到决策目标的有效途径。

4）评估分析，方案优选。分析评估，选择最有利于实现目标的方案，这是领导决策过程中决定性的一环。

5）贯彻实施，验证修正。在领导决策付诸实施之后，要对决策前后的各种要素及情况进行对比，判断决策实施效果，以便验证修订。

8.3.3 领导力研究面临的挑战

领导力是组织行为学领域中被探索和讨论最多的话题之一。领导者的愿景、性格特征、沟通能力及期望行为等，都会影响和激励追随者为了所属组织的有效性不懈努力。目前，领导力研究面临的主要挑战如下。

1. 缺乏本土化的领导风格的系统研究

1）变革型领导与交易型领导理论的比较研究。领导理论从西方的发展过程看，分为四个阶段：特质理论、行为理论、权变理论、新型领导理论。其中，隶属于新型领导理论的交易型领导和变革型领导理论一直备受关注。西方对变革型领导方式的研究主要是对企业高层管理者进行调查分析后得出的结论，虽然该理论的有效性得到众多研究的肯定，但其结论在我国文化背景下的适用性近年也是我国学者研究的重点。

2）领导风格的作用机制研究。尽管国内外对交易型领导、变革型领导和家长式领导的研究很多，对其作用机制的黑箱——中介变量和调节变量也进行了一些理论和实证研究，但缺乏系统性、缺乏理论基础支撑仍是较为突出的问题，而且中介变量的研究呈现出零碎的特点。此外，风格各异的领导风格不断涌现，但大多缺乏足够的后续跟踪研究。因此，在我国的文化背景下对不同领导风格的本土化研究意义更加重大。

> **小贴士**
>
> 领导风格一直是组织管理领域研究的重点。从发文数量来看，1998—2003年，国内对于领导风格的研究呈现平缓增长的趋势，处于起步阶段。2004—2009年，相关文献数量显著增加。2010—2019年，总体呈现增长态势。与2020年相比，2021年领导风格领域的研究呈现出增长的趋势。
>
> 在新型领导理论研究中，比较有代表性的领导风格包括交易型领导、变革型领导等。后续又陆续出现谦卑型领导、包容型领导、真实型领导、服务型领导及家长式领导等多种领导风格。主要研究领导风格与创新绩效、心理授权和组织承诺等的相关性等。领导理论研究热点如图8-10、图8-11所示。
>
> | Keywords | Year | Strength | Begin | End |
> | --- | --- | --- | --- | --- |
> | 领导风格 | 1998 | 24.1399 | 1998 | 2008 |
> | 组织承诺 | 1998 | 2.647 | 2006 | 2009 |
> | 民营企业 | 1998 | 2.5233 | 2008 | 2009 |
> | 领导 | 1998 | 2.0142 | 2009 | 2014 |
> | 交易型领导 | 1998 | 2.8068 | 2010 | 2013 |
> | 领导行为 | 1998 | 2.1579 | 2010 | 2011 |
> | 变革型领导 | 1998 | 4.3624 | 2011 | 2013 |
> | 工作满意度 | 1998 | 2.3515 | 2012 | 2013 |
> | 变革型领导风格 | 1998 | 2.5999 | 2014 | 2018 |
> | 关系冲突 | 1998 | 2.0368 | 2015 | 2019 |
> | 心理授权 | 1998 | 3.9182 | 2015 | 2016 |
> | 谦卑型领导 | 1998 | 2.2374 | 2016 | 2019 |
> | 创新绩效 | 1998 | 2.3967 | 2016 | 2019 |
> | 包容型领导 | 1998 | 3.6358 | 2017 | 2021 |
> | 员工创新行为 | 1998 | 3.1241 | 2017 | 2018 |
> | 真实型领导 | 1998 | 2.6746 | 2019 | 2021 |
> | 组织自尊 | 1998 | 2.1355 | 2019 | 2021 |
>
> 图8-10 领导理论研究热点

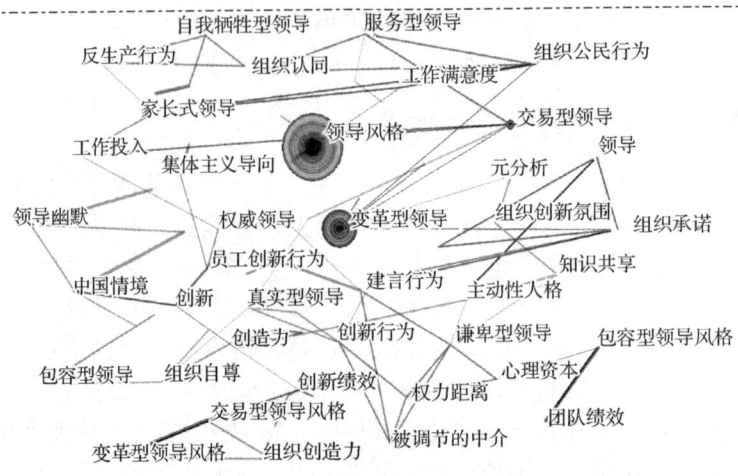

图 8-11　领导理论及其相关变量热点网络

与丰富的理论研究相比，领导风格实证研究起步较晚。目前，主流研究领导风格的方法有 SPSS 软件分析、回归分析和案例分析等，通过软件辅助实证分析及文件检索的研究范式也被学者们广泛认可。

2．新生代员工的价值观和行为方式呼唤多样化的领导风格

1）权力距离与激励制度。管理者的领导行为不能直接作用于员工的行为表现，这一作用力需要先经过员工对管理者的感受，才能转化为对领导行为的感知，最终通过行为表现出来。有别于西方的组织与员工之间的平等或伙伴关系，我国是高权力距离的国家，国有企业多采用交易型领导方式，而领导-成员交换等圈内圈外关系的存在和激励制度的缺失，必然使组织的互动公平受到限制。

2）新生代员工的工作价值观变化。由于中国新生代员工在价值观和行为方式上与以往相比出现很大不同，今后我国的领导力研究应当更关注考察宏观的社会环境对于领导力的塑造。如果不同的领导方式都有存在的价值，重新审视以往的领导风格、发现并探索新的领导风格对新生代员工行为影响机制的研究就有很深刻的现实意义。

小贴士

海底捞是国内一家知名的火锅餐饮企业，其成立以来，以"变态服务理念"迅速占领市场，赢得顾客高度好评。海底捞员工"发自内心的微笑"的表现，以及"在这里工作感到很幸福"的体验，在当前服务企业普遍存在员工冷漠、忠诚度低的情况下显得难能可贵。那么，激发员工极大工作热情的奥秘在哪里呢？海底捞的领导者建立了组织规范，影响组织的管理实践，对组织成功具有重要作用。在组织中，领导者规定员工的工作职责，还通过榜样示范与工作环境等影响员工的角色外行为，他们是员工积极情绪和心理状态的主要来源，而这些积极情绪和心理状态也会对员工的工作态度和行为产生影响。

（资料来源：孔令卫. 领导风格对员工工作态度和行为的影响过程研究[D]. 华东交通大学，2015.）

复习思考题

1. 领导特质理论的要点是什么？
2. 领导行为理论的要点是什么？
3. 费德勒权变模型的主要内容及贡献是什么？
4. 领导生命周期理论的含义是什么？对我国管理实践有什么指导意义？
5. 途径-目标理论的主要内容是什么？
6. 交易型领导和变革型领导有哪些区别？

思考与讨论

1. 你认为领导的实质是什么？领导者对组织行为有哪些影响？
2. 你认为在实际工作中采用哪种领导风格更有效？如果你成为一名组织领导者，你会运用何种领导方式或领导行为？为什么？
3. 如果员工表现出反生产行为，领导者该怎么调整领导策略？

第四部分　组织系统及变革

第9章
组织系统

> 组织是两人或两人以上有意识地加以协调的活动或效力系统。
>
> ——美国社会系统学派代表者　巴纳德

本章学习目标

- 了解组织结构的形式及影响因素；
- 重点掌握组织结构设计的具体步骤；
- 了解组织文化的影响因素；
- 了解组织氛围的测量及影响因素。

第9章 组织系统

思政导入

华为技术有限公司是中国高科技企业的缩影。其创始人任正非创建了生生不息的华为文化。以企业文化为先导来经营企业，是任正非的基本理念。华为的公司法、华为的冬天等企业内部规章制度和简报，可以帮助人们理解华为文化的内涵。任正非认为，资源是会枯竭的，唯有文化才能生生不息。他说："人类所占有的物质资源是有限的，总有一天，石油、煤炭、森林、铁矿会开采光，而唯有知识会越来越多。"

任正非说："我们的员工都很努力，拼命地创造资源。八年来的含辛茹苦，只有我们自己与亲人才真正知道。一声辛苦了，会使人泪如雨下，只有华为人才真正地理解它的内涵。一切都是为了国家与民族的振兴。世界留给我们的财富就是努力，不努力将一无所有。"在2022年11月召开的华为开发者大会上，华为公布了鸿蒙最新的成绩单：已有超3.2亿台华为设备搭载鸿蒙操作系统，同比增长113%；而鸿蒙智联合作伙伴超2200家，同比增长22.2%，设备发货量超2.5亿台，同比增长212%。鸿蒙生态已经吸引了全球超200万个开发者，同比增长300%；HarmonyOS原子化服务数量突破5万个，同比增长212.5%；HMS Core开放25030个API，近4万款应用跟随华为的步伐走向全球市场。

点评 华为的创新是全方位的创新，最重要的是"理念创新"。华为的理念创新最核心的是"核心价值观"——以客户为中心，以奋斗者为本，长期坚持艰苦奋斗，坚持自我批判。从华为文化的例子可以看出，企业文化是企业的灵魂和软实力，任何资源都会枯竭，唯有文化生生不息。一个企业必须有自己独特的企业文化，才能在竞争的环境中发展下去。面对以美国为首的西方国家的科技霸凌和围堵，华为人咬紧牙关，坚持自主研发，以研发和市场突破重围，使华为成为全球通信行业的领导者，走出了科技创新的高速发展路径。

华为的这份坚韧和奋发图强鼓舞人心。核心竞争力来源于丰厚的技术积累和自主创新，其背后是华为未雨绸缪的远见、居安思危的忧患意识和多年艰辛苦练的技术内功。这份底气来自自身的真实研发实力，背后是中国科技在世界舞台的崛起和日益强大的综合国力。华为是民族品牌的标杆，为各行各业树立了榜样，贡献了可贵的正能量。这份不惧"暴风骤雨"勇敢前行的坚挺，以及为民族产业不断创新的拼搏精神，值得所有中国企业学习并为之骄傲。

（资料来源：根据新华网、中国新闻网相关资料整理。）

9.1 组织系统概述

提到组织系统，我们自然会想到各职能部门及分工、组织的文化建设等内容。本章将阐述组织行为学意义上的组织系统。

9.1.1 组织系统的含义

组织系统的含义目前尚没有统一定论，不过组织行为学中与组织系统相关的内容还是有一些共性内容可以分析。

1. 过程学派

以法约尔（Fayol）等为代表的组织过程学派把组织一词作为动词，关注整个组织的发展。法约尔提出了关于组织经营活动的14条原则，其中的劳动分工、权责相当、统一指挥、集权、秩序等都涉及组织系统问题。

2. 系统学派

作为一种指导思想，以卡斯特（Custer）、罗森茨威克（Rosenzwick）为代表的系统学派认为："组织是开放的社会系统，具有许多相互影响、共同工作的子系统，当一个子系统发生变化时，必然影响其他子系统和其他系统的工作。"这种定义把组织内的部门和成员看成有机联系、互相作用的子系统，要求把组织当作一个整体或系统来考察。

3. 国内外《组织行为学》教材

组织行为学家罗宾斯把组织结构、组织文化和组织变革纳入组织系统范畴，但并没有对其归类原因及内在关系进行解释。

美国学者达恩·海瑞格尔（Don Hellriegel）把管理决策、组织设计、组织文化、组织变革都纳入组织大类范畴。

国内学者也很少对组织系统进行单独归类。华中科技大学龙立荣教授、四川大学陈维政教授等均分别设置组织结构与设计、组织文化、组织变革三个内容章节，没有具体区分类别范畴。中国人民大学孙健敏、徐世勇教授则重点设计了组织文化、组织变革两个章节。

综上所述，本书把组织系统界定为：组织按照一定目的和程序形成的协作权责结构及文化、氛围特色，即把组织结构与设计、组织文化和组织氛围等内容纳入组织系统范畴。

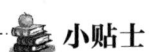 **小贴士**

法约尔的14条原则

法约尔的一般管理理论成为管理过程学派的重要理论基础，对管理理论的发展和企业管理的历程有着深刻影响。

法约尔根据自己在大企业的管理经验，提出了组织经营活动的14条原则。

（1）劳动分工。实行劳动的专门化，可提高员工的效率，从而增加产出。

（2）权责相当。管理者必须拥有权力以发布命令，但权力必须与责任相当。

（3）纪律严明。员工必须服从和尊重组织规定，领导以身作则、管理者和员工对规章有明确理解和公平的奖惩对于保证纪律的有效性非常重要。

（4）统一指挥。一个下属只应接受一个上级的命令，并向这个上级汇报自己的工作。

（5）统一领导。从事同种工作的任何部门应该由同一个管理者按一个统一的计划领导。

（6）个人利益服从整体利益。个人和小集体的利益不能超越组织整体的利益。

（7）报酬。必须给工作和服务以公平合理的报酬。

（8）集权。集权的程度应该适合该企业的实际情况和所属环境。

（9）等级层次。表现为从最高权力机构直至低层管理人员的领导系列，上下层次之间和横向部门之间应保持灵敏的信息沟通。

（10）秩序。企业成员和物品都应各得其位、各得其用。

（11）公平。管理者应该友善和公正地对待下属。

（12）人员稳定。减少不必要的流动，以保证所属人员能很好地完成工作。

（13）主动性。鼓励员工发表建议，提升执行任务的自觉性和积极性。

（14）团结精神。任何分裂对企业都是非常有害的，所以要注意协作、协调、沟通、配合，甚至包括必要的妥协。

（资料来源：[1]蔡树堂.企业战略管理[M].北京：石油工业出版社，2001.
　　　　　　[2]周祖城.管理与伦理[M].北京：清华大学出版社，2000.）

9.1.2 组织系统与管理

理论上追根溯源，法约尔把管理分成了计划、组织、指挥、协调和控制五个基本职能。因而，在管理学的理论体系中，目标、工具、分工协作是组织的三个明显特征。管理的外延大于组织系统，组织系统只是管理职能的一部分内容。实践研究也证明：国际上的一些大型企业取得成功的原因之一就是在自己的管理发展历程中逐渐形成了适合自己的组织系统，其中既包括组织的职权分配特色，也包括企业的文化特色，如华为的狼性文化、海尔的人单合一等企业文化。

组织系统在发展过程中要与内外部环境相匹配，时刻受内部和外部环境条件的影响。在进行组织系统管理时，要充分考虑各个方面的影响因素，如外部的经济环境、产业环境、科技环境等，内部的公司战略、市场定位、领导者风格和偏好、员工特色等。因此，组织系统包含的结构设计、组织文化建设及组织氛围的形成都是多重因素作用的结果，需要根据组织发展需要定期进行动态调整。例如，海尔公司管理模式从人单合一逐步向链群合约转变。

9.2 组织结构与设计

组织结构是组织系统的基本组成部分之一。本节主要介绍组织结构的含义、组织结构设计需要考虑的因素及传统组织结构的形式。

9.2.1 组织结构的含义

1. 概念界定

关于组织结构（Organizational Structure），不同的学者给出了类似的界定。

罗宾斯认为，组织结构界定了对工作任务进行正式分解、组合和协调的方式。

乔治和琼斯（George&Jones）认为，组织结构是一个任务和工作报告关系的正式体系，该体系决定员工如何运用各种资源实现组织目标。

我国学者陈维政认为，组织结构是关于组织中涉及的目标、任务、权力、操作及相互关系的系统,是组织活动的一种形式或功能。

综上所述,本书把组织结构界定为:组织结构是组织成员为实现组织目标进行的一种分工协作,即在职务范围、责任、权利方面形成的动态结构体系。

2. 组织结构的影响因素

组织结构与组织特定状况相适应,与环境因素、战略因素、技术因素、组织规模、领导风格等因素有密切关系。

1)环境因素。每个组织所处的环境不同,其影响因素也存在差异,如生产企业的环境因素主要包括当地政策、供应商、经销商、市场、竞争对手等。

2)战略因素。组织的结构随战略变化而进行调整。依据哈佛大学教授迈克尔·波特(Michael Porter)的理论,企业成功型战略包括总成本领先战略、差异化战略和专一化战略等不同类别。因此,在不同战略阶段,企业会考虑是否调整相应的组织结构模式。

3)技术因素。由于企业所处行业不同,技术差异会对组织结构有一定的影响。

4)其他因素。领导风格、组织规模、行业特点、市场分布及人员素质等诸多因素都构成组织结构的影响因素。

组织结构与内外部环境紧密相关,因此不存在最佳的组织结构。当组织的环境发生变化、组织的重大战略重新调整、组织的规模变化和组织的领导风格有所改变时,组织结构也要相应重新设计。

> **小贴士**
>
> 迈克尔·波特,美国哈佛大学商学院教授,商业管理界公认的"竞争战略之父"。他提出著名的五力理论:同行业竞争者、供应商的议价能力、购买者的议价能力、潜在进入者威胁及替代品威胁。同时,波特认为,在与五种竞争力量的抗争中,蕴涵着三类成功型战略思想:总成本领先战略、差异化战略、专一化战略。
>
> 波特认为,这些战略类型的目标是使企业的经营在产业竞争中胜人一等:在一些产业中,这意味着企业可取得较高的收益;而在另一些产业中,一种战略的成功可能只是企业在绝对意义上能获取些微收益的必要条件。有时企业追逐的基本目标可能不止一个,但波特认为,这种情况实现的可能性是很小的。因为有计划地贯彻任何一种战略,通常都需要全力以赴,并且要有一个支持这一战略的组织安排。
>
> (资料来源:根据百度百科相关资料整理。)

9.2.2 组织结构的设计步骤

1. 组织结构设计需要考虑的因素

海瑞格尔和斯洛柯姆(Hellriegel & Slocum)认为,组织结构设计是组织内部确定任务、职责及职权关系如何构成的过程。那么,组织运作过程中进行分工、分组和协调合作需要考虑哪些因素呢?

目前,学术界普遍接受罗宾斯的观点,认为管理者在进行组织结构设计时,必须考虑六个因素(见图9-1)。

关键问题	能够解答的因素
1.任务应该分解细化到什么程度	工作专业化
2.对工作进行分组的基础是什么	部门化
3.员工个人和工作群体向谁汇报工作	指挥链
4.一位管理者可以有效指导多少名员工	管理幅度
5.决策权应该放在哪一级	集权与分权
6.应该在多大程度上利用规章制度来指导员工和正规化管理者的行为	正规化

图 9-1 管理者需要考虑的六个因素

2. 组织结构设计具体步骤

1）工作专业化——工作划分。按照目标相同和效率优先的原则，把实现组织目标的总任务划分为一系列各不相同又互相联系的具体工作任务。通常用工作专业化来描述组织中把工作任务划分成若干步骤来完成的细化程度。

> **小贴士**
>
> 20世纪初，亨利·福特（Henry Ford）通过建立汽车生产线而富甲天下，享誉全球。他的做法是，给公司每位员工分配特定的、重复性的工作。例如，有的员工只负责安装汽车的右前轮，有的则只负责安装右前门。通过把工作分解成较小的、标准化的任务，使工人能够反复进行同一种操作，福特利用技能相对有限的员工，每10秒就能生产出一辆汽车。福特的经验表明，让员工从事专门化的工作，他们的生产效率会提高。
>
> （资料来源：[美]斯蒂芬·P. 罗宾斯，蒂莫西·A. 贾奇. 组织行为学精要[M]. 郑晓明译. 北京：机械工业出版社，2011.）

2）部门化——建立部门。把相近的工作归为一类，为每类工作建立相应的部门。可以根据活动的职能、组织生产的产品类型、地域及顾客类型来划分部门。大中型企业可以以细化的顾客市场来划分。

3）指挥链——决定管理跨度。管理跨度是根据工作情况决定一个上级直接指挥下级的数量。这涉及组织结构的命令链和控制跨度两个因素。组织应该根据人员素质、工作复杂程度、授权情况等合理确定管理跨度，相应地也就确定了命令链的职权、职责的范围。例如，4096人的组织，管理跨度为8，组织需要4个管理层次，人数分别为1、8、64、512，共需要585名管理人员；管理跨度为4，则需要7个层次，共需要1365名管理人员。

值得注意的是，相同条件下，管理跨度越大，组织效率越高。管理跨度过小，虽然可以更严格地管理，但不仅影响信息传递、决策速度和员工创新，也会带来机构臃肿、费用增多等弊端。

4）集权与分权——确定职权关系。授予各级管理者完成任务所必需的职务、责任和权力，从而确定组织成员间的职权关系，涉及集权和分权的关系。由于基层管理者更接近管理现场，适当的分权有利于组织中基层和底层员工的决策和创新，如海底捞火锅给予每名服务员每月一定的免单权。集权与分权的运用程度与组织的类型、行业、规模等相关。

5）正规化——通过组织运行不断修改和完善组织结构。组织结构设计是一个动态的、不断修改和完善的过程。在组织运行中，必然暴露出许多矛盾和问题，这些问题都应作为反馈信息，促使领导者重新审视原有的组织设计，并进行相应的修改，形成协调的体系和文件报告，使其日益正规化和不断完善。

9.2.3 传统组织结构的形式

传统的组织结构主要包括四种形式，分别为直线职能结构、事业部结构、矩阵结构及委员会结构。

1. 直线职能结构

直线职能结构是保证直线统一指挥的组织结构。这种组织结构是建立在简单的直线结构和职能结构基础上的。按照职能专业分工，各级都建立职能机构担负计划、生产、人事、销售、财务等方面的管理工作，各级领导都有相应的职能机构作为助手，从而发挥职能机构的专业管理作用。

优点：分工细，工作目标明确，部门之间的职责界限分明。

缺点：各部门间缺乏信息交流和全局观点，组织目标不易统一。

这种结构适合稳定环境下、单一产品的中小企业。但也有例外，如亚马逊和阿里巴巴作为全球名列前茅的电商品牌，是典型的直线职能结构。

2. 事业部结构

事业部结构又称分权事业部制，是一个企业内对于具有独立的产品和市场、独立的责任和利益的部门实行分权管理的一种组织形态。采用事业部的组织是集权与分权的有机结合，如政策管制集权化、业务营运分权化。

优点：最高管理部门能够摆脱日常行政事务的负担，有利于决策，发挥市场经营管理的主动性，适合培养部门管理人才。事业部组织结构能快速应对复杂的外部环境，适合大规模、产品多样、单个部门能组成完整企业的大型组织。微软公司的组织结构就是战略事业部模式。

缺点：第一，各事业部都配有完备的职能部门，管理成本较高。第二，集权与分权的关系比较复杂，各事业部独立核算，容易关注部门利益而忽视公司整体利益，一旦处理不当，可能削弱整个组织的协调一致。第三，对事业部一级的管理人员水平要求较高。

值得一提的是，20世纪70年代中期出现了超事业部组织结构，在公司总经理与各个事业部之间增加一级管理机构，即在原事业部基础上，将产品或服务、地理位置、顾客相近或相同的事业部组合在一起形成超事业部。增加一级管理机构的目的主要是加大对众多事业部的管控，更好地进行资源协调和共享，节约成本。

3. 矩阵结构

矩阵结构是从专门从事某项工作的工作小组形式发展而来的一种组织结构，是职能部门化和产品部门化形式的融合。特点是由一群不同背景、技能、知识、部门的专业人员组合在一起，为某个特定的任务共同工作。摄制组、研发实验室、医院、大学等基本属于这种组织结构（见图9-2）。

优点：这种组织结构非常适用于横向协作和研发攻关项目。可用来完成涉及面广、临时性、复杂的重大工程项目或管理改革任务。矩阵结构是按项目进行组织的，具有工作小组那种机动灵活性，职能人员直接参与项目，而且在重要决策问题上有发言权，提高了人员的利用率。

缺点：第一，矩阵结构项目负责人的责任大于权力。项目负责人无法利用激励和惩治手段。第二，双重指挥也是这种结构的明显缺陷，需要项目负责人与各个部门负责人配合，才能顺利地开展工作。

矩阵结构适用于产品品种多且变化大的组织，特别适用于以开发与实验项目为主、需要不同专长的人合作才能完成的工作，以及具有许多事先不确定的复杂因素的工作。矩阵结构多应用于建筑、房地产行业及以项目为单元的服务业和创新性较强的科研机构。

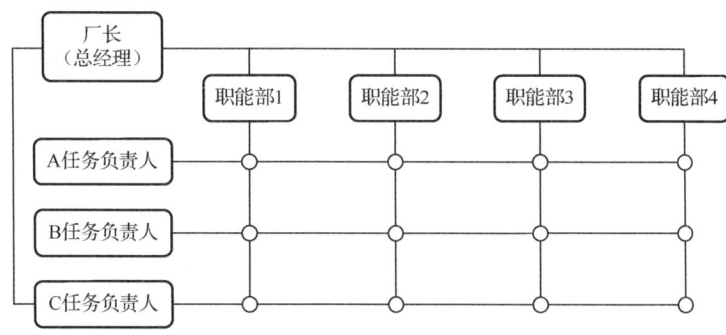

图9-2　矩阵结构

4．委员会结构

委员会是公司结构中的一种特殊类型，它是执行某方面管理职能，并以集体活动为主要特征的结构形式。业主委员会、教学委员会等都属于这类结构。

优点：方便灵活，集体决策，跨越职能界限处理问题，便于协调与鼓励参与。

缺点：委员会主席权力过大，责任分摊，产生从众行为，缺乏创新。

 小贴士

组织设计及沟通测试

下面是对有效组织设计的描述。就你目前所在的或曾经工作过的组织，指出你赞成或反对的程度范围，并在每句描述的旁边写下相应的分数。

1．强烈反对　2．反对　3．有点反对　4．不确定　5．有点同意　6．同意　7．非常同意

____ 1）那些试图改变某些事情的员工通常能得到别人的理解和支持。

____ 2）组织很容易获得进步所需的技能。

____ 3）无论好坏，员工总是知道其工作的结果。

____ 4）员工可以灵活调整工作进度。

____ 5）管理者推动会议的讨论，并鼓励下属参与讨论。

____ 6）组织很少制定限制创新的政策、规则和程序。

　　　　　7）团队、部门和事业部之间的界限很少妨碍解决共同的问题。
　　　　　8）组织中权力的等级层次很少。
　　　　　9）每个人都知道他们的工作如何影响下一个人或团队的工作，以及最终产品或服务的质量。
　　　　　10）组织能获得与其工作流程、商品或服务的技术进步相关的信息。
　　　　　11）组织一直力求找出顾客的需求和怎样满足他们的需求。
　　　　　12）组织的政策、设计和员工工作具有灵活性，能适应基本的变化。
　　　　　13）组织里不同专业领域的人一起工作，当发生冲突时，往往带来建设性的结果。
　　　　　14）所有员工都能陈述组织的价值观和他们是怎样利用这些价值观去做决策的。
　　　　　15）在适当的时候，大量信息是公开、共享的。
　　计分和解释：75~105分表示有效的组织设计；70~89分表示组织设计有效性一般，或者组织具体工作设计的有效性可能存在较大差异；50~69分表示组织的运作模糊不清；15~49分表示组织设计会引发一些严重的问题。
　　（资料来源：[美]达恩·海瑞格尔，约翰·W. 斯洛柯姆. 组织行为学（第11版）[M]. 邱伟年译. 北京：北京大学出版社，2011.）

9.3　组织文化

　　不同的组织都有自己独特的特点，表现在组织日常运行的方方面面。我们能够看到、听到和感知到的与组织相关的所有东西，几乎都包含着组织文化。

9.3.1　组织文化的含义

　　组织成员在长期的共同活动中，必然形成一些独特的行为方式和风俗习惯，以及蕴藏其中的独特的价值理念。

1. 组织文化的概念

　　管理学家斯蒂芬·罗宾斯认为，组织文化是员工共同的价值体系，将一个组织与其他组织区分开来。组织文化的精髓包括七个方面：创新、冒险、结果导向、人际导向、团队导向、进取心和稳定性。

　　罗宾斯把组织文化分为强文化和弱文化。强文化是指组织的核心价值观得到员工强烈的认可和广泛的认同。反之，在弱文化状态下，组织价值观得不到广泛的认可，组织文化缺乏核心价值观，组织难以形成较高的文化凝聚力和战斗力。

　　管理学家达恩·海瑞格尔认为，组织文化反映的是组织成员的价值观、信仰和态度，会随着时间的推移而发生改变。

　　综上所述，本书将组织文化界定为：组织文化是某个组织特有的，由组织愿景、组织精神、礼仪仪式、组织标志、组织制度、组织产品等组成其特有的文化形象。组织日常运行中无处不体现着文化的内涵。

2. 组织文化的类型

组织文化内涵复杂，学者们从不同角度切入，对组织文化进行了多维度划分，下面是几种有代表性的观点。

1）奎因和卡梅隆四分法。奎因和卡梅隆四分法将组织文化划分为四个维度：宗族型、灵活型、层级型和市场型（见图9-3）。该模型将组织视为一个不断适应外部环境变化的连续体，充分考虑组织内外部环境的变化。其中，宗族型重视员工个人发展，致力于营造温暖的组织文化，组织成员拥有共同的发展愿景。灵活型鼓励员工创新，重视组织与外部环境的良性互动。层级型以绩效目标为主，采取严格的规章制度、工作描述等控制手段。市场型主要以绩效为导向，利用市场机制控制企业内部资源，同时关注企业外部环境的变化。

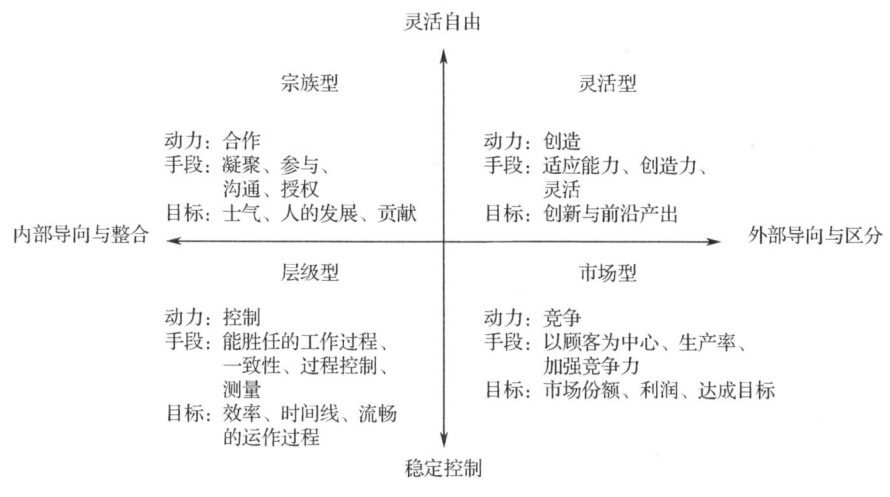

图 9-3　奎因和卡梅隆四分法

2）杰弗里·桑南菲尔德四分法。杰弗里·桑南菲尔德（Jeffrey Sannenfeld）将组织文化分为四种类型：学院型文化、俱乐部型文化、棒球队型文化和堡垒型文化。

（1）学院型文化。喜欢雇用刚毕业的大学生，提供专门培训和指导，帮助人才专业化成长，如可口可乐公司、宝洁公司这样的企业。

（2）俱乐部型文化。非常重视员工的信仰、忠诚和承诺，如政府机关、军队等。

（3）棒球队型文化。鼓励创新，高薪酬，有自由度，主要关注有才能的人，属于按能力付酬的组织文化，在金融投资、法律、研发等组织较为普遍。

（4）堡垒型文化。主要着眼于生存。该类组织原来属于学院型、俱乐部型和棒球队型三种文化中的一种，目前处于衰落状态，更重视保存现存的财产。

3）迪尔和肯尼迪四类型学说。美国管理学家迪尔（Deere）和肯尼迪（Kennedy）提出企业文化四类型学说：强人文化、柔性文化、赌博文化和过程文化，不同的企业类型适应不同的文化类型。

（1）强人文化。风险大，决策反馈快，追求短期效益，如影视公司、广告公司。

（2）柔性文化，也称拼搏与娱乐文化。风险不大，员工工作强度高，同时尽情享受企业舒适的环境，如高科技研发类企业等。

（3）赌博文化。见效慢，风险大，重在未来投资回报，如大型军工企业、基础研究类院所等。

（4）过程文化。风险低，反馈慢，讲究方法和秩序，如公务员体系。

4）国内学者两分法。我国学者龙立荣等认为，文化有主文化和亚文化之分。企业的主流价值观是企业的主文化，而组织内不同部门的逻辑行为方式则是亚文化。例如，研发部门和生产部门员工话语行为和观念习惯是不同的，这都属于亚文化。

3. 组织文化的层次

对组织文化层次的表述，国内外略有差异。海瑞格尔认为，组织文化分为文化象征、共同的行为、文化价值观、共同的使命四个层次。我国学术界普遍认同的是物质层面、制度层面和精神层面三层次：从物质、制度到组织精神，由外及内，由显性到隐性。下面介绍三层次。

1）物质层面。物质层面是组织文化的表层部分，能看得见、摸得着的显性组织外在表象，如组织的建筑、名称、Logo、微信公众号、宣传片、美术作品等。

2）制度层面。制度层面是约束组织成员的行为，保证组织运转的必要条件，是组织文化的重要保障。包括组织制度、行为准则及历史传统。

（1）组织制度。组织内部规范和约束员工行为的各种规章制度、道德规范和行为准则，如华为公司的公司法。

（2）行为准则。组织成员应遵循的具有一般约束力的行为标准，对组织成员具有引导、规范和约束的作用。

（3）历史传统。组织创建后形成的典礼、仪式等，如早晨的升旗、厂训仪式等活动，主要通过组织的重要领导者习惯和偏好传承。

3）精神层面。精神层面是组织文化的内核和组织灵魂所在。主要包括以下几个方面：组织愿景、文化观念、价值观念、目标与经营哲学、组织精神、道德规范等。组织成员认同的主要价值观是产品导向还是价值导向，处理组织发展过程中遇到的一些问题的思维模式和方法有哪些，都属于精神层面。

4. 组织文化的作用

1）积极作用。良好的组织文化是组织的软实力，是在组织发展过程中逐渐积淀下来的宗旨、习俗、习惯，是组织的精神财富符号。良好的组织文化有利于组织坚持长期目标导向，营造组织特有的创新、安全或服务氛围，有助于组织树立知名度和美誉度。良好的组织文化能够增强组织的凝聚力和员工的归属感，降低离职率。良好的组织文化是激励员工、约束员工的行为规范，是提高组织创新绩效和生产效率的必要手段。

2）消极作用。组织文化是组织在一定环境下生存、发展的真实反映，组织文化一旦传承下来，必然具有一定的惯性，而惯性也必然具有一些消极作用。一方面，当组织环境或组织战略发生变化时，原有的制度和文化惯性有可能成为组织创新和变革的阻碍。另一方面，惯性可能成为组织多样化发展的阻碍。组织文化，尤其是主文化要求全体成员具有一致性。因此，当所有员工都去适应主文化时，就会失去个性，不同特色带来的多样化优势也会随之消失。

9.3.2 组织文化建设

组织文化一旦形成，很难在短期内改变。要进行组织文化建设，就需要了解组织文化的影响因素和形成过程，分析其维系和发展的路径。

1. 组织文化的影响因素

1）个人因素。主要指组织领导者和员工的思想素质、文化素质和技术素质对企业文化的影响，如组织领导者、创始人的人格、价值取向和文化底蕴对组织文化的形成影响深刻。

2）组织制度和传统。群体意识和群体行为规范逐渐积淀，形成组织制度和传统，这是形成组织文化的重要因素之一。例如，组织中树立的英雄、模范人物具有示范作用，他们往往成为组织文化制度的人格化代表，具体诠释组织文化的导向和组织的群体规范。

3）区域文化因素。不同区域积淀的各不相同的地区文化也对组织文化有较大影响。例如，中国东北地区具有粗犷、豪放的区域文化，江浙沪一带具有细腻严谨、高效率的区域文化，这些地区的组织相应带有该区域文化的特点。

4）民族文化因素。员工作为组织的文化主体，在成长过程中必然受到本民族文化的熏陶。在进入组织后，员工就会表现出自身所受的民族文化影响的特征，进而影响组织文化。因此，民族文化也是组织文化的重要影响因素之一。

2. 组织文化的形成、维系和发展

1）形成过程（见图9-4）。

（1）第一阶段：组织主要领导者的影响。组织主要领导者对组织文化有重要影响，尤其是创始人。中小型组织的创始人建立了组织初步的做事风格，将自己的经营理念施加给其他成员。

（2）第二阶段：组织高级管理者的招聘和甄选。组织通过招聘，甄选那些与组织价值观相近的高级管理者。通过管理者的执行力强化，组织的价值观不断澄清和明确。

（3）第三阶段：组织特有的价值和习俗的规章制度化。把组织的价值观、风俗习惯形成规章制度沿袭下来，形成组织的习惯和传统，对员工行为进行约束和引领。

（4）第四阶段：组织文化形成。

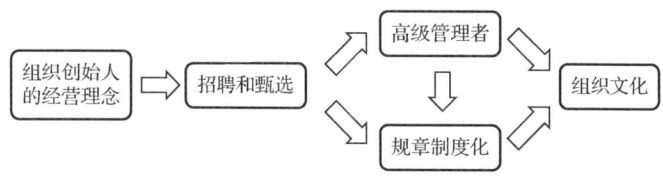

图9-4 组织文化形成过程

2）形成和维系原则。

（1）第一原则：服务于组织的宗旨和战略目标，形成以组织精神为核心的文化体系。

（2）第二原则：有行为准则和制度化约束，有严谨的程序和方法，注重实效。

（3）第三原则：立足国情，把组织文化精华与时代特征紧密结合起来。

3）维系和发展组织文化的路径。可以借鉴权变理论，进行组织文化的维系、传承和发展。

（1）文化需要与环境相匹配。文化要促进组织发展，必须综合考虑行业特点、地域特点和市场风格，定期进行反思，自我调整，与内外部环境相匹配，与组织发展战略相协调，这是组织发展的基础，也是形成独特组织文化的前提。例如，清华大学定位为：世界一流大学。华为公司初创定位为：全球领先的电信解决方案提供商。

（2）不断提升和完善各级管理者的综合能力和素养。加强对各级管理者的综合培训，形成与组织特点相匹配的领导风格。一方面，传承初始领导者的优秀的经营理念、习惯风格和传统，甄选那些与组织价值观相近的中高层管理者，保持传统的传承和执行力度。另一方面，加强和完善组织内外部培训机制，员工外出培训结合内部定期组织高层和外部专家举办讲座和进行培训，不断提升组织管理者综合素质。

（3）把组织的价值观形成制度和习惯固定下来。把内化的隐性习惯形成显性的制度。一方面，形成规章制度，进行组织愿景和行为约束，如华为制定华为公司法。同时，在绩效评估、培训和开发活动中，为了确保员工和组织价值观一致，树立典型标兵，奖励那些支持组织文化建设，勇于创新的员工，惩罚那些具有反生产行为，挑战组织文化的员工。另一方面，形成固定的仪式建设组织文化，如定期培训、团建、升旗仪式、运动会等，加强员工的归属感。

综上所述，不同的组织因其类型、战略和目标等不同，往往需要结合自身组织特点，根据组织战略定位和内外部环境的变化，通过多种力量去维系、传承和发展组织文化，保持与时俱进，才能形成有利于创新发展的独特的组织文化。

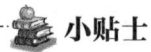 小贴士

《华为基本法》——不以规矩，不能成方圆

《华为基本法》是华为的"管理大纲"，1996年制定，1998年审议通过。

从《华为基本法》制定的初衷看，华为创始人任正非要求《华为基本法》要提出企业处理内外矛盾关系的基本法则，要确立明确的企业共同的语言系统，即核心价值观，以及指导华为未来成长发展的基本经营政策与管理规则，其目的是公司要形成一个整体。

从体例上看，1996年3月华为起草管理大纲时，正值《中华人民共和国香港特别行政区基本法》起草，任正非受到启发，建议将管理大纲命名为《华为基本法》。

从内容上看，《华为基本法》设计的框架包括公司宗旨、管理哲学、基本经营政策、组织政策、人事政策、控制政策、工作道德和纪律。

从适用范围上看，《华为基本法》适用于公司、股东、董事、监事、高级管理人员、中层管理人员及普通员工，是公司治理者、管理者及各部门和各级主管的决策指导、行为准则，是调整企业内外重大关系和矛盾的准则。

（资料来源：周学. 公司宪法——《华为基本法》. 搜狐网，2022-08-09.）

9.3.3 民族文化及企业管理模式差异

组织管理模式在某种程度上能够反映所在国家的主流文化，或者说国家主流文化对

企业管理模式具有重要影响。

1. 霍夫斯泰德文化维度划分

在对不同国家的文化进行剖析整理、分类比较时，需要确定一定的维度，它们代表文化的不同侧面。荷兰心理学家吉尔特·霍夫斯泰德（Geert Hofstede）提出的霍夫斯泰德文化维度理论（Hofstede's Cultural Dimensions Theory）得到世界的认可。他认为，文化是在一个环境下人们共同拥有的心理程序，能将一群人与其他人区分开来。通过研究，他将不同文化间的差异归纳为五个基本的文化维度（见表9-1）。

表9-1 霍夫斯泰德文化维度划分

国家或地区（部分）	权力距离	个人导向性	阳刚性	不确定性回避	长期导向性
美国	40（下）	90（上）	62（上）	46（下）	29（下）
德国	35（下）	67（上）	66（上）	65（中）	31（中）
日本	54（中）	46（中）	95（上）	92（上）	80（上）
法国	68（上）	71（上）	43（中）	86（上）	30（下）
荷兰	38（下）	80（上）	14（下）	53（中）	44（中）
印度尼西亚	78（上）	14（下）	46（中）	48（下）	25（下）
非洲西部地区	77（上）	20（下）	46（中）	54（中）	16（下）

注：括号中的上、中、下，对前4个维度来说，是指位于53个国家和地区的数据中的前、中、后1/3段内；对第5个维度来说，则仅指位于23个国家和地区的数据中的前、中、后1/3段内。

1）权力距离（大/小）。权力距离指存在分离开管理者与员工的强大而又合法的决策权力的信念。权力距离一般由权力距离指数衡量。在组织内部，权力的不平等是功能性的，不可避免的。相对来说，东方文化，如中国、日本受儒家思想影响深远，权力距离指数高，西方国家权力距离指数偏低。

2）不确定性回避（强/弱）。不确定性回避指的是一个社会感受到的不确定性和模糊情景的威胁程度。每个民族的不确定性回避都有显著的强弱差异。强不确定性回避表现为：在工作中尽量避免冲突与竞争；服从主流思想与道德规范，必须遵守规章制度。而弱不确定性回避表现为：人们对事物的发展与变化持积极态度；在工作中可以利用竞争达到个人目的；容忍对主流思想与道德规范的偏离；人们有强烈的创新意识；认为规章制度不再合适时应立即予以废除。

3）个人导向性/集体导向性。个人主义和集体主义是指社会中个人与群体的关系。在个人导向性价值观占主导地位的组织里，个人以自我为中心。组织结构是松散的，个人对集体有较少的感情依附。在集体导向性价值观占主导地位的组织里，组织结构是严密的。个人往往从道德、思想的角度处理其与组织的关系，个人对集体有强烈的感情依附。一般来说，权力距离指数高的国家，集体导向性指数也高，如中国、日本等。而权力距离指数低的国家，个人导向性指数较高，如荷兰、美国等。

4）阳刚性/阴柔性。阳刚性/阴柔性是指社会中两性的社会性别角色差别和重叠程度，分别代表事业成功和生活质量。阳刚性表明了一个社会在自信、工作、绩效及成就等方面占优势的、追求事业的价值观；阴柔性则表明了一个社会在重视生活质量，服务、团结、良好的人际关系等方面占优势的价值观。

5）长期导向性/短期导向性。长期导向性的文化关注未来，重视节俭和毅力。如日本，国家以长远的目光进行投资，每年的利润并不重要，最重要的是逐年进步，以达到一个长期的目标。在短期导向性的文化里，价值观是倾向于过去和现在的。人们尊重传统，关注社会责任的履行，但此时此地才是最重要的。如美国，公司更关注季度和年度的利润成果，管理者在逐年或逐季对员工进行的绩效评估中关注利润。

具有长期导向性的文化和社会主要面向未来，注重未来，注重节约和储备，做事不冒进，注重长期目标。短期导向性的文化与社会则面向过去与现在，注重社会责任的履行，但着重现在的利益。

2. 企业管理模式与企业文化

企业管理模式与企业文化特色紧密相关。不同的企业管理模式，如美式管理、日式管理，都带有鲜明的民族文化特色。

1）日式管理与文化。日式管理追求团体的荣誉，不计较个人的荣辱；强调共生共荣，具有融合性、现实性、保守性等文化特点。

（1）以人为本，重视理念教育。主要表现为建立以"人"为中心的经营模式，如终身雇用、年功序列工资制和企业工龄，使员工与企业形成命运共同体的关系。日本著名企业家松下幸之助提出的"经营即教育"成为日本企业文化的重要特征。日本企业录用的新员工首先要接受培训，考核合格后才能正式开始工作，这成为日本企业的一项基本制度。

（2）倡导集体主义，重视文化建设。日本企业旨在培养良好员工思想道德和精神，日式管理的基础是集体主义，强调一致性和团队精神。企业成员必须遵循企业的道德规范和行为原则，以及所养成的工作态度和工作作风，如很多日本企业通过每日背诵"社训"的方式不断提高企业的凝聚力。另外，日式管理也提倡员工参与管理，如鼓励员工向企业提出合理化建议，参加各种企业经营管理小组等。同时，日式管理也形成以人情关怀形式奖励员工的习俗惯例，如日本企业有员工结婚、过生日赠送礼品，高管拍肩膀、口头表扬等多种激励惯例。

（3）重视内部运营效率，以改善为手段。对现有产品和管理持续优化，在自己擅长的领域纵向深入，不以营利为核心，追求长期利益，不冒进或跨领域经营，通过精细化使企业取得竞争优势。

> **小贴士**
>
> 日本三洋公司按照科层制组织模式运作，其员工关注产品质量和生产效率，而非市场和用户需求，是工业时代的传统日式企业。终身任职制、年功序列制等制度使员工成为对上和对内负责的执行者，严格遵照上级的指令完成本职工作。这虽然有利于组织保持执行力，但同时制约了企业对外部环境的适应。
>
> （资料来源：王凤彬，郑腾豪，刘刚. 企业组织变革的动态演化过程——基于海尔和IBM纵向案例的生克化制机理的探讨[J]. 中国工业经济，2018.）

2）美式管理与文化。美式管理是指美国公司管理方式。美式管理以法制为主体，强调规章制度、个人价值，追求最大限度的利润等，带有典型的美国文化色彩。

（1）理性管理，注重规章制度建设。美式企业文化重视理性，倾向于战略计划、组织机构、规章制度等方面的硬件管理，强调管理的专业性和知识性。例如，事业部制等大公司管理的理论实践最早产生于美国。

（2）推崇个人奋斗和个人英雄主义。美式管理的基础和企业文化的核心是个人主义。倡导员工个人奋斗、竞争取胜，尤其崇尚个人英雄主义。

（3）追求当前利益。美式管理强调将利润作为衡量业绩的标准，重视眼前利益，强调把握现有机遇。

9.4 组织氛围

9.4.1 组织氛围的含义

1. 组织氛围的概念

组织氛围又称组织气氛，起源于美国心理学家爱德华·托尔曼（Edward Tolman）的"认知地图"的概念，主要从个体知觉的角度阐述了气氛是组织成员在自己头脑中构建的对整个组织环境的认知地图，体现了员工对组织环境的共同看法。

佛汉得和哈勒（Forehand&Haller）基于组织特征指出，组织氛围是一种可识别的组织特征，能够被组织成员长期感知，并且对员工的心理和行为产生潜移默化的影响。

库尔特·勒温的"群体动力理论"将组织气氛定义为群体中的各种力量对个体的作用和影响，而且随着组织环境的变化不断变化。

综上所述，本书将组织氛围界定为：组织氛围是组织群体成员能够感知到的、并对其行为产生影响的一种持续的组织特征，如群体成员对组织在创新、安全、支持、公平公正、人际关系、服务及员工身份认同等特性方面的共同感知。

2. 组织氛围的影响因素

由于组织氛围是一个由组织成员对工作环境的共同看法聚合而成的团队层次概念，因此，早期有研究者认为，领导行为及组织系统是组织氛围最重要的影响因素。已有研究发现领导因素，如不同领导风格、领导支持感、领导情绪智力等不同的领导方式对组织氛围的影响，如库尔特·勒温发现，不同的领导方式（民主、专制和放任自流）可以创造出不同的组织氛围。

正常运行的组织是一个动态循环、复杂运行的系统，组织因素，如组织文化、组织结构、组织规模、组织变革、文化多样性等因素都会为组织的氛围带来很大的影响。例如，以创新求发展的组织文化就会带来创新的、充满活力的组织氛围。

此外，员工个体特征，如员工性别、教育背景和年龄等个体因素乃至组织成员群体因素都会影响组织氛围的形成。但员工的个体特征不同，使其感知的组织氛围存在差异。鲍威尔（Powell）发现，男性与女性在组织气氛的知觉上是存在差异的，会在一定程度上影响组织氛围的某些维度。因此，追寻组织氛围的形成原因有利于营造良好的组织氛围。

综上所述，领导因素、组织因素、个体因素等都是组织氛围的影响因素，以上因素通过各种方式对组织氛围产生不同程度的影响。根据社会交换原则,良好的组织氛围对员工工作态度和工作行为、创新绩效等同样有着显著的影响。员工感知到的开放、鼓励创新、支持性的组织氛围越浓厚,就越会表现出积极向上的工作态度、工作行为、创新绩效。

 **小贴士**

微软的竞争氛围

微软公司绩效管理体制的核心是形成内部竞争,保持员工对绩效评定的焦虑,促使员工主动寻求方法超越自己和他人。在具体实践中,对于一些已经很稳定的部门,每年绩效垫底的 5%员工,微软会给他们做出个人改进计划,勒令改进。另外,企业内部存在正常的人员流动,每年都会有精英员工离开,新人入职,普通员工有很多晋升的机会。因此,将竞争内部化,先战胜自己再赢得市场成了微软的惯例。管理层、市场部门、服务部门、软件开发团队等首先要经过企业内部激烈的竞争环境的考验,然后才能从容应对外部市场的竞争。微软就是以这样的方式来保证在外部市场中不可撼动的竞争力的。

(资料来源:根据百度百科相关资料整理。)

9.4.2 组织氛围的维度测量

不同的研究视角会产生不同的组织氛围的内涵和测量维度。国内外学者常用的维度量表有以下几种。

1)亨普希尔(Hemphill)于 1957 年开发的集体维度量表。它包括 13 个维度,分别为自主性、控制程度、正式程序、愉悦气氛、员工资格相似性、员工彼此熟悉度、稳定性、科层结构、凝聚力、目标性、准入门槛、员工投入度、员工参与度。

2)利特温和斯特林格(Litwin & Stringer)于 1968 年开发的组织氛围量表(LSOCQ)。包括结构、责任、奖励、风险、亲和、支持、标准、冲突和认同 9 个维度。

3)霍伊和克莱沃(Hoy & Clover)于 1986 年对亨普希尔的集体维度量表进行了修订,包括支持、指示、限制、专业、亲和和疏离 6 个维度。

4)伯克(Bock)于 2005 年开发了组织氛围量表,包括确定公平氛围、良好关系氛围、创新氛围 3 个维度,该量表目前应用比较广泛。

5)我国学者在进行组织氛围的测量时,融入中国情境的特殊性,对组织氛围的研究做出了突出贡献。张瑞春和蒋景清将组织氛围划分为领导形态、形式结构、责任风度和人际关系 4 个维度。陈维政和李金平将组织氛围归纳为 12 个维度,包括人际关系与沟通、领导与支持等。谢荷锋、马庆国编制的组织氛围量表包括人际关系、创新、公平、员工身份认同等维度。综上所述,我国学者认为人际关系是组织氛围很重要的一个维度,这一点与西方学者侧重点不同。

需要注意的是,组织氛围的测量维度截至目前尚未形成共识。近年来,国内外学术界将组织氛围细化成很多种类,如组织创新氛围、组织安全氛围、组织服务氛围、组织伦理氛围及组织支持氛围等,并根据研究需要构建和选取不同侧重点的组织氛围量表作为研究测量工具。

9.4.3 组织氛围的营造

组织氛围与组织文化价值导向、经营管理理念、组织领导者风格、组织结构等联系密切。良好的组织氛围能够激发成员的工作积极性和创造力，非常有利于组织成员发挥主观能动性。

1. 加强文化建设，营造与组织文化相匹配的认知氛围

组织文化的形成和传承是营造组织氛围的基础。组织的领导者一要明确自身对组织的宗旨、愿景、目标的认知定位；二要在招聘甄选中选拔与组织价值观相近或认同组织价值观的中高级管理人员；三要率先垂范，关怀和激励员工，把组织的愿景和员工的奋斗目标有机结合起来，形成惯例，从高层向中基层管理者推动，逐步建立基于组织文化认知的组织氛围；四要合理利用员工自利行为和员工关系认知，采取多种措施激励员工把个人愿景上升到组织愿景，更加努力地提升个人绩效。

2. 从组织分工和制度入手，坚持层级清楚、目标明确、对象清晰的原则

根据社会认同理论，当组织权责分明、协作和谐，员工感知到组织提供了公正、公平的规章制度并严格执行时，就会表现出对组织的高度认同，并激发出自身的职业使命感。因此，坚持层级清楚、目标明确、对象清晰的原则，才能体现出组织制度和结构的激励和约束作用。

3. 建立畅通的沟通渠道，信息传递公开、透明

管理的过程就是沟通的过程。建立公开、透明的沟通平台和沟通机制，定期通过内部平台发送公开邮件、工作简报，让员工了解企业的战略规划、员工的建言渠道，定期组织员工座谈、管理者走动管理等，鼓励员工建言献策，营造一个相互信任、相互理解、相互激励、相互关心的组织氛围，提高员工的获得感与归属感。

4. 重视组织诚信，促进组织承诺氛围的建设与实现

组织承诺对员工来说是组织对员工的约束力。要从情感上、规章制度上和连续激励上实现对员工的诚信，保持组织言必行、行必果的诚信信誉。在组织与员工进行社会关系交换的过程中，领导者作为组织的代理人，其对组织制度和文化的诠释及展现出的领导行为会让员工已经构建的组织认同发生调整和变化。因此，组织承诺之后，一定要采取行动让员工感受到组织的诚意，反之就会失去员工的信任，妨碍组织的凝聚力。

复习思考题

1. 组织结构的形式有哪些？
2. 组织结构设计要考虑哪些因素？
3. 组织文化的影响因素有哪些？
4. 组织氛围的影响因素有哪些？

思考与讨论

1. 如何应用权变理论设计组织系统？试举例说明。
2. 谈谈你所了解的组织遇到的文化建设问题，并给出解决方法。
3. 如果你现在是一个组织的领导者，你将如何营造良好的组织氛围？

第 10 章
组织变革与发展

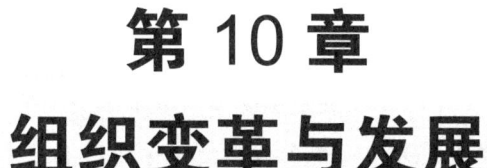

当今世界唯一最大的力量是变革的力量。

——捷克斯洛伐克社会与政治学家　卡尔·多伊奇

本章学习目标

- 理解组织变革的动力和阻力；
- 重点掌握组织变革的过程模型；
- 了解组织结构变革的趋势及在现实中的应用；
- 了解建立学习型组织的策略。

> 云南白药首席执行官董明说:"拥抱未来在云南白药心目中就是拥抱变革。"
>
> 在中国,我们将百年企业称为"中华老字号"。目前能称得上中华老字号的企业有1128家。这些企业之所以能成为中华老字号,是因为在经营管理上存在明显的共同点,那就是不断地觉知和求索。创立于1902年的云南白药,名列首批国家创新型企业,经过多年耕耘,在全球各大品牌排行榜中持续稳居行业前列,品牌价值得到印证。
>
> 云南白药品牌能够持续焕发活力得益于企业多年来的品牌延伸和品牌转型。2017年,"健康中国"成为国家战略,"后疫情时代"正重塑着人们的生活方式和观念,云南白药面临更多发展机遇和挑战。从一颗百宝丹到大健康领域的深耕,混改的深入推进促使云南白药发展动能进一步释放,企业迈入新纪元,"新白药,大健康"的转型继续深化。过去,云南白药从单一中药企业走向涵盖多品类的大健康企业,品牌延伸成效显著。如今,在健康中国战略背景下,云南白药深化愿景,致力于成为健康服务综合解决方案提供商,品牌转型是应有之义。
>
> **点评** 云南白药作为一家百年企业,以助力健康中国建设的高度展望品牌规划,在巩固中药根本属性的基础上大胆创新。在瞬息万变的经济环境下,勇于冲破舒适区,大胆进行组织,云南白药为中国企业做出了卓越示范。
>
> (资料来源:云南白药董明:百年企业如何平衡传承与变革.凤凰网财经.2021.)

10.1 组织变革概述

当今组织发展面临着复杂多变的内外部环境,组织变革已成为常态。特别是随着科技创新、数字经济的到来,组织能否与时俱进地适时变革,已成为其生存发展的关键。

10.1.1 组织变革的含义

明茨伯格和韦斯特利(Mintzberg & Westley,1992)认为,组织中的变革既可能发生在最广泛的观念或文化层次,也可能发生在具体的组织任职者层次。这两者都与组织成员的总体认知或集体观念有关。因此,组织变革由组织的文化、结构、体系和流程、人员和岗位组成,构成了从思想到行动、多种因素联系而构成的有机的整体。

我国学者陈佳贵等(2000)认为,组织发展是一种有计划的、从高层开始实施的,旨在改变组织的信念、结构、态度、价值观和意识,以使之更好地适应新技术、市场挑战和环境变化的组织自我更新和开发的过程。

综上所述,本书把组织变革界定为:组织变革是为了适应组织发展的要求,根据内外环境的变化,及时明确组织活动的内容或重点,对组织的文化、组织战略、组织结构、工作流程、人员配备及技术等要素进行的调整、改进和变革。

10.1.2 组织变革的动力

组织发展的内外部环境变化及组织发展需求和压力,都是变革的动力。

1. 内外部环境的变化推动组织变革

组织变革的根本目的是提高组织的效能。经济环境、政策环境、技术发展、产业生命周期等组织外部环境的变化必然要求组织的战略、组织结构等做出适应性的调整。例如，平台经济带来商业模式的改变，实体销售从线下移向线上；新场景要求技术、生产、营销和服务等进行流程升级改造；而组织结构进行无边界、扁平化的调整。

2. 组织自身发展需要追求再平衡

组织自身发展需要将外界压力转化为组织内部的压力及解决问题能力，改善组织效能，如组织所在的行业进入瓶颈期，需要战略调整或多元化经营，突破发展壁垒；管理条件发生变化，需要引入新生产线和设备，关闭门店进行战略裁员等。组织为了生存和发展，必须对自身的信念、战略、结构、市场、技术等进行改进和突破，建立新的稳定和平衡。

3. 组织主要领导者倾向于变革

组织变革主要是从上至下的渐变过程。组织主要领导者如果是变革型领导风格，或者认识到变革的重要性，认为组织需要变革并且身体力行积极推动变革，组织变革的实施才能顺利进行，如海尔的变革、华为的变革都离不开张瑞敏和任正非的强力推动。在企业变革的转型前期，主要领导者自上而下地给组织植入新的观念，抑制组织原有制度产生的运行惯性。

10.1.3 组织变革的阻力

变革阻力以多种具体的形式存在，按照阻力的来源，可大致分为组织层面和个体层面的阻力。

1. 组织层面

1）组织惯性阻碍变革。尽管组织进行变革有助于帮助企业适应内外部环境变化，但在实际的发展过程中，变革必然面临来自组织惯性的阻力。

一是来自组织文化及氛围。员工对变革的认知是否统一？组织的新目标、新愿景员工是否认同？如果员工认识不统一，组织就难以实现变革发展。尤其在跨文化组织变革中，不同的组织文化认知是变革首先必须考虑的阻力因素。

二是来自组织结构。组织原有结构模式的分工和协作已经形成惯例，不容易突破，如更多上传下达的直线职能型结构，按部就班的员工沟通平台等。

2）组织变革发展战略定位不清晰。组织缺少全面的发展战略，在人力、财力、物力等的需求和筹集上没有准确定位和目标，在准备变革的初期，资源配置难以合理利用和优化，缺乏计划战略部署，会对组织变革产生严重的阻碍和限制。

3）高层管理人员认知和能力不足。在实施组织变革的过程中，高层管理者是一个重要的影响因素。组织变革不仅需要正确的决策和足够的资金，还需要专业的管理人员对变革的认知清晰，具有较高的综合理解力和执行力。面对越来越复杂的组织管理环境，高层管理人员的认知和专业水平不足，会对企业组织变革带来负向的影响。

2. 个体层面

1）人的惰性需求阻碍变革。变革必然带来未知事物的模糊性和不确定性，意味着个体要脱离舒适区。按照习惯来应对的方式就变成了对创新的抵触。更高安全感的人，以及由于文化背景、性格特征、身体、年龄等原因对变革缺乏正确的理解、对新技术接受程度低的人更可能抵触和拒绝变革，因为变革打破了人们生活、工作的舒适现状，降低了人们的生存安全感。

2）担心对现有利益造成损害。人们害怕变革的风险，认为变革不符合组织的最佳利益，或者害怕变革给自己的利益带来冲击。例如，组织内员工可能担心自己无法像以前一样适应新任务或工作程序，尤其当薪酬与生产率直接挂钩时，变革的阻力会相应增加。高级别的管理者及既得利益者更加抵触，不希望利益被改变。

>  **小贴士**
>
> 海尔"人单合一"模式跨国推广中的阻力及化解
>
> 海尔进入日本市场后，对合资开发冰箱的三洋电器研发人员欲推行用户付薪制度，却面临很大的阻力。鉴于此，海尔外派经理没有急于求成，而是采取"尊重日本文化，再融入海尔文化"的变革策略，经过与三洋员工6个多月的讨论，最终使按贡献度和市场效果来发放薪酬的奖励制度得以落实。这体现了通过人性激发带来观念改变，从而化解新制度实行的阻力。
>
> 在日本销售海尔品牌产品的子公司中，年功序列、终身任职制是"顽石"。海尔将"加以改良后基于正向激励"的策略在8名日方员工中试点，依靠最初签约的5个人业绩工资的"大涨"来带动其他人接受新模式。这是基于人性差异产生的情境化需要，使"人单合一"模式有了试水的"过渡版"。对并购的AQUA公司，让员工自愿签订可接受的"人单合一"合同，也体现了海尔在跨文化融合中保持"人单合一"的核心没有变。在社会文化背景不同的海外关系企业中推行组织变革，海尔没有搞"一刀切"，而是同中存异，神似形变。
>
> 海尔在中国本土首创"人单合一"模式时的触发点，是企业家个人依其认知图式，自上而下地给企业植入新的观念。与之不同，海尔（日本）子公司的新价值观是兼顾了激发三洋员工人性诉求而最终重塑出的"沙拉式多元文化体系"。由于在坚持"以用户为中心"基本观念的前提下兼顾了日系企业厂情和国情等具体情境条件，海尔在国际化发展中，成功地把在本土形成的关于责任、贡献、团队精神、个人创新的文化移植到了日本企业。
>
> ［资料来源：王凤彬，郑腾豪，刘刚. 企业组织变革的动态演化过程——基于海尔和IBM纵向案例的生克化制机理的探讨[J]. 中国工业经济，2018(6):174-192.］

10.2 组织变革的过程模型

海尔集团董事局名誉主席张瑞敏认为，管理就是创造性的破坏。组织变革是大势所趋，那么变革理论路径是什么？本节重点介绍几种常见的变革过程模型。

10.2.1 勒温变革模型

勒温变革模型是以库尔特·勒温于 1951 年提出的解冻、变革、再冻结三个步骤构成的组织变革模型（见图 10-1）。

1）解冻。第一个步骤主要是从内在观念上进行突破，也是最关键的一步——创设变革的动机。从认知突破，让员工接受现实，认识到变革才能适应组织战略发展。可以从总体情况、经营指标和业绩水平等方面进行自查和比较，进行自我否定和反思，减少变革的心理障碍，为组织变革打下良好的基础。

2）变革。变革是一个从认知到行为的学习过程。此步骤主要是实施变革，帮助员工形成新的态度和行为。应注意鼓励员工参与协商变革，树立榜样，可以采用多种管理沟通方式让员工从情感上接受，并付诸实施，如角色模范、导师指导及群体培训等多种组织沟通方式。

3）再冻结。再冻结步骤主要是稳定变革，利用必要的强化手段，如制度、规范等使新的态度与行为固定下来，使组织变革处于稳定状态。同时，为了确保组织变革的稳定性，需要多收集成功的客观案例，及时给予正面强化，鼓励和促使形成稳定、持久的群体行为规范。

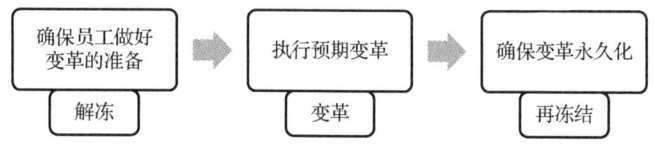

图 10-1 勒温变革模型

10.2.2 系统变革模型

系统变革模型包括输入、变革元素和输出三个部分（见图 10-2）。

1）输入。包括内部的强项和弱项、外部的机会和威胁。基本构架是组织的使命、愿景和战略规划。

2）变革元素。包括目标、人员、社会因素、方法和组织安排等元素，这些元素相互制约、相互影响。组织需要根据战略规划，组合相应的变革元素，实现变革的目标。

3）输出。包括变革的结果，根据组织战略规划，从组织、部门群体、个体三个层面增强组织整体效能。

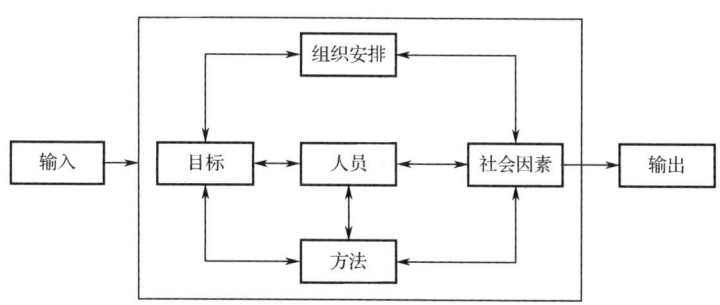

图 10-2 系统变革模型

10.2.3 科特组织变革模型

科特组织变革模型是管理学家约翰·科特（John Kotter）提出的，意在预防、减少和弱化组织内部变革阻力。

科特认为，组织变革失败的责任主要在于高层管理部门的错误，为此提出了指导组织变革规范发展的八个步骤。首先要创建适合变革的氛围，包括建立急迫感、创设指挥联盟和开发愿景与战略三个步骤。其次要参与并支持变革，包括沟通变革与愿景、实施授权行动和巩固短期利益三个步骤。最后要实施和维护变革，包括推动组织变革、定位文化途径两个步骤（见图10-3）。

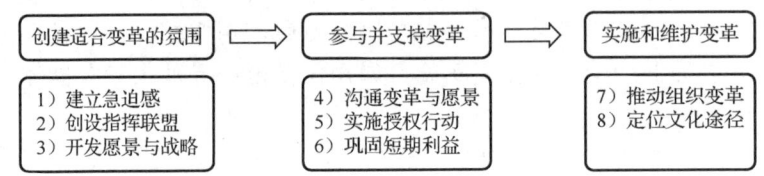

图10-3 科特组织变革模型

10.2.4 卡斯特组织变革过程模型

弗里蒙特·卡斯特（Fremont Kast）提出了组织变革过程的六个步骤。

第一步：审视状态。对组织内外环境现状进行回顾、反省和批评，研究内外部环境。

第二步：感知问题。识别并确定组织变革的必要性。

第三步：辨明问题。找出现状与所希望状态之间的差距，分析问题。

第四步：找到方法。提出可供选择的多种方法，讨论和绩效测量评定，做出选择。

第五步：实行变革。根据所选方法及行动方案，实施变革行动。

第六步：反馈效果。根据效果实行评价反馈，如发现存在问题，再次循环此过程。

10.2.5 施恩适应循环模型

施恩和卡斯特的步骤和方法相似，区别在于，施恩认为组织变革是一个适应循环的过程，更重视管理信息的传递过程，并指出解决每个过程出现的困难的方法。

第一步：洞察变化。洞察内外部环境中产生的变化。

第二步：提供信息。向组织中有关部门提供有关变革的确切信息。

第三步：改变过程。根据输入的情报资料改变组织内部的生产过程。

第四步：控制负面。减少或控制因变革而产生的负面作用。

第五步：输出成果。输出变革形成的新产品及新成果等。

第六步：反馈评估。经过反馈，进一步观察外部环境状态与内部环境的一致程度，评定变革的结果。

 小贴士

甘肃银光化学工业集团有限公司含能公司于2018年积极推进组织结构优化，提升了组织运行效率。含能公司取消车间组织机构，实行分厂管理到基层班组、班组管理到具体岗位的直接管理模式；对各基层单位的科室和班组进行整合，着力突出精干高

效,严格规范管理和技术岗位的设置;对业务相似、任务不饱满的岗位进行整合,实现班组内部各岗位员工工作内容交叉和互补;严格压缩管理人员、辅助人员和保障人员,进一步提高全员工作效率。该公司 14 个基层单位通过组织结构优化,管理科室和车间数量减少 60%,科级管理人员数量减少 54%,班组数量减少 13%。

(资料来源:郭玲玲. 银光含能公司优化组织结构[N]. 中国化工报,2019-02-19.)

10.3 组织结构变革的趋势

中国企业如今遇到的组织老化的问题,很多外国企业在多年前就遇到了,其解决办法是制定企业战略、重视流程优化及进行组织变革,组织变革在企业的动态内外环境中变得尤为重要。从现有实践来看,目前金字塔式的组织结构已经无法满足企业发展的需求,所以,组织变革是必然的。

10.3.1 组织结构变革趋势概述

组织结构变革的趋势主要有三种:扁平化、哑铃化和网络化。

1. 扁平化

扁平化组织结构是相对于传统的金字塔式组织结构而言的,特点表现为组织层级不能过多,当组织规模扩大时,不是增加管理层次,而是压缩管理层次,增加管理宽幅。当管理层次减少而管理宽幅加大时,金字塔式的组织结构就被"压缩"成扁平化的组织形式。

2. 哑铃化

一个好的组织要像哑铃一样,两头大,中间细,中间的生产能力则由两头市场开拓能力和研发能力来带动。中国企业必须进行自主研发和开拓市场"抓两头带中间"的组织变革,提升企业的核心竞争力。

3. 网络化

组织设计已经超越传统组织边界的概念,发展到了横向协调和合作。近年来,越来越多的组织将部分业务外包给其他组织,即通过签订合同,该组织设置指挥中心,将组织的一些职能,如制造、信息技术等移交给其他组织来做,组织界限变得模糊。

10.3.2 新型组织结构

为顺应内外部环境的变化,企业的组织结构也在不断进行调整,以恢复与环境平衡和契合的状态。目前,企业的组织结构在传统类型(如直线职能型结构、事业部结构、矩阵结构和委员会结构)的基础上不断丰富,下面介绍几种新型结构:多维立体组织、模拟分权结构、流程型组织、虚拟网络型结构和外包等。新型组织结构众多,这些仅是应用比较广泛的新型组织结构。

1. 多维立体组织

多维立体组织又称多维组织、立体组织、多维立体矩阵制等，是矩阵组织的进一步发展。它把矩阵组织结构形式与事业部组织结构形式有机地结合在一起，形成了一种全新的管理组织结构模式（见图10-4）。

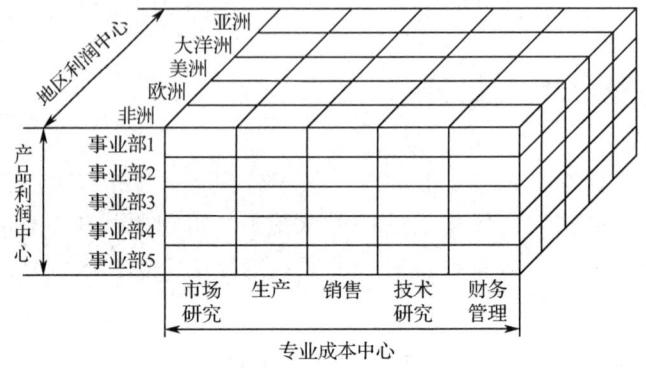

图10-4　多维立体组织

2. 模拟分权结构

介于直线职能型结构和事业部结构之间，有一种模拟分权结构（见图10-5）。

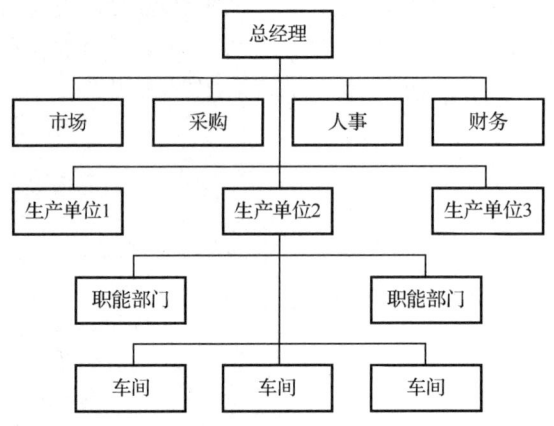

图10-5　模拟分权结构

1）模拟分权结构的特点。模拟分权结构模仿事业部结构的形式进行分权，这种结构的组成单元是生产阶段，有自己的管理层和利润指标，但这种指标是按整个企业的内部价格确定的，而不是来源于市场。这些生产阶段没有自己独立的外部市场，并且生产阶段之间关系相当密切，一个生产阶段出现问题可能导致其他生产阶段出现障碍。

2）优点和缺点。模拟分权结构的优点是解决了企业规模过大不易管理的问题，高层管理人员能够把精力集中于战略性问题。缺点是沟通效率较低，决策权力过于集中。尽管还存在较大的缺陷，但它对于玻璃、钢铁、化工等大型工业企业却是很必要的组织结构。

3. 流程型组织

流程型组织是 20 世纪 90 年代，随着信息科学技术的发展，为了适应竞争激烈、变化急速的市场需要而出现的一种全新的以业务流程为中心的组织模式（见图 10-6）。

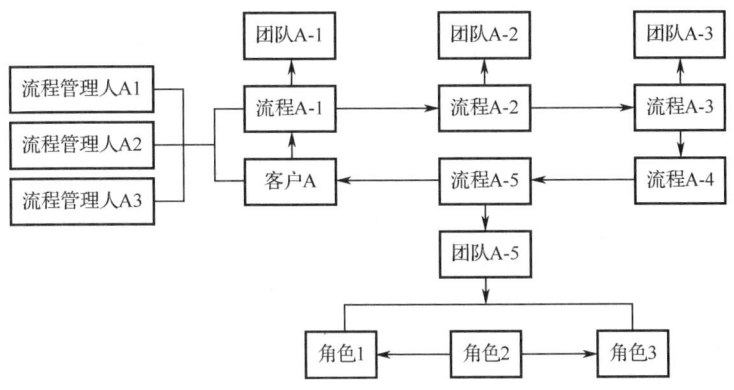

图 10-6　流程型组织

4. 虚拟网络型结构和外包

1）虚拟网络型结构和外包的特点。虚拟网络型结构（Virtual Network Structure）又称模块化结构（Modular Structure），是指组织通过签订合同，将主要流程外包给不同的公司，并通过一个很小的总部来协调它们的活动，这些公司则运用电子化手段与总公司联结。虚拟网络型结构以自由市场模式代替了传统的纵向层级制。如图 10-7 所示的经理小组就是一个虚拟网络组织。

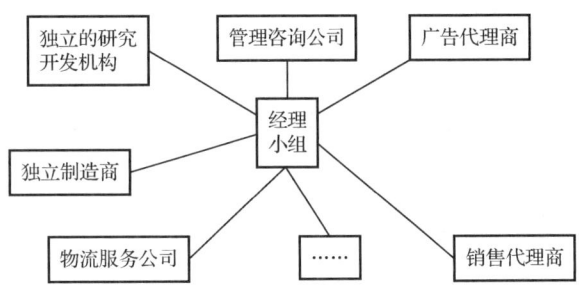

图 10-7　虚拟网络型结构

2）优点和缺点。虚拟网络型结构的优点是组织以核心技术为主业，以项目为中心进行合作，结合市场需求整合资源，而且网络中的不同价值链部分可以根据市场需求的变动情况增加、调整或撤并，组织结构具有更大的灵活性和柔性，在降低管理成本的同时，提高了组织效益。

虚拟网络型结构的缺点是可控性存在不确定性。一方面，这种组织的有效活动所依存的外部资源一旦出现质量问题等，将对组织发展非常不利。另一方面，组织文化的建设和整体凝聚力也是需要加强的重要内容，由于项目是临时的，员工对组织的忠诚度需要提高。

虚拟网络型结构适合那些需要相当的灵活性以对市场变化做出迅速反应，以及需要低廉劳动力的组织，如服饰、玩具生产等企业。

> 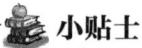 小贴士
>
> 为建立面向市场和客户的高效研发机构，长安新能源汽车公司对研发组织机构进行渐进式结构变革。通过搭建数字化研发体系，实现研发结构的扁平化与分散化，形成纵向以专业能力提升为主、横向以产品开发和电池等共性基础技术攻关为主的"一横双纵"研发组织结构，达到多项目研发、专业技术提升、共性基础技术研究的同步推进。
>
> 与以往的内部研发不同，长安汽车采取分布式研发组织结构，整合全球优势资源，综合各地技术和人才优势，打造"五国九地、各有侧重"的全球化研发体系：意大利都灵研发中心主攻造型设计，日本横滨研发中心负责汽车内饰，英国诺丁汉研发中心承担动力设计，美国底特律研发中心专注底盘设计，基于国内的重庆、上海、北京、哈尔滨、江西五个本土研发中心实现自主创新，达到研发资源协同和优势互补。
>
> 在研发结构分散化的同时，长安汽车搭建并在全球部署了数字化平台（PDM），推进全面协同在线研发和数据驱动研发。其中，重庆本地设置 PDM 主服务器，日本、英国、意大利等异地研发中心建立从服务器，推动实现多地、多用户、全流程协同的数据驱动研发。通过研发的结构性变革，长安汽车打造了日趋全球化、扁平化、分散化的研发团队。
>
> [资料来源：安家骥，狄鹤，刘国亮. 组织变革视角下制造业企业数字化转型的典型模式及路径[J]. 经济纵横，2022(2):54-59.]

10.4　学习型组织

传统的管理理论认为，企业的主要目标是生产出产品或提供服务以赚取利润；而在知识信息时代，企业是知识、信息与资源的结合体，企业通过建成学习型组织，追求不断的学习，实现组织的持续发展。

10.4.1　学习型组织的特征

学习型组织的概念最早是美国麻省理工学院的彼德·圣吉（Peter Senge）教授在著作《第五项修炼》中提出的（1990），从问世起，学习型组织的特征一直是研究的热点。

1. 彼德·圣吉的第五项修炼

彼德·圣吉提出的学习型组织，又称第五项修炼，其内在的逻辑顺序如下。

1）第一步：自我超越（Personal Mastery）。自我超越是指个人积极主动地投入工作，专注于工作能力和技巧的提升，个人与组织愿景之间高度融合，员工迸发出创造性的张力，是自我超越的来源。

2）第二步：建立共同愿景。愿景可以凝聚公司上下的意志力，通过组织共识，大家努力的方向一致，个人也乐于奉献，为组织目标奋斗。

3）第三步：团队学习（Team Learning）。团队学习是指团队的智慧大于个人智慧的

平均值,通过集体思考和分析,做出正确的组织决策,强化团队向心力。

4)第四步:改变心智模式(Improve Mental Models)。心智模式是指存在于人的大脑的图像、信息等。改变心智模式就是指组织的发展障碍主要源于个人的固执己见、本位主义等旧的存在于大脑的思维方式,只有通过团队学习,以及标杆学习,才能改变心智模式,有所创新。

5)第五步:系统思考(System Thinking)。系统思考是指团队的反馈、反思,通过信息搜寻梳理,掌握事件全貌,克服只见树木、不见森林的弊端,培养能够看清问题本质、综观全局的思考能力。系统思考不仅仅是一种思维方式,更是一种科学的组织管理模式。

彼德·圣吉认为,企业唯一持久的竞争优势就在于具有比竞争对手学得更快、更好的能力,学习型组织为这种能力的形成提供了组织保证。第五项修炼为现代组织提出了一项更重要的职能——成为高效的学习型组织,未来最成功的企业将是学习型组织。

2. 其他学者的观点

众多学者也对学习型组织的特征进行了描述,代表性观点如表10-1所示。

表10-1 学习型组织的特征

作　者	主　要　观　点
Watkins(1993)	持续不断地学习;亲密合作的关系;彼此联系的网络;集体共享的观念;创新发展的精神;系统存取的方法;建立能力的目的
Garvin(1993)	从经验中学习;有效地转移知识;对新方法开展有效实验;系统地解决问题
Robbins(1997)	共同构想;创新思维;成员对所有组织活动进行思考;坦率沟通;为共同构想协力工作
周德孚(1998)	共同愿景;创造性团体;善于不断学习;扁平式结构;自主管理;重新界定组织边界;家庭与工作的平衡;领导者的新角色
张声雄(2000)	精简;扁平化;有弹性;不断自我创造;善于学习;自主管理
Rowden(2001)	明晰的目标和愿景;知识共享;探索创新和激励;领导承诺和授权;团队解决问题
范青蠡(2018)	将员工由个人转化为组织公民,即"个人-团队"维度;隐性知识转化为显性知识,即"内-外"维度,两个维度上的转化即管理作用的体现

(资料来源:杨光.学习型组织、组织支持感、创新自我效能感对员工创新意愿及创新行为的影响研究[D].昆明:云南师范大学,2021.)

综上所述,本书把学习型组织界定为:管理者通过愿景激励和适度授权发挥组织成员和组织的创造性思维和行动能力,激发员工的自发、自觉行为,以使组织学习潜力最大限度地发挥出来的组织。

不确定环境下,组织的外部环境出现更大的不确定性,数字技术的发展和市场竞争的不确定性加剧,组织压力加大。创新是任何组织的一项重要职能,不断创新是形成组织核心竞争力的一个最重要方面。学习型组织通过持续的自我超越、不断改善的心智模式及团队学习,从系统方面不断创新,从而实现个人与组织的共同愿景。

> **小贴士**
>
> **凝聚数字力量 引领能源未来**
>
> 围绕推进公司治理体系和治理能力现代化建设,中国石油天然气集团公司把数字化、智能化驱动管理提升的新引擎延伸到公司治理的方方面面。数字化助力管理层级压减、管理链条缩短,全面"瘦身健体"。以长庆油田为例,依托油气生产一线数字化、智能化建设改造的全面推进,陇东页岩油开发项目部践行"油田公司—采油管理区"新型劳动组织模式,项目部直接管理到基层队、站和岗位,取消作业区管理层级;采油二厂西峰三区推行扁平化新型劳动组织架构,在产量大幅增加的同时有效提高了劳动生产率。
>
> 数字化助力办公效率提升,人工成本管控意识增强。电子公文、合同管理、视频会议等线上办公系统促进了办公管理的规范化、流程化、科学化。依托自主运营的移动协同办公系统,90%以上的管理流程由线下转移到线上,管理业务办理效率比过去提高 20 倍以上,单条流程可节省人工成本 100 元。数字化转型构建的实时、开放、高效、协同的生产经营体系助力油田效益发展。
>
> 数字化助力动态精准管理,让数据发挥更大价值。2022 年 7 月,中国石油北斗运营服务中心融合 5G、云计算、人工智能等新技术,搭建完成油气行业唯一覆盖全国的"北斗高精度网"。这张网不仅可为成品油销售领域的油库和油罐安全提供动态监管,还可辅助油气勘探领域精准智能导航作业,助力工程技术领域精准管理物资,全程监管危险品状态,支撑企业治理水平提升。
>
> 中国石油还大力推进国资监管系统建设,实现"三重一大"事项决策的事中、事后监管,监督追责业务实现集中管控,持续提升企业实时在线监管能力和水平,在中央企业中发挥了示范引领作用。
>
> (资料来源:金文琦.凝聚数字力量引领能源未来[N].中国石油报,2022-08-04.)

10.4.2 建设学习型组织的策略

1. 从愿景上激励变革

组织管理需要变革型领导风格去创造变革意愿和克服变革阻力,描述组织期望的未来状态及与员工的关系,创造愿景,让组织的员工愿景上升到组织的愿景高度,增强成员责任感。

2. 争取利益相关者的支持

建立学习型组织,需要调整组织文化和战略,细化至组织结构。因此,需要对变革的代价进行预估,评估变革推动者的力度及其实施过程对关键的利益相关者、影响相关者的影响,争取内外部利益相关者的支持。

3. 保持持续的发展动力

在学习型组织建设实施过程中,为使组织文化制度管理能够以计划承诺的方式呈现,过渡期的活动要逐渐渗透,不能过于激进,要给予变革推动者的系统发展及新的能力和技能强化新行为一定的时间，使其能够以习惯或规章的形式固定下来。

简言之，组织学习就是不断地利用知识创造出新知识的过程，而这个过程可以为组织自我创新出新的产品与服务，保持和发展组织的核心竞争力，奠定从认知到行为再到制度化的变革基础。这与组织变革理论的核心要义一脉相承，也正是学习型组织提倡的建立共同愿景与系统思考的精髓所在。

> **小贴士**
>
> 华为首席管理科学家黄卫伟教授认为，华为的成功实际上是一种或多种分享制的成功。华为在过去三十多年的发展历程中，先后实行了员工持股制度和获取分享制的典型代表——时间单元计划（Time Unit Plan，TUP），与广大知识工作者分享企业发展成果。
>
> 万科公司通过高层经济利润超额奖金制度（Economic Profit，EP 奖金）、项目跟投制度及事件合伙机制，构建了其独特的事业合伙人制度体系。
>
> 可见，为了有效应对外部环境的不确定性，这些标杆企业不约而同将价值分享机制创新作为推动战略落地、驱动组织变革、提升人才效能的重要抓手。
>
> [资料来源：张志朋等. 组织变革视角下企业价值分享的动力机制与构型——基于华为和万科的双案例研究[J]. 南开管理评论，2022(1):27-38.]

复习思考题

1. 勒温变革模型的主要内容是什么？
2. 组织变革的动力和阻力有哪些？
3. 组织变革的过程模型有哪些？
4. 组织结构变革的趋势有哪些？
5. 第五项修炼的主要内容是什么？

思考与讨论

1. 你认为组织变革的现实意义是什么？如何影响企业发展进程？
2. 你认为在实际工作中哪些行为会对组织变革产生阻力？如果你成为一名组织领导者，你会如何防止这类情况出现？为什么？
3. 组织变革是一种全方位的变革，如何与组织环境相匹配？

参考文献

[1] [美]斯蒂芬·P. 罗宾斯（Stephen P.Robbins），蒂莫西·A. 贾奇（Timothy A.Judge）. 组织行为学（第 16 版）[M]. 孙健敏，李原，黄小勇，译. 北京：中国人民大学出版社，2016.

[2] [美]珍妮弗·M. 乔治（Jennifer M. George），加雷思·R.琼斯（Gareth R. Jones）. 组织行为学（第 5 版）[M]. 于欣，章文光等，译. 北京：北京大学出版社，2010.

[3] [美]达恩·海瑞格尔（Don Hellriegel），约翰·W. 斯洛柯姆（John W. Slocum, Jr.）. 组织行为学（第 11 版）[M]. 邱伟年，译. 北京：北京大学出版社，2010

[4] Akkermans J, Tims M.Crafting your career: how career competencies relate to career success via job crafting[J]. Applied Psychology, 2017, 66(1): 168-195.

[5] Hetland J, Hetland H, Bakker A B, et al. Daily Transformational Leadership and Employee Job Crafting: The Role of Promotion Focus[J]. European Management Journal, 2018, 36(6): 746-756.

[6] 孙健敏，徐世勇. 组织行为学[M]. 北京：中国人民大学出版社，2018.

[7] 龙立荣. 组织行为学（第 3 版）[M]. 大连：东北财经大学出版社，2016.

[8] 陈维政，余凯成，黄培伦. 组织行为学高级教程（第 2 版）[M]. 北京：高等教育出版社，2015.

[9] 陈国权，张德. 组织行为学（第 2 版）[M]. 北京：清华大学出版社，2011.

[10] 李爱梅，凌文辁. 组织行为学（第 2 版）[M]. 北京：机械工业出版社，2011.

[11] 组织行为学编写组. 组织行为学[M]. 北京：高等教育出版社，2019.

[12] 周菲. 组织行为学[M]. 北京：高等教育出版社，2019.

[13] 窦胜功，张兰霞，卢纪华. 组织行为学教程（第 3 版）[M]. 北京：清华大学出版社，2012.

[14] 韩平. 组织行为学[M]. 西安：西安交通大学出版社，2017.

[15] 郑国志. 组织行为学中的归因理论与印象管理在岗位竞聘中的应用[J]. 公关世界，2021, 11(22):69-70.

[16] 汪丽. 公司治理与战略决策[M]. 南京：南京大学出版社，2019.

[17] 谢开勇等. 组织行为学[M]. 北京：清华大学出版社，2011.

[18] 朋震,殷嘉琦. 工作重塑研究：二十年回顾与展望[J]. 管理现代化,2021, 3, 41(2): 111-116.

[19] 许多，张小林. 中国组织情境下的组织公民行为[J]. 心理科学进展，2007, 5, 15(3): 505-510.

[20] 巢莹莹. 组织行为学[M]. 上海：同济大学出版社，2016.

[21] 康青. 管理沟通（第 5 版）[M]. 北京：中国人民大学出版社，2018.

[22] 黄玮，项国鹏，杜运周等. 越轨创新与个体创新绩效的关系研究——地位和创造力的联合调节作用[J]. 南开管理评论，2017, 2, 20(1): 143-154.

[23] Criscuolo, Salter A, Ter Wal A L J. Going underground: bootlegging and individual innovative performance[J]. Organization Science, 2014, 25(5): 1287-1305.

[24] 袁凌，吴文华，熊勇清. 组织行为学[M]. 北京：高等教育出版社，2015.

[25] 宋仁崎，李泽. 组织行为学原理与实践[M]. 长沙：湖南大学出版社，2018.

[26] Tims M, Bakker A B. Job crafting: Towards a new model of individual job redesign [J]. Sajip South African Journal of Industrial Psychology, 2010, 36(2): 1-9.

[27] 刘晖，李作学，张彩霞. 管理沟通[M]. 北京：机械工业出版社，2016.

[28] 陈莉. 刻板印象[M]. 北京：中国人民大学出版社，2021.